Karl Schranz

Mein »Olympiasieg«

Karl Schranz

Mein »Olympiasieg«

Aufgezeichnet von
Stefan König und Gerhard Zimmer

Mit einem Grußwort von
Dr. Thomas Klestil,
Bundespräsident von Österreich,
und
einem Vorwort von
Willy Bogner

82 Abbildungen

Herbig

Besuchen Sie uns im Internet unter:
http://www.herbig-verlag.de

Umschlagentwurf: Wolfgang Heinzel
Umschlagbild: Foto Werek, München
Herstellung und Satz: VerlagsService Dr. Helmut Neuberger
& Karl Schaumann GmbH, Heimstetten
Gesetzt aus der 12,5/15,5 Punkt Minion
Druck und Binden: GGP Media, Pößneck
Printed in Germany
ISBN 3-7766-2308-X

Inhalt

Grußwort

Der Heimat einen großen Dienst erwiesen

Sieg oder Niederlage liegen im Sport – wie im politischen Leben – bekanntlich oft sehr nahe beieinander. Dass es Niederlagen am grünen Tisch geben kann, die eigentlich einen moralischen Sieg bedeuten, das ist für mich untrennbar mit dem Namen Karl Schranz verbunden.

Anfang 1972, als das Olympische Komitee den damals bekanntesten und erfolgreichsten Wintersportler – Favorit für mehrere alpine Disziplinen – wegen Verletzung des Amateurstatus von der Teilnahme ausschloss, war ich im Ausland als Generalkonsul in Los Angeles tätig und hörte davon nur aus den Medien.

Als ich Karl Schranz mehrere Jahre später persönlich näher kennen lernte, hatte er seine sportliche Karriere längst beendet und lebte in St. Anton als erfolgreicher Hotelier und allseits geachteter Promotor des Fremdenverkehrs in der Arlberg-Region. Die menschliche Größe, mit der er seinerzeit seinen Ausschluss von den Olympischen Bewerben hingenommen hatte, machte ihn jedenfalls ebenso bekannt wie seine Weltmeistertitel und zahlreichen Siege – er ist ein bleibendes Vorbild für sportliche Fairness, Durchhaltevermögen und berufliches Engagement.

Mit den Weltmeisterschaften im Alpinen Schilauf, die er 2001 nach Österreich brachte und an deren Vorbereitung er großen Anteil hatte, verhalf Karl Schranz seinem Heimatort St. Anton zu Weltruhm. Er hat sich damit einen Lebenstraum erfüllt und zugleich seiner schönen Heimat einen großen Dienst erwiesen. Ich wünsche dem Sportidol Karl Schranz weiterhin viel Erfolg und freue mich über das vorliegende Buch, das den spannenden Lebensweg der österreichischen Skilegende einem interessierten Publikum erschließt.

Dr. Thomas Klestil
Bundespräsident von Österreich

»Mit Ecken und Kanten«

Vorwort von Willy Bogner

Eine Zeitlang waren wir Konkurrenten, Karl Schranz und ich, sind bei einigen Rennen gegeneinander angetreten. Bei den Olympischen Spielen 1960 in Squaw Valley wurde ich – mit 18 Jahren – im Abfahrtslauf 9. und lag damit zwei Plätze hinter Schranz. Für mich war die Teilnahme und das Ergebnis eine Riesensache – für Karl dagegen begann damals das, was oft als sein »olympischer Fluch« bezeichnet wird. Er hat ja bekanntlich alles gewonnen, was es im alpinen Rennsport zu gewinnen gibt – und das meiste davon mehrmals! Nur die olympische Goldmedaille ist ihm verwehrt geblieben – und zwar in vier Anläufen: 1960 (Squaw Valley), 1964 (Innsbruck), 1968 (Grenoble) und 1972 (Sapporo).

1964, bei den Olympischen Winterspielen in Innsbruck, ist es mir gelungen, das Resultat von Squaw Valley umzudrehen: Dass ich in »seinem Revier« beim Abfahrtslauf zwei Plätze vor dem Favoriten Schranz gelandet bin, ist eine von unseren gemeinsamen Erinnerungen. Für mich war Platz 9 kein unerfreuliches Resultat, für Karl aber war sein elfter Platz mehr als frustrierend. Denn für ihn zählte immer nur der Sieg, und sein Satz, dass ihm ein zweiter Platz so viel wert sei wie ein dreißigster, klingt mir heute noch in den Ohren. In jedem Fall war für mich sehr früh zu spüren, dass da eines der größten Talente des alpinen Skilaufs heranwächst, ein Ausnahmesportler ganz ohne Zweifel. Und auch nach 1966, nach dem Ende meiner Karriere als Rennläufer, habe ich seinen weiteren Werdegang mit großem Interesse verfolgt, immer wieder begeistert, bisweilen verstört und manches Mal auch mit einem Schmunzeln.

Wenn ich von Karl Schranz spreche, denke ich nicht nur an seine zahlreichen und großen Erfolge, die er über 17 aktive Jahre im Spitzensport errungen hat. Da ist vielmehr das Gesamtbild seiner außergewöhnlichen Persönlichkeit, die ihn auszeichnet, ihn auffallen und oft auch anecken ließ.

Als Sportler war er immer ein Einzelkämpfer – und wahrscheinlich ist er das als Privatmann bis heute geblieben. Aber gerade solche Persönlichkeiten mag ich: Menschen mit Ecken und Kanten, geradlinig, unverstellt, unverbiegbar. Leute, die sich und ihrer Sache immer treu sind, mit der Diplomatie nichts am Hut haben, die einfach sind wie sie sind und sich in andere Rollen gar nicht hineinzwängen lassen. Als Filmemacher sage ich: Schranz hätte für den Film nie gleichermaßen eingesetzt werden können, wie zum Beispiel Toni Sailer. Wenn, dann hätte man wahrscheinlich nur einen Film über ihn machen können. Jemand anderen darstellen, sozusagen in eine andere Haut schlüpfen, das wäre seine Sache gewiss nicht gewesen.

Der Skirennsport ist im Grunde genommen eine Einzelsportart – auch wenn man im Team trainiert oder als Mannschaft zu den Rennen fährt. Am Start und auf den Rennstrecken ist man mit sich allein. Man ist darauf angewiesen, alles, das Beste aus sich herauszuholen. Und natürlich will man in erster Linie für sich siegen. Dieser Siegeswille war bei Schranz so ausgeprägt wie bei kaum einem anderen. Er hat mehr und härter trainiert als die Konkurrenz, dabei kam ihm sein athletischer Background zugute, er hat immer vollen Einsatz gegeben und war zu höchsten Risiken bereit. Sicher ein Draufgängertyp und einer, der sich nie unterkriegen lässt, der immer wieder aufsteht, wenn's ihn mal gehörig »schmeißt«.

Es liegt in der Natur der Dinge, dass ein solch starker Einzelkämpfer wie Karl Schranz es nicht nur sich selbst nicht allzu leicht gemacht hat. Ich denke, dass er für seine Umgebung oft recht schwierig ist, da er nicht allzu leicht jemanden wirklich an sich heranlässt. Vergleichen würde ich ihn am ehesten mit dem jungen Max Schmeling, der es geschafft hat, den Boxweltmeistertitel im Schwergewicht nach Deutschland zu holen. Vergleiche ziehen kann man auch zwischen dem »Herminator« Hermann Maier, Ski-Star der heutigen Zeit, und Schranz auf der Höhe seine Karriere, also zwischen 1966 und 1972.

Apropos 1972: Dass Schranz von den Olympischen Spielen in Sapporo ausgeschlossen worden ist, war für ihn sicher ein schwerer Schlag, für den Sport war es letztlich ein Sieg – Karls Sieg. Wir Rennläufer fanden das ganze Theater von Brundage sowieso übertrieben. Sport und Industrie, Sport und Werbung konnten schon in jenen Jahren nicht mehr getrennt werden. Und Karl war ja nicht der einzige, der durch seine sportlichen Leistungen Geld verdient hat. Im Unterschied zu den meisten anderen aber hat er immer darauf beharrt, dass er das Richtige tue, olympische Gesetze hin oder her. Karl war auch hier immer offensiv. Er hat wirklich keinen Gegner ausgelassen. Ob im Nationalen Olympischen Komitee in Österreich oder auf internationaler Ebene – sich anpassen, gar den rückständigen Idealen alternder Offizieller, das entsprach so gar nicht seinem Naturell. Schon im Vorfeld der Olympischen Spiele war denen, die genau hingeschaut und hingehört haben, klar: Da soll am Karl Schranz ein Exempel statuiert werden. Brundage fühlte sich – und das durchaus zurecht – herausgefordert von dem populären Rennläufer. Und er zeigte, noch einmal, seine Macht. Letztlich aber errang doch Karl Schranz den Sieg: Olympia veränderte sich, der längst überkommene Amateurstatus verlor immer mehr an Bedeutung, und heute können die wirklich besten Sportler der Welt an den Olympischen Spielen teilnehmen – egal, ob sie zuvor in einem Fußballtrikot einer Kaffeefirma ein Freundschaftsspiel absolviert haben …

Karl Schranz hat die Konfrontationen zwar für sich, oft aber auch stellvertretend für viele andere geführt. Das machte ihn für uns Sportler schon damals bemerkenswert und sympathisch und für die Sportgeschichte so wichtig und herausragend. Mit seinen Ecken und Kanten und natürlich auch mit seinen sportlichen Fähigkeiten hat er dem Skisport viele wichtige Impulse gegeben. Man denke nur an 2001, als er die alpinen Ski-Weltmeisterschaften in seinen Heimatort St. Anton am Arlberg geholt und ganz maßgeblich mitorganisiert hat.

So ist denn dieser Lebensbericht des Karl Schranz, der treffend und mit Ironie *Mein ›Olympiasieg‹* betitelt ist, die Selbstdarstellung eines Jahrhundertsportlers, der aus ganz persönlicher Sicht Rückschau hält. Dass er dabei manchen Blick hinter die Kulissen gewährt, bisweilen sogar hinter die »Fassade«, jene raue Schale des Einzelkämpfers Karl Schranz, macht diese Lektüre ganz besonders reizvoll.

München, im August 2002 Willy Bogner

ALTIUS

CITIUS FORTIUS

COMITÉ INTERNATIONAL OLYMPIQUE

President
AVERY BRUNDAGE
Ten N. La Salle St.
Chicago, Ill. [illegible] U.S.A.
Cable Address
[illegible]

February 28, 1972

Dear Mr. Selzer:

Unfortunately, your letter dated January 17 did not arrive until after the XIth Olympic Winter Games at Sapporo were over.

As a matter of fact, all of the alpine skiers should have been disqualified . . . but, we could not ruin the Games on which our Japanese friends had spent so much time, energy and money -- so, we had to be satisfied with the action of excluding the most flagrant example.

With appreciation for the friendly words in your letter, I am

Sincerely,

Avery Brundage

Avery Brundage

Das Eingeständnis des Avery Brundage

In diesem Brief an E. G. Selzer – den Hersteller des James Bond-Anzuges von Schranz – gesteht Avery Brundage die an ihm begangene willkürliche Ungerechtigkeit. Wörtlich heißt es da:

»... Alle alpinen Rennläufer hätten disqualifiziert werden müssen – aber wir konnten die Spiele nicht zerstören, für die unsere japanischen Freunde so viel Zeit, Energie und Geld aufgewendet hatten – und deshalb mussten wir uns damit zufrieden geben, das krasseste Beispiel auszuschließen ...«

1
»Die Welt blickt nach Sapporo«

1972: Der Ausschluss von den Olympischen Spielen

Sie haben mich disqualifiziert. Ausgeschlossen von den XI. Olympischen Winterspielen, mich der Chance beraubt, mir den Lebenstraum einer Goldmedaille doch noch zu erfüllen. Die Koffer sind gepackt, ich verlasse das olympische Dorf. Meine Karriere ist zu Ende. Schlagartig. Wegen einem T-Shirt mit der Aufschrift »Aroma-Kaffee«. Wegen Verstoßes gegen den Amateurstatus. Ich bin kein besserer Amateur als die anderen, zugegeben. Aber ich bin auch kein schlechterer Amateur als alle jene, die nun um Zehntel- oder Hundertstelsekunden und um einen Platz auf dem Stockerl kämpfen können.

Abgeschossen haben sie mich, gezielt und vorsätzlich. Allen voran Avery Brundage, der Präsident des Internationalen Olympischen Komitees, ein Greis in höchster Sportfunktion. Um die Moral ist es nicht gegangen. Nur darum, dass er sich noch mal in Szene setzt, wenn nun die Ära zu Ende geht, da nur die Funktionäre Geld mit dem Sport verdient haben: Die Sportler durften den Kopf hin- und die Funktionäre die Hände aufhalten. Dass einer wie ich heute ein Star ist und dem Brundage den Rang abläuft, kann er nicht verkraften. Nicht einmal eine Stellungnahme vor dem Ausschuss wurde mir gestattet. »Wir verhandeln nicht mit einzelnen Personen«, hat Brundage gesagt.

Die Koffer sind gepackt. Für mich ist Olympia vorüber. Nach der Disqualifikation wurde in der österreichischen Delegation erwogen, aus Protest komplett abzureisen. Aber so ein Protest wäre nichts als der Ausdruck der Ohnmacht. Besser ist, alle unsere Sportler geben ihr Bestes – gerade zum Trotz.

Ich werde abreisen, ich allein. Nun gut, mein Freund und Betreuer Franz Kneissl begleitet mich. Mich haben sie disqualifiziert, die Konsequenzen kann und muss ich ganz alleine tragen.

Kann ich das wirklich? Kann ich auch nur im Entferntesten abschätzen, was auf mich zukommt, wie mein Leben sich verändern, wohin es sich entwickeln wird? Ich fühle mich schier ohnmächtig. Meine Stimmung schwankt ständig zwischen Wut, Verzweiflung und Apathie hin und her. Leer bin ich, ganz leer. Am liebsten möchte ich unsichtbar sein und nichts mehr wissen von alledem. All die Erfolge der Vergangenheit sind plötzlich ganz blass und fahl, nichts hat mehr einen Glanz. Sie haben mich disqualifiziert, und damit nicht nur alle meine Hoffnungen zunichte gemacht, sondern auch einen Schatten über meine Vergangenheit gelegt. Als einer der Favoriten für alle drei Bewerbe, den Abfahrtslauf, den Riesenslalom und den Slalom, bin ich nach Sapporo gekommen, als ein Verlierer verlasse ich das olympische Dorf.

Im »Grand Hotel« von Sapporo sitze ich in meinem Appartement. Nichts hält mich mehr im olympischen Dorf. Noch sind es viele quälende Stunden bis zum Rückflug nach Hause. Daheim! Was werden die daheim denken, fühlen? Verzweifelt wird sie sein, meine Mutter. Und meine Brüder und meine Schwester werden wütend sein und sehr unglücklich. Unglücklich sind bestimmt auch viele meiner Landsleute: Ich war eine ihrer großen Hoffnungen auf den sportlichen Erfolg. Aber es wird auch andere geben, solche, die schadenfroh grinsen, solche, die es immer schon gewusst haben wollen, dass es so hat kommen müssen, solche, die sich sogar freuen, wenn der Schranz so richtig auf die Schnauze fällt. Solche gibt es genug – in Wien, in Innsbruck, in St. Anton, und weiß der Teufel wo.

Wie wird das sein: Heimkommen? Nicht als Sieger, nicht als Zweiter oder Dritter, nicht als unglücklich Gestürzter, sondern als wirklicher Verlierer, der nichts weiter mehr zu sagen hat als »das war's, es ist vorbei«?

Ich schaue aus dem Hotelfenster hinaus über die Stadt, auf das Land des Lächelns, das mir so gründlich vergangen ist. Vor meiner Abreise hat mir ein Bekannter ein dünnes Büchlein eines japanischen Autors in die Hand gedrückt: »Das Buch vom Tee«. Lies das, hatte er gesagt und mir dringend geraten, mir mal so eine Teezeremonie angedeihen zu lassen. Jetzt wäre Zeit dazu. Aber dazu bräuchte es wohl Ruhe. Und die finde ich in meiner Situation am allerwenigsten. Schimpfend und fluchend gehe ich im Zimmer auf und ab, dann wieder stehe ich gedankenverloren am Fenster. Ohnmächtige Wut, nagender Schmerz, das Schicksal hämmert gehörig herum auf meiner Gefühlsklaviatur. Wenn einer seine Gefühle nicht in den Griff bekommt, sagen die Japaner, dann habe er zuviel Tee in sich. Also, aus der Teezeremonie wird nichts werden.

Bin ohnehin eingesperrt hier im Hotel. Journalisten, Fotografen, Fernsehleute belagern den Flur vor meinem Appartement. Im Fernsehen stehen zwei ständig wiederkehrende Sonderberichte im Mittelpunkt: Das Auffinden eines japanischen Soldaten im Dschungel, der sich seit Ende des Zweiten Weltkrieges versteckt gehalten hatte in Unwissenheit des Kriegsendes und mein Ausschluss von den Spielen. Ich verstehe kein Wort des japanischen Kommentators; aber ich sehe immer wieder Brundages päpstliches Getue, hinter dem sich nichts als Pharisäertum verbirgt.

Manchmal kommt Franz herein und sagt: »Bleib bloß hier, die da draußen – wie die Hyänen«. Der Presserummel macht mir normalerweise nicht viel aus. That's showbusiness – Geben und Nehmen. Die Journalisten leben (auch) von Schlagzeilenlieferanten wie mir, und einer wie ich lebt (auch) von der Arbeit der Journalisten. Ich habe normalerweise kein Problem mit ihnen. Franz und Egon tun ein Übriges, um mich vor der Presse und letztlich auch vor mir selbst zu schützen. In meiner momentanen Verfassung hätte ich gute Lust, einmal ordentlich Tacheles zu reden.

»Bloß nicht«, sagt Franz Kneissl. »Du ruinierst alles damit!«

Dann kommen die Anrufe. Große Zeitschriften in Amerika und in Deutschland bieten mir ein Vermögen für die Exklusivrechte an meiner Lebensgeschichte. 500 000 US-Dollar – 1 Million deutscher Mark! Mit etwas Geschick könnte man die Exklusivrechte zweimal verkaufen, einmal für den englischsprachigen, einmal für den deutschsprachigen Raum. 10 Millionen Schilling könnten da schon zusammen kommen ... »Bloß nicht«, sagt wiederum der Franz. »Wenn du das jetzt machst, ruinierst du Olympia ganz allein. Dann wirst du wirklich schuld sein.«

Das Essen lasse ich mir aufs Zimmer bringen. Ich will niemanden sehen und von niemandem gesehen werden. Den zum Dessert servierten Kaffee schütte ich ins Klo. AROMA-KAFFEE. AROMA-KAFFEE. AROMA-KAFFEE ... Bitte verschont mich bloß mit dem Kaffee!

Ein amerikanischer Anwalt meldet sich und bekundet sein Interesse, das Internationale Olympische Komitee auf 10 Millionen Dollar Schadensersatz zu verklagen. Klar würde mich das freuen, wenn die Verantwortlichen haftbar gemacht würden. Nur zu gerne würde ich ja sagen und herauskommen aus meiner Ohnmacht. Aber wieder ist es Franz, der mich zur Räson bringt und rät, erst einmal zu schweigen und am besten gar nichts zu unternehmen. »Lass uns erst nach Österreich zurückkommen, dann sehen wir weiter.«

Am nächsten Tag steigen wir in die Maschine nach Frankfurt. Ich werde aufs Rollfeld gefahren, steige aus dem Auto, habe das Gefühl, der Boden schwankt. Ist das ein Erdbeben? Oder bebt nur alles in mir? Zurück als Verlierer, als Ausgestoßener. Wenn mir das vor ein paar Wochen jemand prophezeit hätte – »bist narrisch?« hätte ich geantwortet.

Gestern noch hat mich Egon getröstet. »Schlaf' jetzt eine Nacht drüber, das bringt Abstand, das wird dir gut tun.« Aber heute fühle ich mich fast noch elender als gestern. Es ist mir, als wäre erst jetzt mit dem Betreten des Flugzeuges mein Abschied von Olympia endgültig besiegelt. Als wenn ich noch irgendetwas hätte unternehmen können, solange ich in Sapporo war. Wenn die japanischen Fernsehteams die Maschinen verlassen haben, wenn die Sicherheitsgurte getätigt sind, das Rauchen eingestellt und das Flugzeug in Startposition gerollt ist, dann, und dessen bin ich mir jetzt, in diesem Augenblick in aller Klarheit bewusst, dann ist der wohl einschneidendste Abschnitt meines Lebens zu Ende. In Japan höre ich auf, der Sportler Karl Schranz zu sein. Aber, es ist mehr Ahnung als Gefühl und Verstand, vielleicht steht dieser Start im Flugzeug auch für den Start in einen neuen, ganz anderen und hoffentlich ebenfalls faszinierenden Lebensabschnitt?

Einen Direktflug nach Wien gibt es nicht. Wir fliegen zuerst nach Frankfurt, wo wir umsteigen müssen. Die Maschine wird in zwei Stunden Wien erreichen. Aber welch ein Trubel in der Maschine: Etwa 30 Journalisten haben für Frankfurt–Wien eingecheckt, darunter zahlreiche Österreicher, die mir sozusagen von Wien, Innsbruck und Salzburg aus entgegengeflogen sind. Zudem die komplette Besetzung der Wiener Philharmoniker, die auf der Heimreise von einem Gastspiel sind. Ich komme gar nicht richtig dazu, irgendetwas zu sagen, so oft wird mir auf die Schultern geklopft, werden mir die Hände geschüttelt, und mit netten Worten Trost zugesprochen oder Sympathie zum Ausdruck gebracht. Die Stifte der Journalisten flitzen über die karierten Schreibblöcke. Dabei habe ich doch gar nicht viel zu sagen – wenigstens nicht im Augenblick. Der Medienrummel kommt für mich, zumindest in dieser Form, völlig unerwartet. Wenn ich drei Goldmedaillen gewonnen hätte, würde wohl nicht so viel Aufhebens gemacht werden wie jetzt aufgrund dieser Disqualifikation.

Gerd Bacher, Generalintendant des Österreichischen Rundfunks und Fernsehen (ORF), spürt meine Verblüffung. Er nimmt mich zur Seite und sagt: »Karl, du wirst dich noch wundern. Der Empfang in Wien wird wohl ein bisserl anders sein als du dir das vorstellst.«

Was soll ich mir vorstellen? Ein paar hundert, vielleicht auch tausend oder zweitausend Schranz-Fans, die unglücklich am Flugplatz stehen, mit der österreichischen Fahne wedeln, Transparente mit Willkommensgrüssen schwenken, »Karli, Karli« rufen und, vielleicht mit Tränen in den Augen, mir ihre Zuneigung bekunden. Klar, da freut man sich drüber. Aber, bitte, was ich nicht haben kann, sind Sentimentalitäten. Der Brundage ist wie er ist, und ich bin mir ganz sicher, dass auch einige meiner Landsleute kräftig mitgeschoben haben. Im Nationalen Olympischen Komitee habe ich einen Spezialfreund, einen, der es immer besonders gut mit mir gemeint hat. Ich erinnere mich, wie er bei jeder sich bietenden Gelegenheit immer wieder gesagt hat: »Schranz, wenn du dies tust oder jenes nicht unterlässt, dann fährst nicht mit nach Sapporo.« Ein Diplomat war ich nie. Habe immer gesagt, was ich mir denke. »Da dürfen S' etwas nicht durcheinander bringen: Sie kommen, wenn überhaupt, dann wegen mir nach Sapporo. Aber ich nicht wegen Ihnen«, hab ich ihm geantwortet. Das hat diesem Herrn sicherlich »gestunken«. Und, jede Wette, er hat alles unternommen, um mir das heimzuzahlen.

Der Flug von Frankfurt nach Wien holt mich, ob ich will oder nicht, von meiner Insel der Abgeschiedenheit, auf die ich mich, innerlich, in den letzten 30 Stunden zurückgezogen habe. Ich gerate hinein in den unbeschreiblichen Taumel, den die Vertreter der Medien verbreiten, der von allen Insassen des Flugzeuges mitgetragen wird. Als wir uns über den Wolken Österreich nähern, packen die Philharmoniker ihre Instrumente aus und spielen, mir zu Ehren und mir durchaus auch zur Freude, den »Donauwalzer« von Johann Strauß.

Dann landet die Maschine, eine DC 9 der Austrian Airlines, auf dem Flughafen Wien-Schwechat. Schon durch die kleinen runden Fenster der Maschine sehe ich, dass die Balkone des Flughafengebäudes und das gesamte Vorfeld schwarz von Menschen sind. »Die sind alle wegen Ihnen da«, sagt einer der Journalisten. Es ist unfassbar. Ich komme doch nicht als Sieger, ich komme als Verlierer, als der eigentliche und größte Verlierer der Olympischen Winterspiele von Sapporo.

»Da hinaus? Bist narrisch?«, sage ich zu Kneissl.

»Das ist schwieriger als alle bisherigen Rennen«, sagt Kneissl. »Aber du machst das schon.«

Den roten Dufflecoat, offizieller Bekleidungsbestandteil der österreichischen Olympia-Auswahl, will ich nun wirklich nicht anziehen.

Aber die Freunde und Begleiter zwingen mich mit sanftem Nachdruck.

»Was meinst, Karl, wie das den Brundage und alle die Deppen ärgert, wenn sie dich so im Fernsehen und in den Zeitungen sehen …«

Ich lasse mich nicht leicht zu irgendetwas zwingen. Aber in diesem größten Tief meiner sportlichen Laufbahn habe ich nicht allzu viel Kraft und Bereitschaft zur Gegenwehr. Außerdem: Wahrscheinlich haben sie ja Recht.

Da öffnet sich schon die Flugzeugtür und sie schieben mich hinaus auf die Gangway.

Es ist Dienstag, der 8. Februar 1972, gegen halb ein Uhr mittags. Der Himmel ist grau, liegt schwer über Niederösterreich. Es ist winterlich kühl, aber nicht allzu kalt. Grau, braun, dunkel ist auch die Bekleidung der Menschen, die sich über die grauen Betonpisten unserem Flugzeug nähern. Alles ist grau wie meine Stimmung, nur mein roter Mantel, halblang und mit Kapuze versehen, will nicht recht passen zur ganzen Situation.

Auf den terrassenförmig übereinander angelegten Besucherbalkonen drängen sich die Menschen. Am Fuß der Gangway stehen sie dicht an dicht. Ich sehe jede Menge Polizisten, die den Auflauf in geordneten Schranken halten. Ich sehe Transparente, deren Aufschrift ich aber aus der Entfernung nicht lesen kann. Und ich höre den Jubel von Tausenden, höre den begeisterten Empfang, fühle mich plötzlich wie nach einem guten Rennen, wenn nach zwei Minuten der absoluten Stille, Einsamkeit, Konzentration plötzlich der Lärm der applaudierenden und lärmenden Zuschauer durch den Helm an die Ohren und bis tief ins Innerste dringt.

Ich steige die Stufen hinab. Habe ich verloren? Oder habe ich doch gewonnen? Bin ich unterwegs oder doch angekommen? Bin ich hier oder träume ich? War ich in Japan oder niemals fort? Warum jubeln die so?

»Karli, Karli, Karli …«, tönt es frenetisch aus Tausenden von Kehlen. »Karli, Karli.«

Immer habe ich gewinnen müssen, um erfolgreich und anerkannt zu sein.

Und dann, plötzlich, im Augenblick der größten Niederlage, der größten Demütigung, diese Resonanz bei den Menschen. Sie feiern mich wie, ja wie …

1809 Andreas Hofer
1972 Karl Schranz

lese ich auf einem der Transparente. Wahnsinn!

Am Fuß der Gangway empfängt mich der österreichische Unterrichtsminister Fred Sinowatz. Er drückt mir die Hand, die Menschen umringen uns, aber niemand drängt, bedrängt mich. Die Autorität des Politikers lässt sie zumindest den Hauch von Distanz wahren, die sie mir als Sportstar sonst nicht einräumen würden.

»Wir haben zwei Stunden Verspätung gehabt«, sage ich, um zu entschuldigen, dass der Minister wohl auch schon einige Zeit auf die Ankunft des Flugzeuges hier in Schwechat wartet.

»Anstrengend«, sagt Sinowatz.

»In Tokio …«, sage ich.

»Es waren überhaupt anstrengende Tage«, fährt der Minister fort.

»Ja die letzten Tage …«, sage ich.

Beide sind wir in diesem Augenblick an Unbeholfenheit kaum zu überbieten. Aber wahrscheinlich ergeht es ihm wie mir: Es gibt Besseres, als ein Verlierer zu sein, und es gibt gewiss Leichteres, als einen Verlierer zu empfangen. Aber dann zieht mich Fred Sinowatz an ein bereitstehendes Mikrofon, sagt »Lieber Karl Schranz«, und die Menschen im weiten Rund werden unverzüglich still. Jetzt wird der Minister offiziell, und seine anfängliche Unsicherheit schwindet in dem Maße, in dem die meine steigt:

»Lieber Karl Schranz,

als der für den Sport zuständige Ressortminister begrüße ich Sie in der Heimat sehr herzlich. Ich kann Ihnen sagen, dass in diesen Tagen Millionen Österreicher Anteil an Ihrem Schicksal genommen haben, und dass alle Ihr mannhaftes Auftreten und Ihre Haltung bewundert haben.«

Sinowatz schaut mir unablässig in die Augen. Er gibt da nicht eine der üblichen Politiker-Pflichtübungen ab, er gibt mir und wahrscheinlich den vielen Tausend rundherum vielmehr das ehrliche Gefühl, dass seine Worte von Herzen kommen.

»Wir wollen sicherlich das Geschehen im Sport nicht dramatisieren, aber wir alle hoffen, dass gerade dadurch, durch diesen ungerechtfertigten Ausschluss, sich alle Verantwortlichen Gedanken darüber machen, dass in

Hinkunft Olympische Spiele ohne Heuchelei stattfinden können ...«

Frei, ohne Blatt spricht der Minister, und deshalb bekommen seine Worte besondere Glaubwürdigkeit und Überzeugungskraft.

»... und dass lebensbezogene Spiele veranstaltet werden, an der die Jugend der ganzen Welt zu Recht Anteil nehmen kann. In diesem Sinne heiße ich Sie noch einmal in der Heimat sehr herzlich willkommen.«

Jetzt ist es an mir, etwas zu sagen. Niemand fordert mich auf. Aber ich lese das im Gesicht des Ministers. Es ist genauso als würde er sagen: Lieber Karl Schranz, ich glaube, diese vielen tausend begeisterten Freunde des echten, guten, wahren Wintersports erwarten ein paar Worte von Ihnen.

Aber ich habe einen Knödel im Hals. Die Kameras sind auf mich gerichtet, die Mikrofone recken sich nach jedem Wort von mir, aber ich kann doch jetzt nichts sagen, ich krieg doch jetzt nichts heraus. Mit vielem hatte ich gerechnet, aber nicht mit einem solch überschwänglichen Empfang. Um ein passendes – oder auch unpassendes – Wort bin ich ja eigentlich nie verlegen, aber meine wahren Gefühle, die gebe ich nicht gern preis. So etwas hätte mich verletzlich gemacht ... Und jetzt soll ich etwas sagen. Ich schaue wie durch Milchglas und meine Stimme klingt fremd.

»Ich bin wirklich selten verlegen – und zwar verlegen auf Fragen der Reporter – aber heute bring' ich wirklich fast keine Worte heraus. Es ist überwältigend – ich hab' mir so was nicht vorstellen können – nachdem, was in

Sapporo passiert ist – diese Begeisterung in der Heimat – ich glaube, dass die Menschen eben mitfühlen können – und vor allem die Masse – was passiert ist in Sapporo – dass eine Ungerechtigkeit passiert ist – ich danke Ihnen für Ihr Kommen – Danke vielmals, Herr Minister.«

Der niederösterreichische Landeshauptmann Andreas Maurer schließt sich den Willkommensgrüßen des Unterrichtsministers an. Wie Paradefahnen umgeben mich mittlerweile auf lange Holzlatten geschraubte Schrifttafeln, die mich allesamt herzlich grüßen, über Brundage und das IOC schimpfen und Solidarität mit meiner Haltung zum Ausdruck bringen:

Österreich
grüßt seinen
größten Skiläufer
aller Zeiten

Es tut verdammt gut, soviel Sympathie zu spüren.

»Also«, sagt Fred Sinowatz, »ich glaub', wir können gehen«.

Die Polizei bahnt uns einen Weg zu den bereitstehenden Mercedes-Limousinen. Vorneweg die Motorrad-Gendarmen, dann die Polizei im VW-Käfer, dann die Politprominenz, dann der Mercedes mit mir, hintennach wieder Polizei. Nach Wien geht die Fahrt, zum Bundeskanzler – Bruno Kreisky will mir die Ehre geben! Einerseits weiß ich das natürlich sehr zu schätzen, andererseits bin ich aber auch müde, hundemüde. In der

Nacht nach dem Ausschluss habe ich kaum geschlafen, im Flugzeug von Tokio nach Frankfurt auch nur ab und zu gedöst, jetzt holt mich der Schlaf allmählich ein. Am liebsten wäre mir, jetzt nicht nach Wien hinein zu müssen, stattdessen mit der nächsten Maschine nach Innsbruck und von da in einer guten Stunde nach Hause, nach St. Anton am Arlberg.

Aber so sehr ich auch erschöpft bin von den vielen Stunden ohne Schlaf und von den Ereignissen der letzten Tage, so sehr genieße ich doch irgendwie auch das Gefühl, im Mittelpunkt der Begeisterung der Menschen hier zu stehen. In Schwechat säumen Tausende die Straßen. Der Chauffeur kurbelt das Schiebedach zurück und ich stelle mich ins Fahrzeug, um mich bei den Menschen für ihre Sympathie, ihren Trost, ihre Unterstützung zu bedanken. Aus einem Lautsprecherfahrzeug tönt Musik, Gesang, Riesenstimmung durch die ganze Stadt: »Der Karli, der soll leben, der Brundage steht daneben / Von St. Anton bis nach Wien, steh'n im Geiste wir auf ihn ...«

Und die Transparente quer über die Straße:

Es lebe Karl der Große
IOC-Mafia
1972

Ich stehe, bis wir das Zentrum der Hauptstadt erreichen. Und das dauert lange. Im Schritttempo bahnt sich der Konvoi seinen Weg durch die immer dichter werdenden Menschenmassen in der Simmeringer Hauptstraße vorbei am Zentralfriedhof. Mich kriegen die nicht tot, denk ich bei mir, aber so könnte ich mir das Ende meiner Karriere schon vorstellen. Und ich winke den Menschen zu, unablässig, den vielen, die mich mögen, die mich bewundern, die mich bejubeln.

Über den Rennweg und den Schwarzenbergplatz geht es mitten hinein ins Herz der Stadt. Der Verkehr ist vollkommen zum Erliegen gekommen, sogar die Straßenbahnen haben den Betrieb eingestellt. Die Menschen stehen so dicht, dass auch der Konvoi kaum mehr voran kommt. Martinshörner, Blaulichter und Beamte zu Fuß sorgen dafür, dass die Fahrzeuge nicht völlig stecken bleiben.

Was sich da abspielt, ist so faszinierend wie beängstigend. Mir fallen die Bilder aus dem »Dritten Reich« ein, wie man sie aus Büchern und Fernsehdokumentationen kennt: Als Hitler 1938, nachdem er den Anschluss Österreichs ans Deutsche Reich am 12. März in Linz proklamiert hatte, nach Wien kam, müssen sich ähnliche Szenen abgespielt haben. Hunderttausende von begeisterten Menschen auf den Straßen und Plätzen! Und ich frage mich: Hat das alles wirklich mit mir zu tun? Geht es mit rechten Dingen zu, wenn ein Skirennläufer wie ich die Massen derart mobilisiert?

Das Straßenschild »Schubert-Ring« ist überklebt: »Karl-Schranz-Ring« heißt heute diese Wiener Hauptverkehrsader mir zu Ehren. Die Leute reichen mir Blumen ins Auto. Fotos und Stifte werden mir in die Hand gedrückt, aber wie sollte ich jetzt Autogramme schreiben. Wo fängt man an? Wo hört man auf? Ich kann nur winken, unaufhörlich winken. Die Arme tun mir langsam weh von der ständigen Winkerei. Dazu der ohrenbetäubende Lärm: Applaus, Hupkonzerte, Musik, Jubel. Ein Hexenkessel, von dem Bilder und Eindrücke via Medien um die Welt gehen werden. Hohn und Schmach für die Altenheimbesetzung im IOC …

Es geht über den Kärntner Ring, am Opernhaus vorbei. Wo die Autos zum Halten kommen, schütteln mir Menschen die Hand, klopfen mir auf die Schulter, feiern mich wie einen Volkshelden. Irgendjemand schreit mir den alten, bösartigen Irrenhaus-Kinderreim zu: »Steinhof, Steinhof mach's Türl auf, der Brundage kommt im Dauerlauf, und legt sich glei ins erste Bett, und schreit: I bin der größte Depp.«

Am Burggarten sind, der besseren Sicht wegen, Leute bis hoch in die Baumwipfel gestiegen. Angst könnte man kriegen, dass da einer herunterstürzt und sich alle Knochen bricht.

Endlich rücken wir dem eigentlichen Ziel näher. Vorbei am Naturhistorischen Museum und am Kunsthistorischen Museum, schließlich am Volksgarten entlang auf das Bundeskanzleramt am Ballhausplatz zu.

Hier, auf den letzten zwei-, dreihundert Metern, erfährt das Treiben noch einmal eine Steigerung: Nur mit geballten Polizeikräften ist die Menge zurückzuhalten. Die Arme untergehakt stemmen sich Hundertschaften der Gendarmerie gegen die ausufernde Begeisterung von gewiss Zehntausenden, die sich auf dem Heldenplatz und, unmittelbar vor dem Bundeskanzleramt, auf dem Ballhausplatz drängen. Ohrenbetäubend die Rufe »Karli, Karli, Karli, Karli, Karli.«

Selbst als der Wagen in den Innenhof der Kanzlerresidenz eingefahren ist, tost die Euphorie wie ein schäumendes Meer an felsigen Klippen.

Aber ich bin erst einmal befreit. Es ist, als würde mir eine große Last genommen. So ein Bad in der Menge ist durchaus belebend, aber wenn die Wogen derart stürmisch sind, dann kommt einem auch der Gedanke, man könnte darin untergehen, jämmerlich ersaufen.

Befreit bin ich, auch wenn der erhebendste und offiziellste Augenblick dieses unbeschreiblichen Empfanges erst noch bevorsteht. Ich lasse den roten Mantel im Auto, das schwarze Samtjacket entspricht wohl mehr dem Anlass. In den spiegelnden Scheiben des Wagens prüfe ich den Sitz meiner Krawatte. Aufgeregt bin ich wie ein Schuljunge vor einer Prüfung.

Begleitet von Minister Sinowatz und zahlreichen Medienleuten betrete ich um kurz nach vierzehn Uhr den Salon, wo Bundeskanzler Dr. Bruno Kreisky mich erwartet. Mich! Den Olympioniken ohne Medaille. Die Hoffnung Österreichs ohne Rennen. Den großen Favoriten mit den leeren Händen.

In Dr. Kreiskys Gesicht glaube ich so etwas wie Verwunderung über die Ausmaße der Begeisterung vor dem Bundeskanzleramt ablesen zu können. Er scheint fast ebenso erstaunt wie ich, als er mir die Hand drückt und zu mir unter einem wahren Feuerwerk aus Foto-Blitzlichtern sagt:

»Wir alle waren betroffen über die Einseitigkeit und Ungerechtigkeit, mit der man Sie in Sapporo behandelt hat. Das österreichische Volk bringt Ihnen eine große

Zuneigung entgegen. Und zwar nicht nur deshalb, weil Sie ein hervorragender Sportler sind, sondern auch den Beweis Ihres guten Charakters geliefert haben.«

Was bringe ich noch heraus? Beeindruckt, geradezu erschüttert wie ich bin, seit das Flugzeug draußen in Schwechat gelandet ist. »Herr Bundeskanzler, mir fehlen die Worte über diesen Empfang«. Wieder und wieder »mir fehlen die Worte«.

Durch die geöffneten Balkontüren wogen die »Karli, Karli«-Rufe heran.

»Sie werden sich zeigen müssen, Herr Schranz«, sagt Dr. Kreisky. »Das erwarten die Leute von Ihnen. Hören Sie nur, diese Begeisterung.«

»Mit Ihnen«, sage ich. »Lassen Sie uns doch gemeinsam …«

Aber Kreisky gibt nicht nach. Er bugsiert mich Richtung Balkon und sagt: »Das ist Ihr Empfang.«

Es ist nur ein Schritt über die Schwelle, aber der enthüllt mir die Situation in einer weiteren Dimension. Betäubt vom Lärm der Menschen, hingerissen von ihrer Euphorie für meine Person, wie hypnotisiert vom Anblick der wogenden Massen, fühl' ich mich für einige Augenblicke geradezu wie ein Volkstribun, wie ein Imperator. Caesar mag es so ergangen sein, oder Nero. Aber für die war das wahrscheinlich fast alltäglich, durchinszeniert, routiniert. Für mich aber ist hier nichts zu verstehen, nichts richtig zu realisieren, alles jedoch in jedem Fall einzigartig. Es wird, das spüre ich schon in diesem Augenblick, lange dauern, das alles zu schlucken und zu verdauen.

Letztlich steht der Bundeskanzler dann doch noch mit mir auf den Balkon, zeigt sich mit mir den Menschen, aber nur kurz, sich im Hintergrund haltend: Mit fremden Federn wollte er sich nicht schmücken. Eine noble Geste. Wenngleich ich zugeben muss, dass mir wohler wäre, nicht so allein im Zentrum der Begeisterungsstürme zu stehen.

Man hat mich gewarnt – auch in Innsbruck solle der Teufel los sein.

»Der Teufel?«, frage ich. »Der kann mir nichts mehr anhaben. Der ist 84 und hält sich meines Wissens derzeit in Sapporo auf.«

Und in der Tat, die Bilder gleichen sich. Sollen, den Zeitungsberichten zufolge, in der Millionenstadt Wien rund zweihunderttausend Menschen auf den Straßen gewesen sein, so sind es jetzt in der Tiroler Landeshauptstadt wieder zig Tausende, die die Maria-Theresien-Straße säumen und am Landhausplatz unseren Konvoi erwarten.

Ich sitze in der Limousine von Landeshauptmann Wallnöfer, winke den Menschen durchs geöffnete Fenster zu. Wenn man mich in der Sendung »Das heitere Beruferaten« nach einer typischen Handbewegung fragen sollte, dann muss ich von heute an winken, winken, winken!

»Ganz Innsbruck hat schulfrei heute«, sagt mir der Landeshauptmann. »Die Kinder sollen Gelegenheit haben, unseren Schranz Karli gebührend begrüßen zu können …«

Es wiederholt sich der Taumel vom Vortag. Hier in

Tirol noch mehr hinkende Vergleiche mit dem Freiheitskämpfer Andreas Hofer, der sich 1809 gegen die napoleonischen und die bayerischen Truppen gestellt hat. Noch mehr Tränen und Trauer in dem Bundesland, aus dem ich komme?

Die Menschen klatschen mit den Händen aufs Autodach, auf die Kühlerhaube, die Heckklappe. »Teufel, Teufel«, leidet der Landeshauptmann. »Jetzt machen S' mir das Auto hin …« Aber seine Sorgen sind letztlich unbegründet. Die Polizei hat alles im Griff, und die unzähligen Menschen in den Straßen wollen in der Tat ja nichts anderes, als ihre Freude und ihr Mitgefühl zum Ausdruck zu bringen.

Es ist nicht so, dass ich den Ausschluss von Sapporo je vergessen könnte. Aber diese Wolke der Begeisterung, auf der ich gleichsam wie auf Schultern seit meiner Ankunft in Österreich getragen werde, lässt diese persönliche und sicher auch sportliche Katastrophe zumindest für diese Stunden weit, weit in den Hintergrund treten.

Schwechat, Wien, Innsbruck – die Müdigkeit, die Aufgewühltheit meiner Gefühle, die unablässige Flut der Bilder, die auf mich einströmen, dies alles lässt mich die Ereignisse nebulös und zugleich in präziser Klarheit erleben. Den Boden spüre ich nicht unter den Füßen. Vielleicht zuhause wieder?!

Heimkommen, endlich heimkommen.

Noch einmal Empfang, noch einmal großer Bahnhof. Auch in meinem 1300 Meter hoch gelegenen Heimatort St. Anton am Arlberg scheint alles, was laufen kann, auf der Straße zu sein. Viele fremde Gesichter. Menschen wohl, die zum Skifahren an den Arlberg gekommen sind. Und viele bekannte und vertraute Gesichter. Alle heißen mich willkommen, und die St. Antoner Musikkapelle spielt dazu.

Ich schau hinauf zu den Bergen, die sich zu beiden Seiten des Taleinschnittes erheben und die mich geformt haben, von klein an: Valluga, Galzig, Kapall und Rendl. Hier hat alles begonnen. Von hier bin ich aufgebrochen und habe mir die Welt erobert. Hierher komme ich zurück – disqualifiziert. Auch hier lässt man mich hochleben. »Servus, Karl!« Ich schaue in die Gesichter der Menschen, der Leut' aus dem Dorf.

Ich schaue sie mir an und beginne zu ahnen. Heute bin ich ihr Held. Sie denken, nicht ich wurde disqualifiziert, ganz Österreich ist disqualifiziert worden. Jeder einzelne von ihnen. Aber lange wird es nicht dauern, dann werden viele die Meinung ändern. Dann werde ich aufhören, der Held zu sein. Nur noch der Schranz, der mit seiner Sturheit und seiner Unnachgiebigkeit Schmach gebracht hat statt Medaillen.

Ja, so werden viele, sehr viele denken – in Wien, in Innsbruck und in St. Anton ganz besonders. Da bin ich mir schon in diesem Moment sicher.

2
»Anständig bleiben und zusammenhalten«

St. Anton, Haus Nr. 86

Ein Winterkind bin ich. Geboren im November, gerade rechtzeitig vor Beginn der Skisaison, müssen meine ersten, noch unbewussten und nicht mehr erinnerbaren Eindrücke vom Schnee geprägt sein. Vom Weiß rundherum, aber von der Kälte schon auch, die hier in St. Anton, 1300 Meter hoch gelegen, von Dezember bis März herrscht.

Dass Winterkinder zäher seien, behauptet der Volksmund, abgehärtet durch das rauere Klima in den ersten Lebensmonaten. Das mögen Verallgemeinerungen sein, die zutreffen hie und da, genauso oft aber auch daneben liegen. Bei mir jedoch muss es mit dem »zähen Winterkind« etwas auf sich haben – wahrscheinlich sogar mehr als bei den meisten anderen Menschen, die im späten Herbst geboren sind. An Zähigkeit, Willenskraft, Energie, Beharrlichkeit und Kondition hat es mir mein Lebtag lang nicht gefehlt.

Als ich am 18. November 1938 in St. Anton am Arlberg geboren wurde, erwartete mich eigentlich nichts anderes als ein kleines, bescheidenes Leben. Dass ich einmal mit der großen Welt des Skisports zu tun haben würde – wer hätte das ahnen können?

St. Anton galt schon vor meiner Zeit als Mekka des Skisports, das jede Menge Wintersportler, aber auch Sommerfrischler anlockte. Die Straße über den Pass und der Eisenbahntunnel durch den Arlberg, eröffnet im September 1884, hatten das Bergdorf gleichsam an die Welt angeschlossen und dem Tourismus erschlossen. Schon 1890 waren die ersten Skifahrer hierher gekommen, vorwiegend aus Tirols Hauptstadt Innsbruck und aus dem Bodenseegebiet. Die Eisenbahn verhalf den Leuten zu einer bequemen Anreise nach St. Anton, das aufgrund seiner Höhenlage von jeher als schneesicher galt.

In dieses »Schneeloch« wurde ich also hineingeboren.

Mein Vater, Anton Schranz, war von Beruf Streckengeher: Täglich beging und inspizierte er den mehr als zehn Kilometer langen Arlberg-Eisenbahntunnel. Er prüfte, ob irgendwelche Schäden entstanden waren und gewährleistete mit seiner Arbeit, dass die Befahrung des Tunnels ein gefahrloses Unternehmen war. Mit seiner Lampe machte er diesen Gang sechs Mal die Woche. Die kühle Finsternis im Tunnel muss bedrückend gewesen sein, die Luft so schlecht, dass man eigentlich keinen Hund da durchjagen möchte. Noch waren die Lokomotiven dampfgetrieben, und die Tunnelwände schwarz vom Ruß der Kohlen und feucht vom niedergeschlagenen Wasserdampf.

Eine solch anstrengende, der Gesundheit nicht gerade zuträgliche Tätigkeit brachte nicht genug ein, um damit die insgesamt sieben Mäuler daheim füttern zu können. Daneben eine bescheidene Landwirtschaft zu betreiben, sicherte die Selbstversorgung und gewährleistete ein kleines Zubrot. Aber das war auch mit jeder Menge Arbeit verbunden. Eine Arbeit, die alle leisten mussten, der

Vater, die Mutter und, sobald sie zu etwas zu gebrauchen waren, auch die Kinder. Von früh an mussten wir Kinder die Ziegen hüten, bei der Holzarbeit im Wald helfen oder die Scheite ums Haus schlichten. Auch bei der Bergmahd wurden wir gebraucht oder wenn im späten Winter das »Heuziehen« anstand.

Im Tal drunten hatten die Bauern nicht genug Platz, die gesamte Heuernte des Jahres, die den Winter über ans Stallvieh verfüttert wird, zu lagern. Auf hochgelegenen Almstadeln wurde ein Teil des Heus aufbewahrt. Und erst im Winter, wenn die Vorräte im Ort dünn wurden und der Schnee es erlaubte, Schlitten einzusetzen, war es an der Zeit, das Heu aus den Hochlegern zu holen. Ein Vorgang, der immer auch ein besonderer gesellschaftlicher Anlass bei den Bauern war: Da ging es zünftig zu, Jung und Alt zogen gemeinsam die schweren Schlitten hinauf zu den Stadeln, beluden sie haushoch mit Heu, zurrten die Ladung mit langen Seilen fest. Die Erwachsenen prosteten sich mit klarem Schnaps zu und machten sich sodann auf die oftmals rasante Schlittenfahrt ins Tal.

Was so lustig erscheint, erforderte freilich viel Kraft und Geschick – und gefahrlos war es auch nicht. Einer stand vorne zwischen den Hörnern eines Schlittens und rutschte, mit Rücken und Hinterteil die Ladung bremsend, so gut es eben ging, auf den Stiefelhacken bergab. Hinterdrein kamen zwei, die sich mit Seilen gegen die Beschleunigung stemmten und ihren Teil dazu beitrugen, das flotte und zugleich unförmige Gefährt heil hinunter zu bringen. Dabei kam es oft zu Unfällen. Am wenigsten schlimm war es, wenn nur der Schlitten auf einer Geländekuppe kenterte. Wenn der Vordermann aber stürzte und unter die Kufen kam, dann war das Malheur groß – der fröhlich begonnene Tag endete beim Dorfarzt, der Schnittwunden und Knochenbrüche zu versorgen hatte.

Mein Vater, 1907 in St. Anton geboren, war in der Dorfgemeinschaft ein angesehener Mann. Das ist man im Allgemeinen, wenn man viel hat, nämlich Besitz. Verfügt man darüber nicht, muss man was Besonderes können. Und mein Vater konnte etwas Besonderes. Als überaus musikalischer Mensch spielte er Zither, Ziehharmonika, Klarinette, Schlagzeug – und zwar alles gleichermaßen virtuos. Er war Mitglied der Musikkapelle und gern gesehener Gast bei allen Feiern im Dorf. Wer gut Musik machen kann, der zählt etwas in einem Bergdorf, wo die Winter lang sind und die Sommer einsam.

Seiner Musikalität verdankte er die Bekanntschaft mit seiner späteren Frau. Aus England, Frankreich, Amerika und auch aus Russland kamen damals Gäste nach St. Anton, die sich die Reise und einen längeren Aufenthalt leisten konnten. Auch Graf Schaffgotsch hielt sich samt seiner Familie mit Vorliebe am Arlberg auf. Sie kamen als Urlaubsgäste in die noble »Villa Trier«, die sich der Industrielle Bernhard Trier 1912 hatte errichten lassen. Ein herrliches Anwesen, gebaut und ausgestattet mit unaufdringlich edlen Möbeln, ein Haus, das noch Jahrzehnte später den Eindruck vermittelt, als wäre es das »echteste« aller Häuser am Arlberg. Und doch war und ist es nur eine Imitation verschiedener Architektur-Elemente aus der Schweiz, aus Süddeutschland und aus Tirol. Hier also stieg der Graf mit Frau und Kindern ab – und mit einer gewissen Anna Roith, der vorzüglichen Herrschaftsköchin. Die junge Frau, geboren 1902 in Heiligkreuz/Böhmen, kam so mehrfach nach St. Anton – und ist bei einer dieser Gelegenheiten dem Anton Schranz, meinem Vater, begegnet.

Er kam mit Kollegen zur Hausmusik, spielte auf zur Abendunterhaltung der Gäste. Da muss ihm die böhmische Anna und ihr der Tiroler Anton aufgefallen sein. Liebe auf den ersten Blick? Ich weiß es nicht. Wahrscheinlich hat meinem Vater die selbstbewusste Art der Anna gefallen und ihre Bodenständigkeit. Und natürlich, dass sie so gut hat kochen können. Salopp gesagt: Meine Mutter hat ihn eingekocht …

1932 haben die beiden in St. Anton dann geheiratet und fortan, nur ein paar Schritte von der »Villa Trier« entfernt, das Haus Nr. 86 bewohnt. Die vom Galzig herabziehenden Skihänge reichten heran bis an die rückwärtige Hauswand und wer Ski fahren konnte fuhr praktisch ins Haus hinein …

Vier Söhne und eine Tochter machten aus Anton und Anna Schranz so nach und nach eine große Familie. Arnold, der Älteste, kam 1933 zur Welt, auf ihn folgte zwei Jahre später Gertrud, 1938 war ich dran, 1941 Helmut und 1944 Anton.

Der Vater tat seinen beschwerlichen Dienst, führte die Nebenerwerbs-Landwirtschaft, machte Musik an manchem Abend und an manchem freien Wochenende. Die Mutter hielt den Haushalt zusammen und umsorgte die

Kinder. Sie hat das Regiment geführt daheim und war Organisations- und Improvisationstalent. In meiner Erinnerung habe ich sie als starke, liebevolle, resolute, sanfte und mutige Frau.

Zwei Umstände hatten mich und meine Geschwister auf alle Zeit geprägt. Zum einen die familiäre Harmonie in unserer Kindheit. »Wir haben immer zusammengehalten, es war ein gutes Miteinander«, erzählt meine Schwester Gertrud heute auf meine Frage, wie das eigentlich alles so war, damals, als wir noch klein waren und unseren Weg erst finden mussten. »Dass Du schon als Kind eine Sonderrolle eingenommen hättest, davon kann gar keine Rede sein. Wir waren alle gut miteinander.« Zum anderen ist da die Tatsache, dass alle – bis auf einen – von Kind auf höchst talentierte Skifahrer waren. Arnold, Helmut, Gertrud und ich. Nur der Jüngste, Anton, fiel aus der Rolle – aber davon wird an anderer Stelle noch zu sprechen sein.

Wir Schranz-Kinder müssen scheinbar wirklich mit Ski an den Füßen geboren worden sein. Und das ohne ererbte Voraussetzungen. Denn Vater Schranz war ein recht schlechter Skifahrer. Und die Mutter hat sich ihr Lebtag überhaupt nicht auf die Brettln gestellt. Der Vater hielt von der Skifahrerei nicht viel und die Mutter ließ uns Kinder gewähren, bestärkte uns letztlich sogar in unserer Begeisterung. Das Talent also kann nicht ererbt gewesen sein, es muss in der Luft am Arlberg gelegen haben.

Mir jedenfalls soll ein Onkel ein paar Kinderski Marke Eigenbau an die Stiefel geschnallt haben – viel älter als zwei, zweieinhalb kann ich damals nicht gewesen sein – und dann ist er, mit mir zwischen den Beinen, am Schweinbichl »Ski gefahren«, wenn man das so nennen kann. Von da an hab ich's können, erzählte man mir. Manche sagen: Naturtalent – und wahrscheinlich ist da was dran. Hätte mich die Natur nicht mit diesem Talent ausgestattet, mein Lebensweg wäre wohl ganz anders verlaufen …

Für uns Schranz-Kinder war – mit der einen Ausnahme von meinem Bruder Anton – der Winter die allerschönste Jahreszeit. Das Skifahren war uns von klein auf das größte Vergnügen. Die Mutter, wie gesagt, tat nichts dafür und nichts dagegen, kurz: sie ließ uns den Spaß, außerdem, was gab es schließlich Herrlicheres als viele Stunden draußen an der frischen Luft, voll in Bewegung, voller Spaß am Leben. Der Vater beäugte die Sache weit skeptischer. Er legte größten Wert auf Pflichterfüllung, auf akzeptable schulische Leistungen und vor allem auf die Hilfe der Kinder daheim und in der Landwirtschaft.

Aber wie das halt so ist bei Kindern: Skifahren ist spannender als Schulstunden, Fußballspielen faszinierender als Vieh hüten. Einmal wäre Holz zu schlichten gewesen, sauber, Scheit auf Scheit, und zwar so, dass nicht am Schluss der ganze Stoss wieder in sich zusammen fällt. Als der Vater vom Bahndienst nach Hause kam, war die Arbeit – wie sollte es anders sein – noch immer nicht getan. Wir Buben liefen Ski, und weil in St. Anton im Winter bis in die Haustüren hinein gefahren werden kann, liefen wir ihm direkt in die Arme. Da hat er uns aber gepackt und festgehalten und gedroht:

»Wenn das morgen nicht gemacht ist, hol ich's Hackl und hau euch die Skispitzln ab.«

Eine andere Begebenheit aus dieser Zeit, die sich mir nachhaltig eingeprägt hat, handelt vom sommerlichen Ziegenhüten. Zwei Ziegen waren zu betreuen, am anderen Ende des Dorfes, unweit der Kirche. Friedlich grasten die Viecher auf der Weide, da gab es für uns nicht viel zu tun. Drunten bei der Kirche spielten andere Buben Fußball. Mein Bruder Helmut und ich ließen die Ziegen Ziegen sein, stiegen über die Wiesen hinunter, überquerten das Bahngleis, gesellten uns zu den Fußballern, spielten mit, einer bei dieser, der andere bei der anderen Mannschaft, bolzten auf Tore, schürften uns die Knie auf, schossen und dribbelten und vergaßen die Ziegen genauso wie den Zug, mit dem Vater bald kommen musste. Der kam auch, und damit Schlimmes: Während des Fußballspieles hatten sich die Ziegen allmählich zum Bahngleis hinunter gefressen. Das Pfeifen der Eisenbahn hat sie nicht abschrecken können. Zufrieden kauend standen sie auf dem Gleis. Uns aber schreckte der Lärm des Zuges auf. Als wir die Wiesen hinaufrannten, um nach unseren Ziegen zu sehen, war es schon zu spät. Sie lagen tot zwischen den Schienen. Oh, da war vielleicht was los daheim!

Vom sechsten Lebensjahr an besuchte ich die Volksschule in St. Anton. Das war also in einer Zeit, da in jedem Klassenzimmer noch ein Bild des »Führers« hing und die Kinder den Lehrer mit einem schneidigen »Heil Hitler« zu begrüßen hatten. Wenn jemand den Unterricht störte oder es hatte jemand seine Aufgaben nicht gemacht, gab es harte Strafen: Holzscheitlknien zum Beispiel. Neben dem Pult zehn Minuten auf einem groben Scheit knien, das war nicht nur unbequem, sondern tat ganz schön weh, außerdem war das Knien noch demütigend obendrein. Aber mir hat das trotzdem nie viel ausgemacht.

Im Großen und Ganzen hatte ich mit der Schule keine Probleme, meine Leistungen waren ganz ordentlich. Rechnen lag mir besonders, auch Geographie und Naturlehre. Mit Englisch, der für den berühmten Fremdenverkehrsort obligaten Fremdsprache, ging's auch ganz gut. Dennoch war ich ihm schulischen Bereich nicht gerade überzeugend. Mit mehr Fleiß und mehr Konzentration wären die Zeugnisse besser ausgefallen. Und das Betragen ließ ebenfalls hin und wieder zu wünschen übrig: Im Halbjahreszeugnis des achten Schuljahres, des Abschlussjahres, stand die Bemerkung »Karl soll sich im Betragen bessern«.

»Weil du immer widersprichst«, hat die Mutter gesagt. Und Recht hat sie damit gehabt. Aber von wem hatte ich das Selbstvertrauen und auch die Aufmüpfigkeit geerbt? Von ihr natürlich!

Schon damals in der Schule war ich immer so ein Anführer und habe immer eine Clique um mich herum gehabt. Treue, Ehrlichkeit, Redlichkeit – das waren die Werte, die in diesen Rasselbanden viel bedeutet haben, die sicherlich durch das viele Karl-May-Lesen entstanden sind – 33 Bände, wenn ich mich recht erinnere. Als Winnetou gestorben ist, da habe ich geweint.

Das war schlimmer als eine schlechte Bemerkung im Zeugnis.

Insgesamt war mir die Schule halt nie so besonders wichtig. Mein Interesse galt im Sommer dem Fußballspielen, im Winter dem Skilaufen. Die Begeisterung für Beides hat sich mein Leben lang gehalten, und manchmal fragen mich heute noch Freunde – und manchmal frage ich mich das selbst –, ob ich nicht eigentlich lieber doch Fußballspieler geworden wäre als Skirennläufer.

Bis heute lasse ich kein Freundschaftsspiel, kein Promi-Turnier, keine Benefiz-Partie aus. Als Stürmer auf dem Platz zu stehen, das ist für mich bis heute ein ganz tolles Gefühl. Für meine Mitspieler scheinbar weniger. »Der Karl spielt net z'samm«, hat da einer mal kritisiert. Soll heißen, wenn ich den Ball hab', gebe ich nicht ab, versuche alles alleine, dribble, schieße, manchmal gekonnt, aber selten so, dass man es wirklich mannschaftsdienlich nennen könnte. Beim Fußball gibt's nur einen Ball, blöd werd' ich sein und den hergeben, wenn ich ihn einmal hab …

Eine ähnliche Faszination erlebe ich heute beim Golfspiel. Was mich ehemals als Skifahrer auszeichnete, der Ehrgeiz, der Siegeswille, der ständige Kampf, ganz oben auf dem Stockerl zu stehen, das sind auch heute meine Merkmale bei Sport und Spiel. Die Kugel muss ins Netz, der Ball ins Loch, und ich weiß, dass es immer noch besser ginge. Übrigens hat Golf den einen großen Vorteil gegenüber dem Fußball: Jeder Spieler bekommt seinen eigenen Ball, viele sogar, wenn er viele braucht. Und er muss nicht abgeben …

Aber zurück. Noch war der St. Antoner Lausbub Karl vom Star Karl Schranz gehörig weit entfernt und noch war meine Kindheit fröhlich, sieht man ab von diesen und jenen Tagen, da dunkles Gewölk durch die Scharten zwischen den Berggipfeln zog. 1938, im Jahr des sogenannten Anschlusses Österreichs an das Deutsche Reich, geboren, wuchs ich in diesen Jahren auf mit dem Hitlergruß, den Hitlerbildern in ziemlich jeder Stube, dem Politikergeplärr aus dem braunen Volksempfänger-Radio, dem Haken zusammenschlagenden Selbstbewusstsein der einen, der Duckmäuserigkeit vieler anderer (wobei das eine wie das andere oftmals in ein und derselben Person zusammentrifft!), dem lauten Ton, der leisen Angst, die gegen Kriegsende zu spüren war. Der Vater schwieg. Nichts zu sehen, nichts zu hören und vor allem nichts zu sagen, erschien ihm in diesen Jahren die beste Art, durchs Leben zu kommen. Die Mutter schwieg nicht. Sie schimpfte über die neuen Machthaber und über die Emporkömmlinge aus dem Ort, die neuerdings in Uniform daher stolzierten wie weiß Gott wer. »Gib doch eine Ruh'«, sagte der Vater, »sonst landest noch im KZ«, daran kann ich mich noch erinnern.

Vom Krieg selbst bekamen wir Kinder in unserem Bergdorf unterm Arlbergpass nicht allzu viel mit. Dass droben am Galzig eine Flugwache war, wo Tag und Nacht jemand Ausschau halten musste nach feindlichen Flugzeugen, das sprach sich auch bei uns Kindern herum und war natürlich aufregend. Dass beim Mooserkreuz ein Gefangenenlager existierte, wo zunächst Polen, später vor allem Belgier, Franzosen und Russen inhaftiert waren und Zwangsarbeit leisten mussten, versuchten die Erwachsenen uns Kindern gegenüber verborgen zu halten – was freilich nicht ganz gelang. Auch bei uns sprach sich herum, dass im Winter abgearbeitete Gestalten riesige Steinblöcke auf klobigen Schlitten aus dem Ferwalltal zogen und schoben, bewacht von bewaffneten Uniformierten.

Wirklich näher rückte der Krieg 1943. Die Alliierten – ein Wort, unter dem sich ein Fünfjähriger überhaupt nichts vorstellen konnte – bombardierten die Städte Feldkirch und Innsbruck, beide nur ein paar Flugminuten von St. Anton entfernt. »Manchmal zogen die Bomberverbände auch über das Stanzertal nach Norden, um die Städte Friedrichshafen, Ulm oder Augsburg anzugreifen«, notierte der Ortschronist Hans Thöni. St. Anton hatte Glück. Es gab nicht einen Tieffliegerangriff, nicht eine Bombe fiel auf den Ort. St. Anton blieb verschont. Nicht aber die Menschen. 86 Männer aus dem Gemeindegebiet fielen an den verschiedenen Fronten oder starben nach Kriegsende an den Folgen. Darunter auch einer aus der Gilde der ganz großen Skirennläufer vom Arlberg: Pepi Jennewein, 1939 FIS-Kombinationsweltmeister in Zakopane, Jagdflieger mit hohen Auszeichnungen. Von einem Flug in Russland kehrte er nicht mehr zurück.

Als 1945 der Zweite Weltkrieg allmählich zu Ende ging, spürte das auch der verkehrstechnisch so wichtige Ort St. Anton am Arlberg. Der gesamte Ort glich einem riesigen Heerlager: Deutsche Truppen auf der Flucht vor den heranrückenden Amerikanern. In Stuben, jenseits des Arlbergpasses, stauten sich die Truppen samt Gerät, die vor den Franzosen fliehen wollten. Aufgrund hoher Schneelage noch im Mai dieses Jahres gab es kein geordnetes Weiterkommen mehr. Tausende von Soldaten, ganze Verbände saßen fest. Eine bedrohliche Situation für den Ort. Was würde geschehen, wenn die Alliierten heranrückten? Würde zu allerletzt, da der Krieg längst verloren war – und das wusste man auch am Arlberg schon lange – auch noch St. Anton zu einem Kriegsschauplatz?

Am Abend des 6. Mai 1945 kamen französische und marokkanische Einheiten. Viele Einheimische hatten sich in der Kirche zur Maiandacht versammelt. » … die Kirche war gesteckt voll Menschen. Auf einmal ging's von Mund zu Mund: Die Franzosen sind da und Schwarze sind dabei«, schrieb die Pfarrers-Haushälterin Kathi Wanner wenige Tage nach den Ereignissen nieder.

»Die Leute wurden von einer wahren Panik erfasst, alle drängten hinaus, um Schutz zu suchen. Jemand rief: Lasst die Kinder nicht aus der Kirche. Der Kaplan und andere besonnene Männer mussten schauen, die aufgeregte Menge halbwegs zu beruhigen. Doch bald schon sah man, dass alle Furcht und Aufregung umsonst gewesen waren. Es wurde weder geplündert und auch nicht gemordet. Die Franzosen benahmen sich anständig, und auch die Schwarzen taten nichts Schlimmes …«

Bei aller Dramatik dieser Tage und Stunden, wirklich gegenwärtig sind sie mir heute nicht mehr. Ich war noch nicht einmal sieben Jahre. Dazu kommt, dass die Mutter immer versucht hat, soviel wie möglich von uns Kindern fern zu halten. Vielleicht rührt es aber daher, dass uns bald ein persönlicher Schicksalsschlag heimsuchte, der in meiner Erinnerung weit schlimmer ist als die Wirren des Kriegsendes.

Es geschah am 13. September 1946. In unmittelbarer Nähe zum Dreifachhaus Ladner-Spiss-Schranz stand das Ladner'sche Sägewerk am Steißbach. Als an diesem Tag im Sägewerk ein Feuer ausbrach, brach eine Katastrophe über die Familie Schranz herein. Das Feuer griff so vehement um sich, dass es nicht nur den Betrieb zerstörte, sondern auch auf die angrenzenden Wohnhäuser übergriff und sie in Schutt und Asche legte, auch mein Elternhaus. Das Vieh war draußen auf den Weiden. Mein Bruder Arnold und ich hatten wieder einmal aufzupassen. Als wir zurückkamen, gab es kein Elternhaus mehr. Abgebrannt bis auf die Grundmauern – mitsamt allem Hab und Gut.

Gott sei Dank war niemandem etwas passiert. Aber ein Schock war es trotzdem. Ein fürchterlicher Schock. Wir hatten nichts mehr. Überhaupt nichts mehr. Die kurze Hose, dich ich anhatte und das Leiberl, das war alles, was mir geblieben war.

Die ganze Familie Schranz, plötzlich obdachlos geworden, musste im sogenannten Musikhaus untergebracht werden. Das bedeutete Hilfe in der großen Not, aber auch Demütigung. Das »Musikhaus«, von jeher Unterkunft für die Ärmsten der Armen, für die Sozialfälle, wurde zur Herberge für unsere Familie: Für einen Mann, der es als Streckengeher und als Nebenerwerbsbauer nie leicht gehabt hat; für eine Frau, die zu Recht stolz darauf sein konnte, ihren Haushalt, ihre Familie mit Geschick und Gefühl gut im Griff zu haben; für fünf Kinder, denen der Familienverbund auch während der Kriegszeiten stets so etwas wie eine kleine heile Welt geboten hatte.

Die Räume in unserem neuen Quartier waren nur durch dünne Sperrholzplatten abgetrennt. Geheizt wurde mit einem kleinen Kanonenofen. Die Möblierung war ärmlich und in den Betten war es fürchterlich kalt. Als Toilette diente ein Eimer mit Deckel. In der Dunkelheit, wenn niemand es sah, trugen wir Kinder den Eimer zur Rosanna und kippten den Inhalt ins sprudelnde Gebirgswasser.

Diese Zeit ohne eigenes Daheim hat sich bei mir ganz tief ins Bewusstsein gegraben. Wie habe ich diese Gleichgültigkeit gehasst, mit der mir viele damals begegnet sind, genauso aber das bisweilen an den Tag gelegte mitleidsvolle Getue. Ich habe die verachtet, die hätten helfen können, es aber nicht taten. Und das Mitleid hat zugleich meinen Stolz verletzt.

Das niedergebrannte Haus war mit 20 000 Schillingen weit unterversichert. Es sollte schwierig werden, wieder auf die Füße zu kommen. Aber es gelang. Das Wichtigste: Der Vater hatte als Eisenbahner ein festes Einkommen und die Mutter hinreichend Gottvertrauen: »So lange man anständig ist, kann einem nicht viel passieren. Anständig sein und zusammenhalten!«

Eine der wichtigsten Erfahrungen, die ich damals gemacht habe ist die, dass einem die Leute, die selbst nicht viel haben, am meisten helfen. Ich weiß es noch, als wäre es gestern gewesen: Der Sattler Birkl, ein Mann mit einem Haufen Kinder und gewiss nicht mehr zum Leben als dem Notwendigsten, sah meinen Bruder Helmut und mich vor Schulanfang an seiner Werkstatt vorbeigehen. »Kommt's einmal rein!«, hat er gerufen. Verlegen standen wir in seiner Werkstatt. Er deutete auf zwei ledernc Schulranzen, die in einer Ecke lagen. Nigelnagelneu. »Probiert's die mal an«, sagte er. Jeder von uns nahm einen der Ranzen auf den Rücken. »Und, passen's?«, fragte er dann. Beide nickten wir. »Guat«, sagte er. »Dann haut's ab und nehmt's es mit. Die sind für euch.«

Das Jahr 1946, das familiäre Leid, aber auch der beharrlich begangene Weg aus dem Elend, haben mich mehr geprägt als irgendetwas sonst. Da sind bei mir die Weichen gestellt worden. Bis dahin war ich geprägt von der Stärke und dem Mut der Mutter, vom Vater hatte ich vielleicht einen Hauch Unnahbarkeit, Unantastbarkeit mitbekommen. Ich war ein freundlicher Lausbub, selbstbewusst, ein bisschen stolz, hilfsbereit, frei von Angst.

Als das Elternhaus niedergebrannt war, begriff ich das intuitiv als ersten Warnschuss im Leben. Heile Welt gab es nicht und gibt es nicht. Was schien da geeigneter, als sich Hornhäute wachsen zu lassen. Auch auf der Seele und um sie herum. Dort wachsen sie ohnehin am leichtesten und ohne, dass man es gleich merkt.

Heute bin ich mir sicher: Wenn mich später die Gazetten als den »einsamen Wolf vom Arlberg« bezeichnet haben, dann ist das letztlich weit weniger zurück zu führen auf meine individuellen Trainingsmethoden, auf meine Fixiertheit auf den eigenen Anspruch und den eigenen Stil, dann ist das zurück zu führen auf das dicke Fell, das ich mir nach dem 13. September im Jahr 1946 allmählich zugelegt habe.

Da war das Haus abgebrannt. Und in mir rangen Stolz und Scham miteinander. Das sprichwörtliche Fell wurde dicker und der Karl Schranz ruppiger, unnahbarer, egozentrischer – eigentlich optimale Voraussetzungen für eine Karriere als Spitzensportler …

Dieser Brand hat nie aufgehört. Ist nie gelöscht worden. Meine Sekretärin in Zeiten als Leiter der Skischule Arlberg und später im Organisations-Komitee der FIS Alpine Ski-WM 2001 hat ihre Ansicht über mich bemerkenswert zu Papier gebracht:

»Bis heute umgibt Karl Schranz ein nur schwer zu durchdringender Schutzschirm. Die Sensibilität, die dahinter verborgen ist, lässt sich kaum ahnen. Momente sind es, die sie spürbar machen: Er fühlt mit allen, denen es schlecht ergeht. Er hilft, wo es nötig ist, und er macht nicht viel Aufhebens darum. Er hat ein sehr feines Gespür für Stimmungen um ihn herum – wie ein Seismograph nimmt er Zuneigungen und Antipathien, Ehrlichkeit und Falschheit wahr. Seine eigene Art, Zuneigung zu zeigen ist eher harsch – aber herzlich.

Der Karl lässt nur schwer jemand wirklich an sich heran. Aber er nimmt ganz genau wahr. Und er ist immer hilfsbereit. Man darf sich nur nicht abschrecken lassen von seiner ›schranzigen‹ Art …«

Ein guter Freund von mir hat es mal so formuliert: »Sitzt man Karl Schranz gegenüber oder studiert man Aufzeichnungen von Fernsehinterviews, und konzentriert man sich dabei ganz auf sein Gesicht, seine Augen, dann sieht man da nicht nur den Star, der allmählich zum Grand Seigneur herangereift ist, man sieht nicht nur den großen Schranz, man sieht immer wieder auch den kleinen Lausbuben, der Fußball gespielt hat, statt Ziegen zu hüten, dem das Skifahren immer lieber war als die Schule, und der irgendwann beschlossen hat, ganz stark zu sein, im Sport und privat, und von seinem Innersten ziemlich wenig zu zeigen.«

Ganz falsch ist diese Einschätzung sicher nicht.

3
»Du bist a Ludermandl!«
Auf dem Weg in die österreichische Nationalmannschaft

Bereits als Fünfjähriger habe ich alle Kinderrennen in unserem Skiclub gewonnen. Was noch lange kein eindeutiges Indiz dafür war, dass ich das Zeug dazu hatte, mal ein guter Rennläufer zu werden. Denn da gibt es schließlich viele, die an der Wand gerahmt oder versteckt in Leitz-Ordnern noch Urkunden aus Kindertagen aufbewahren. Und den meisten, denen als kleine Knirpse in ihren heimischen Skiclubs Blechmedaillen um den Hals gehängt oder silbern glänzende Pokale in die Hand gedrückt werden, ist dennoch eine sportliche Karriere verwehrt. Dazu braucht's ein gehöriges Talent, viel Ausdauer, Fleiß – und man muss einfach vom »Virus« befallen sein: Wer nicht geradezu süchtig ist nach seinem Sport, wird es nicht allzu weit bringen können. Aber Wollen allein genügt eben nicht.

Bei mir vereinte sich das Talent mit Begeisterung und ausgeprägter Willensstärke. Das Talent besaßen ja alle meine Geschwister – sieht man wieder einmal vom jüngsten Bruder Anton ab. Und begeistert vom Skilaufen waren sie auch alle gleichermaßen. Nur die Willensstärke schien bei mir immer noch größer als bei meinen Geschwistern gewesen zu sein. Ein Skirennfahrer wollte ich werden. Und zwar nicht irgendeiner, sondern der Beste.

Bei den Schülerrennen in St. Anton, Lech, Zürs, Stuben ging ich in meiner Altersklasse regelmäßig als Sieger hervor. Schon als Bub fand ich zu einem eigenen Stil, der später zwar verfeinert werden, sich aber nicht mehr grundlegend ändern sollte. Kraftvoll, dynamisch, draufgängerisch und kalkuliert zugleich. Angst, für viele Altersgenossen eine starke Bremse, war mir eigentlich fremd. Bald wurden die Skisport-Experten in der Region auf die Schranz-Kinder im allgemeinen und auf mich ganz im besonderen aufmerksam. Wer bei den heimischen Skiclubrennen immer wieder der Beste ist, soll jetzt auf Landesebene mal unter Beweis stellen, was er wirklich auf dem Kasten hat.

Die Möglichkeit, an solchen Rennen teilzunehmen, war für mich natürlich eine große Herausforderung. Angst vor der Konkurrenz hatte ich keine, denn für mich war klar: Die Skiläufer vom Arlberg waren die Besten. In meiner Altersklasse fuhr ich außerdem vorneweg. Wen sollte ich fürchten?

Ein ausgeprägtes Selbstbewusstsein hatte ich von meinen ersten Rennen an. Es war in mir drinnen, und es half mir schon als Kind, jede Herausforderung, persönlich oder sportlich, zu bestehen. Außerdem: Ich hatte früh schon – mit 10 oder 11 Jahren – einen Riecher für die Vorzüge der Professionalität – und ich sage das nicht ohne Ironie, denn später sollte dieses Profidenken für meine größten Erfolge und zugleich für meine größte Niederlage sorgen. In jedem Fall war es ein Riesen-Ansporn, dass der wohlhabende Schwede Björklund dem Jugendmeister des Skiclubs Arlberg nigelnagelneue Kästle-Ski spendete – und die wollte ich mir natürlich holen. Von daheim aus war ich ja nicht gerade mit Wohlstand gesegnet, und mein Vater hätte mir damals was erzählt, wenn ich mit der Bitte um neue Ski zu ihm gekommen wäre. »Die alten tun's noch lang«, hätte er höchstens gesagt.

Also die neuen Ski wollte ich unbedingt gewinnen. Denn wer soviel fuhr wie ich, der ramponierte schließlich schnell ein Paar. Meinen Geschwistern ging es ebenso. Und alle fuhren hervorragend, alle wollten gewinnen und taten das auch, und alle waren begierig auf neue, noch bessere, noch schnellere Ski. Bei einem der Wettbewerbe gewannen alle Schranz-Kinder – Arnold, ich, Gertrud und Helmut – in ihren Klassen.

Und damit ist es an der Zeit, von Anton, dem Jüngsten, zu berichten. Schließlich muss es ja etwas damit auf sich haben, dass ausgerechnet der Jüngste sich beim Skifahren keinerlei Meriten verdienen hat können – keine Urkunden, keine Medaillen, kein Lorbeer.

Wahrscheinlich hatte ich gehörige Mitschuld an diesem fatalen Umstand. Zusammen mit meinem Bruder Helmut wollte ich dem Knirps Anton mittels Crash-Kurs das Skifahren beibringen. Von der Mutter unbemerkt, schnallten wir ihm am sogenannten Schweinbichl oberhalb des Elternhauses ausrangierte Ski an die Füße. Helmut gab dem Jüngsten, der etwa fünf Jahre alt gewesen ist, einen Schubs und setzte damit dessen Schussfahrt in Gang. Unten wartete ich, um den Anton in Empfang zu nehmen. Der freilich kam gar nicht so weit. Bereits nach der Hälfte trat das ein, was Anton den Spaß am Skifahren so ziemlich ein- für allemal verderben sollte. Er stürzte, überschlug sich, tauchte mit dem Gesicht in den Schnee und plärrte wie am Spieß. Fortan klangen ihm die Wörter Ski und Skifahren wie Bedrohungen, während seinen vier Geschwistern das Wasser geradezu in den Mündern zusammenlief.

Auch in der Schule konnte Anton nicht von seiner Allergie kuriert werden. Herbert Sprenger, ehemals Lehrer und Schulleiter an der Volksschule St. Anton und später Bürgermeister des WM-Ortes, erinnert sich an eine typische Begebenheit:

»Es war ein Skitag für die ganze Schule anberaumt und ich habe gesagt: ›Alle kommen mit Ski, alle ausnahmslos, mit Rodel kommt mir keiner.‹ Am nächsten Morgen ist der Schranz Toni mit seiner Mutter in die Schule gekommen. Beide haben geweint. Ich hab' dann gesagt: ›Naja, gut, dann hat's keinen Sinn.‹ Der Toni hat dann auch das Skifahren nie gelernt ..., obwohl er es noch einmal richtig probiert hatte. «

»Ich war so etwa 18 Jahre alt. Im Keller daheim sind reichlich ausrangierte Rennski von den Geschwistern herumgestanden. Ich habe mir natürlich die längsten herausgesucht. Die schienen mir am sichersten. Dann bin ich mit der Seilbahn hinaufgefahren und habe mir einen Flecken gesucht, wo mich möglichst niemand sehen konnte. Auch wenn es mit den langen Latten fürchterlich schwierig war, ein bisschen was ging doch«, erinnert sich mein Bruder, der heute Schulwart in St. Anton ist.

»Es wäre mir peinlich gewesen, meine Geschwister um Unterstützung zu bitten. Und genauso peinlich wäre es gewesen, mich für einen Skikurs anzumelden. Ich bin dann auf einen besonderen Dreh gekommen: Wenn ich irgendwo einen Anfängerskikurs gesehen habe, bin ich einfach mit einigem Abstand hinterher gefahren und habe dabei immer versucht, das nachzumachen, was den Kursteilnehmern vom Skilehrer gezeigt worden ist.«

Aber auch damit erlebte Anton eine gehörige Bauchlandung. »Ein Skilehrer hat seine Gruppe zum Halten veranlasst. Und während ich, mehr unbeholfen als irgendwer, noch auf die Kursgruppe zurutsche, höre ich den Skilehrer laut zu seinen Schützlingen sagen: ›So, jetzt schauen wir alle mal den Hang hinauf – da kommt der Bruder von unserem Weltmeister.‹ Ich wäre am liebsten unter die Schneedecke gekrochen.«

Im selben Winter, Antons einzigem Skiwinter, habe ich mir gedacht: Jetzt musst du dich doch einmal um deinen Bruder kümmern. Es wäre doch gelacht, wenn man aus diesem Schranz nicht doch einen guten Skiläufer machen könnte. Und wenn nicht guten, dann zumindest einen, der jede Abfahrt heil herunter kommt. Zufällig traf ich ihn auf einer der Pisten, die vom Galzig nach St. Anton hinunter führen.

»Ich fahr' voraus«, habe ich gesagt, »und du immer hinter mir her! Mach alles genau wie ich, dann wird das schon«.

Anton tat wie ihm geheißen. »Aber schon nach einigen hundert Metern hat es mich fürchterlich zerlegt«, erinnert sich lachend mein Bruder, der einzige Nichtskifahrer von fünf Schranz-Geschwistern. »Der Karl hat angehalten, hat sich umgedreht, hat das Fiasko gesehen,

1 Mutter Anna Schranz hatte Verständnis für die Skibegeisterung der Kinder.

2 Vater Anton kannte nur eine Leidenschaft: Musik.

3 September 1946: Die Ruine des abgebrannten Elternhauses

4 Schon als Bub hoch hinaus: »Stadelspringen« am Arlberg

5 Der kleine Karl Schranz (links unten) mit den holländischen Prinzessinnen Irene (Mitte) und Beatrix (rechts), der späteren Königin der Niederlande

6 Karl (rechts) mit Bruder Helmut am Sattelkopf bei St. Anton am Arlberg

7 *Auf dem Weg an die Spitze: Zwischen den Torstangen*

8 *Bei der Heuarbeit in der elterlichen »Nebenerwerbs«-Landwirtschaft*

9 *Von Jugend an gehört das bei ihm zusammen: Karl Schranz und seine Skier*

11 Trophäensammlung der frühen Jahre

10 Schranz nach seinem ersten Lauberhorn-sieg 1959 (rechts Anderl Molterer)

12 Und die Pokale werden immer größer und immer mehr …

dann ist er davon, als ob es um eine Goldmedaille ginge. Ich war ihm einfach zu peinlich.«

Anton hat fortan aufs zweifelhafte Skivergnügen verzichtet und sich seinem vom Vater ererbten Talent verschrieben: Es gibt kaum ein Instrument, das er nicht beherrscht, und wenn in St. Anton musiziert wird, sei es in der großen Musikkapelle oder sei es bei der Stubenmusi, dann darf der Anton nicht fehlen.

Aber zurück zu meinen Anfängen als Rennläufer. Bei den Bezirksjugendmeisterschaften im Ötztal nahm ich am Abfahrts- und am Slalomwettbewerb teil. Ich hatte es allen schon vorausgesagt: »Die Skifahrer vom Arlberg sind die besten!« Den Abfahrtsieg holte ich mir mit rund zehn Sekunden Vorsprung, beim Slalom war mein Vorsprung noch deutlicher.

Aufgrund meiner Ergebnisse erhielt ich 1953 die Einladung zu den Österreichischen Jugendmeisterschaften, die in Zell am See ausgetragen wurden. Dieser Wettbewerb markierte, so würde ich heute sagen, den eigentlichen Beginn meiner Karriere. Den Abfahrtslauf gewann ich mit fünf Sekunden Vorsprung. Beim Slalom fuhr ich Bestzeit im ersten Durchgang, beim zweiten Lauf hatte ich Pech, stürzte, rappelte mich hoch – und wurde noch Dritter. Eigentlich ein Riesenerfolg. Andere wären zufrieden gewesen, mehr als zufrieden. Ich war es nicht. Ich bin immer nur gefahren, um zu gewinnen. Ein zweiter Platz war mir nie etwas wert. Ob Zweiter oder Dreißigster – das war mir egal!

Hatte ich ein Vorbild? Es liegt in der Natur dieser Jahre der Selbstfindung, jemandem nacheifern zu wollen. Das geht den meisten so, doch leider stellen sich Menschen, in deren Fußstapfen man nur zu gerne getreten wäre, später bekanntlich oft als wenig nachahmenswert dar. Aber diesbezüglich habe ich Glück gehabt. Von früh an war ich ein großer Bewunderer des St. Antoner Skifahrers Toni Spiss. Acht Jahre älter als ich, stand er auf der Erfolgsleiter schon ziemlich weit oben: Bei den Olympischen Spielen 1952 in Oslo hatte er Bronze im Riesentorlauf gewonnen, bei den Weltmeisterschaften zwei Jahre später stand er im Slalom trotz eines Sturzes wieder auf dem Stockerl. Spiss hat meinen Stil ganz entscheidend geprägt und sich meiner angenommen.

Vor allem eines habe ich von ihm, dem Erfahrenen, lernen und übernehmen können: »Es kommt darauf an, mehr, härter und effektiver zu trainieren als alle anderen. Wenn die anderen nach dem Training müde sind, dann musst du noch eine Trainingseinheit dranhängen. Wenn die anderen ins Kino gehen, dann gehst du zum Berglaufen. Wenn die anderen mit den Freundinnen poussieren, dann gehst du trainieren!« Leichter gesagt als getan!

Aber diesem Vorbild bin ich von frühester Jugend an gefolgt. Meine starke Physis und mein unbändiger Ehrgeiz halfen mir, den Rat in die Tat umzusetzen und meine Belastungsgrenzen immer weiter nach oben zu verschieben. Toni Spiss machte mir unmissverständlich klar, dass es mit Talent und Können allein noch nicht getan ist. Wer Rennen gewinnen will, braucht vor allem auch Kraft und Ausdauer. »Wenn du beim Abfahrtslauf gegen Ende die Hocke immer weiter aufmachen musst, weil dir die Kraft fehlt, dann verlierst du wertvolle Sekunden ...«

Training, Training, nochmal Training – sollte zum Geheimnis meiner Erfolge werden. Und Geheimnis ist hier das passende Wort: Denn aus meinem Trainingsplan habe ich immer ein Geheimnis gemacht. Die Rennen, die ich als Jugendlicher schon oft deutlich für mich entscheiden konnte, gewann ich nicht in den eineinhalb Minuten zwischen Starthaus und Zielraum, ich gewann sie vor allem auch wegen meines Fleißes, mit dem ich mich über Monate auf die Wettbewerbe vorbereitet hatte. Sollte ich blöd sein und jedem sagen, warum ich schneller fuhr und häufiger siegte als alle anderen? Sollte ich jedem erzählen, wie er vielleicht auch ein Schranz werden könnte? Da war ich beizeiten schlau genug, mit meinem Wissen hinterm Berg, hinterm Arlberg zu halten und meine Erfolge dafür allein zu genießen.

Man hat mich später des öfteren den »einsamen Wolf vom Arlberg« genannt. Damit war gewiss nicht gemeint, dass ich ungesellig bin und den angenehmen Seiten des Lebens ablehnend gegenüberstand. Damit war angespielt auf das individuell harte Training, auf das Geheimnis, das ich darum gemacht habe, auf die Haltung, mit der ich zu den Rennen gefahren bin – ich habe ja gewusst, so hart und gut wie ich hat sich keiner sonst vorbereitet.

Dass eine solche Einstellung einsam macht, einsam machen muss, liegt auf der Hand. Vom Naturell her bin ich sicher alles andere als ein Einzelgänger. Ich hatte meinen guten Platz in der Familie, war – und bin – ein Familienmensch, auch mit den Nachbarskindern habe ich mich prima verstanden. Wenn ich mich heute, zurückschauend, charakterisieren müsste, würde ich sagen: Umgänglich, gesellig, freundlich und hilfsbereit. Auch stur natürlich – wie man ja allgemein den Tiroler Oberländlern ein gehöriges Maß an Sturheit nachsagt. Aber ein Einzelgänger war ich dem Wesen nach, zumindest zunächst einmal, nicht.

Ich trainierte mit der Jugend des Skiclub Arlberg, gehörte zum Kreis jener, die besonders gefördert wurden, und innerhalb der Teams, zu denen ich nach und nach Zugang fand, nahm ich mir keine Sonderrolle heraus. Meine Sonderrolle – wenn man den Begriff hier überhaupt verwenden will – war lediglich die des Besessenen, der sich nach Trainingsende noch eine Stunde länger quälte, im Winter mehr Abfahrten und Slaloms absolvierte als die anderen jungen Talente, und im Sommer lange Ausdauerläufe unternahm, um sich den Vorsprung herauszuarbeiten, den es für das Siegen brauchte.

Schon zu Schulzeiten stand ich morgens häufig eine Stunde früher auf, um ins Ferwalltal zu laufen (locker), oder an den St. Antoner Skipisten entlang hoch zu sprinten (so schnell und so weit es nur irgendwie ging).

Es war mehr als nur Wollen. Skirennfahrer werden, das war für mich eine Berufung.

Diese Mischung aus Ehrgeiz, Fleiß, Kompromisslosigkeit macht fast automatisch zum Einzelgänger. Wenn einer anders ist als die andern, dann rückt er an den

Rand und in einem Bergdorf wie St. Anton, das zu jener Zeit gerade mal 2000 Einwohner hatte, unaufhaltsamer noch als irgendwo sonst. Was sollten die Leute auch davon halten, dass da ein junger Kerl zu den unmöglichsten Tageszeiten wie eine tollwütige Gams über die Wiesenhänge hinauf- und hinunterstürmte? Aber was sollten sie auch halten von dem geradezu demonstrativ zur Schau gestellten Selbstbewusstsein? Ich bin mir ganz sicher: So manchem im Dorf bin ich damals als ziemlich größenwahnsinnig vorgekommen ... So ganz allmählich wurde ich im biederen Bergdorf St. Anton zur schillernden Figur. Eigenwillig, einzelgängerisch, von Jahr zu Jahr unnahbarer, immer stärker fixiert auf mich selbst und meine eigenen Leistungen.

Überlegen und eigentlich vorhersehbar, gewann ich alle Tiroler und Österreichischen Jugendmeisterschaften – in St. Johann in Tirol schaffte ich es trotz Sturz, im Slalom schließlich doch ganz oben auf dem Stockerl zu stehen. Dass ich bei den Jugendmeisterschaften alles gewonnen, alles dominiert habe, das hat für meinen Lebensweg die Weichen gestellt, und auf einmal ist dann alles ins Rollen gekommen.

Das Jahr 1956 sollte zum Schlüsseljahr für meine spätere Karriere werden: In Frankreich wurde ich Europäischer Jugendmeister – betreut worden sind wir Junioren übrigens von Toni Sailers Vater. Im selben Jahr holte ich mir in Schruns den Österreichischen Jugendmeistertitel in Abfahrt, Slalom und Kombination. Jetzt war ich das Ausnahmetalent vom Arlberg und keiner konnte mich jetzt mehr übersehen und übergehen.

Kurz danach lud mich der Coach der österreichischen Ski-Nationalmannschaft, Friedel Pfeifer, ein zum Arlberg-Kandahar-Rennen in Sestrière. Schon die Anreise wurde zum Erlebnis, unvergesslich bis heute. Auf der Zugfahrt nach Mailand begegnete ich mit strahlenden Augen all den großen Namen des damaligen österreichischen Rennsports: Toni Sailer, Anderl Molterer, Othmar Schneider, Gebhard Hilbrand, Walter Schuster, Josl Rieder, Ernst Hinterseer, Hias Leitner und Ernst Oberaigner. Für mich, den kleinen Karl, von dem noch niemand wissen konnte, ob er den Sprung zu den Großen würde schaffen können, galt: Zuhören, still sein, ja nicht negativ auffallen, dann wird schon alles gut gehen.

Während sich die Stars auf dem Bahnhof in Mailand die Wartezeit zum Anschlussbus mit einem Bummel verkürzten oder sich am Stehimbiss mit Panini e Dolce stärkten, bekam ich den Auftrag, das gesamte Gepäck zu bewachen. Da saß ich mittendrin zwischen all den Koffern, Sporttaschen, Skiern – und ich war kein bißchen böse über diesen »Lehrlingsdienst«. Im Gegenteil, ich war stolz. Unheimlich stolz, dabei zu sein.

Und das war ja zunächst auch das Wichtigste: Dabei sein. Und wie ich dabei war. Vom 9. bis 11. März 1956 …

In Sestriere, wo so ziemlich die gesamte Weltelite an den Start ging, kam ich bei der Abfahrt auf Anhieb auf einen Platz unter den ersten zwanzig. Und beim Slalomwettbewerb gelang mir im ersten Durchgang die Sensation: Bestzeit! Kann sich irgend jemand vorstellen, was das für ein Gefühl gewesen ist für mich, den Buben aus St. Anton am Arlberg, dessen Kindheit nicht nur unbeschwert gewesen war. Ich, der ich aus sehr, sehr einfachen Verhältnissen gekommen bin, stand plötzlich im Rampenlicht der Sportwelt! Es war wie ein Zauber. Ich stand auf den Brettln, die mir die Welt bedeuteten – und ich begann damit, der Welt etwas zu bedeuten.

Schon damals hätte ich in die Sportgeschichte eingehen, einen großen Sieg holen können – mit 17 Jahren. Aber dazu war ich noch zu unerfahren, zu ungestüm, zu grün hinter den Ohren. Was lag näher, als es im zweiten Durchgang aller Welt beweisen zu wollen. Ich fuhr volles Risiko – natürlich fuhr ich volles Risiko. Wieder war ich mit der besten Zwischenzeit unterwegs. Ich war dem Sieg nahe, oder dem zweiten, dem dritten Platz – natürlich wollte ich schon damals gewinnen und nur gewinnen – ich hatte das Ziel schon vor Augen. Wäre ich jetzt auf Nummer Sicher gefahren, ich hätte einen Platz unter den Allerbesten sicher gehabt. Aber dann: Einfädeln. Ausscheiden. Katzenjammer.

Und doch war Sestriere der Auftakt zu meiner Karriere. »Mensch, du bist a Ludermanndl«, sagte mir der schon damals legendäre Anderl Molterer. Die berühmten Teamkollegen klopften mir mehr als nur anerkennend auf die Schultern. In ihren Augen sah ich Respekt – und auch ein wenig Besorgnis. Die spürten schon auch: Da wächst einer nach, der ihnen bald schon die Schau stehlen könnte.

Von diesen Tagen in Sestriere an war ich – noch nicht einmal 18 Jahre alt – Mitglied der österreichischen Ski-Nationalmannschaft. Der Name Karl Schranz stand fortan auf der Starterliste der großen alpinen Skirennen – und damit verbunden war die große Ehre, die Skination Österreich zu vertreten. Das sollte über 17 Jahre so bleiben – bis man mich 1972 heimschickte von den Olympischen Winterspielen im japanischen Sapporo.

Mein Leben hat sich von 1956 an total verändert. Von da an hat eigentlich nur noch der Terminplan der Rennen mein Leben bestimmt. Rennen, Lehrgänge, Trainingslager. Ein großes Ziel war erreicht – und jetzt ging's erst richtig los.

Daheim in St. Anton wurde ich mit Achtung und Bewunderung empfangen. Die meisten Leute zeigten mir ihre Freude, indem sie mir die Hände schüttelten, auf die Schulter klopften, ein paar anerkennende Worte sagten. Wieder war einer der ihren in die Nationalmannschaft gerückt, blutjung zwar noch, aber die Zukunft noch vor sich. Da drauf waren sie stolz.

Aber Missgunst mischte sich schon auch damals mit hinein. Nicht zuletzt der Umstand, dass man es nicht mag, wenn einer aus kleinen Verhältnissen groß wird, hat manchen Neid und manche Ablehnung hervorgerufen.

»Na ja«, konnte man da die Ratschmäuler im Ort hören, »warten wir's mal ab! Ob dieser Erfolg von Dauer ist, das wird sich erst zeigen müssen.« Wer hoch steigt, fällt bekanntlich tief …

So sehr sich mein Leben, das Leben des neuen »Skistars Karl Schranz« verändern sollte, daheim blieb alles wie gehabt. Meine Mutter hat ihren Sohn, der nun in allen österreichischen Tageszeitungen gefeiert wurde, kein bisschen anders behandelt als zuvor. Mehr noch: Sie hat mich immer ermahnt, jetzt nur nicht hochmütig zu werden, sondern der zu bleiben, der ich war. Aber gefreut hat sie sich schon sehr über meinen Erfolg. »Das Wichtigste ist«, hat sie immer gesagt, »dass dir nichts passiert.« Und sie hat mir etwas mitgegeben, was für mein Leben insgesamt besonders wichtig war: Ich habe von ihr gelernt, bei Niederlagen den Kopf nie hängen zu lassen, wenn ich mich natürlich auch fürchterlich geärgert habe.

Auch mein Vater war stolz auf seinen »Karli«. Zwar, so sagte er, sei das Skifahren nichts Halbes und nichts Ganzes – ein junger Kerl wie ich müsste eigentlich einen »richtigen« Beruf ergreifen und da Erfolg haben, aber dass ihm die Eisenbahnerkollegen in der kleinen Wirtschaft am Bahnhof »Respekt, Respekt« sagten und von »Karls« Rennen schwärmten, das hat ihm sicherlich gut getan.

Die Genugtuung, meine weitere Karriere verfolgen zu können, blieb meinem Vater versagt. Lange schon krank, starb er am 3. Jänner 1957. Ich war zur dieser Zeit bei einem Rennen am Semmering. Als ich die Benachrichtigung bekam, dass es meinem Vater sehr schlecht gehe, reiste ich unverzüglich nach St. Anton zurück. Doch bei meiner Ankunft war mein Vater bereits gestorben.

Es gibt wohl kaum etwas, was einen jungen Menschen so erwachsen macht, wie das Eingreifen des Todes in sein unmittelbares Umfeld. Der Tod des Vaters war nach dem Brand des Elternhauses der zweite große Einschnitt in meinem Leben. Der Tod ist etwas, mit dem ich mich nie werde abfinden können, aber er stellt eben die Grenze dar, die niemand überwinden kann. Ich war mir bis zu diesem Zeitpunkt gewiss, dass mit Engagement, Ausdauer, Härte und Willensstärke so ziemlich jeder Sieg zu erringen wäre – aber gegen den Tod hat man keine Chance.

In meinem Schmerz gab es nur eine Möglichkeit, das Geschehen zu verarbeiten: Sport – noch mehr Training, noch größere Konzentration auf mein großes Ziel. Stets hatte ich dabei einen Satz meines Vaters im Ohr: »Hier am Arlberg gibt's viele Tunnel. Oft ist man da drinnen, im Finstern, in der Kälte, und manchmal glaubt man beinahe, man kommt da nie wieder raus. Aber dann kommt am Ende eines Tunnels doch immer wieder Licht.«

Im selben Jahr 1957 wurde ich beim Kitzbüheler Hahnenkammrennen Fünfter. Bei der Lauberhornabfahrt landete ich unter den ersten Zehn. Bei den Vorweltmeisterschaften in Badgastein ebenfalls. Schon wurde ich als die sensationelle Entdeckung des österreichischen und internationalen Skisports gefeiert.

Rückschläge blieben zwangsläufig nicht aus. Zuerst mein Blackout bei der Internationalen Wintersportwoche in Garmisch-Partenkirchen Ende Februar 1957. Beim Slalom verlief zunächst alles ganz gut: Die ersten Tore nahm ich gut. Dann ein Sturz, aufrappeln, weiterfahren. Ein paar Tore später dasselbe – Sturz. Trotzdem – wieder auf die Ski, weiter! Aber das half alles nichts. Ich stand, besser gesagt, ich fuhr gleichsam neben mir – und mitten hinein in die Zuschauer. Passiert ist niemandem etwas, mir nicht, den Zuschauern nicht, aber ich hätte losheulen können. Ich fuhr neben der Strecke hinunter zum Ziel.

Kurz darauf nahm ich, dem Alter nach noch Jugendlicher, an den Österreichischen Jugendmeisterschaften in Mariazell teil. 130 Jugendliche gingen an den Start. Natürlich war ich, das »Küken« der Nationalmannschaft, der absolute Top-Favorit – und so fühlte ich mich auch. Das war sicher ein Fehler. Ich bekam eine hohe Startnummer zugelost, und als ich an den Start ging, war die Riesenslalomstrecke total ausgefahren. Trotz der schwer zu nehmenden Spurrillen bin ich noch Dritter geworden. Aber ich wollte ja siegen, nichts anderes als siegen. Mehr noch als diese Niederlage hat mir gestunken, dass eine Zeitung geschrieben hat: »Vielleicht ist der Karl Schranz ja doch noch nicht reif genug für die Nationalmannschaft.«

Wahrscheinlich aber war dieser Einbruch nötig, um mich richtig wach zu rütteln. Beim Slalom in Mariazell erhielt ich die Startnummer vier – und ich gewann jeden der beiden Durchgänge mit deutlichem Vorsprung. Als Dritter im Riesenslalom und Slalomsieger gewann ich damit auch die Kombinationswertung – und die Zweifler waren ganz schnell wieder verstummt.

Die Erfolge, die ich errang, brachten auch im privaten Bereich Veränderungen mit sich. Da ich mich in Wettkämpfen, zunehmend auch in den Medien und in der Öffentlichkeit zu behaupten hatte, wuchs ich damit jetzt auch in eine gewisse Sonderrolle innerhalb der Familie hinein. Meine Mutter beriet sich mit mir in allen schwierigen Fragen – und davon gab es für die nun allein stehende Frau mehr als genug. So reichte zum Beispiel die Eisenbahner-Witwenrente nicht aus, um für Haus und Kinder aufzukommen. Da haben wir beschlossen, das Vieh wegzugeben, das Haus ein bisschen umzuorganisieren und ein paar Zimmer zu vermieten. So sind wir besser über die Runden gekommen.

Außerdem haben wir älteren Kinder der Anna Schranz ja nun auch schon etwas verdient und waren in der Lage, einen kleinen Obulus zu leisten. Im Jahr 1956 hatte ich bei Kneissl in Kufstein eine kaufmännische Lehre begonnen. Mit einer soliden Berufsausbildung sollte ich mir die Grundlage schaffen für die Zeit nach der aktiven Sportlerlaufbahn, und das kam mir sehr entgegen, ich konnte mich dabei mit dem beschäftigen, was mich ohnehin am meisten faszinierte: Sport, Sportausrüstung – insbesondere Ski!

Und das hat zugleich den Beginn meiner Profikarriere bedeutet – wenngleich man sich diese ein bisschen weniger hochtrabend vorstellen muss, als das in unserer heutigen Zeit klingen mag. In der Lehrzeit bei Kneissl verdiente ich im ersten Jahr bereits 2000 Schillinge statt wie damals üblich 600 – der gerissene Kneissl hatte sich ja nicht nur einen willigen und interessierten Lehrbuben geholt, sondern damit auch gleich eines der auffälligsten Nachwuchstalente dieser Tage. Und er zahlte mich nicht nur fürs kaufmännische Rechnen, für Buchhaltung und dergleichen, sondern zugleich für die erwünschten Erfolge als Rennfahrer – auf Kneissls Rennski, versteht sich. Bis dahin hatte ja niemand wahrhaben wollen, dass sich mit dem Skirennsport Geld verdienen lässt.

Mit dem Ausbildungsplatz bei Kneissl kam ich aber nicht nur in den Genuss eines erhöhten Lehrlingssalärs, ich genoss auch besondere Vorzüge: Ich wohnte die Woche über in Kufstein, bekam hinreichend Zeit für mein Training, fuhr freitags nach St. Anton und erst am Montag wieder an den Fuß des Kaisergebirges, wo die innovativsten Skier ihrer Zeit hergestellt wurden.

Soweit der Sommer-Zeitplan. Den Winter über brauchte ich gar nicht in die Firma zu kommen. Da war es dem Kneissl Franz lieber, wenn sein Zögling die Zeit zwischen den nationalen und internationalen Rennen am Arlberg verbrachte – auf Kneissl-Ski von früh bis spät. Denn dessen war sich der Skifabrikant ganz sicher: Auf meinen Trainingsfleiß konnte er sich hundertfünfzig-prozentig verlassen! Und trainiert habe ich so viel wie gewiss kein anderer Skirennfahrer auf der Welt: Vormittags bin ich den Sattelkopf raufgerannt bis zum Gipfel und wieder runter, und am Nachmittag dasselbe noch einmal. Von St. Anton auf den Sattelkopf sind es nicht mehr und nicht weniger als 600 Höhenmeter …, das hat mir eine Bärenkondition gebracht!

Diese sehe ich auch heute noch als Basis für meine konstanten, über eineinhalb Jahrzehnte anhaltenden Leistungen, nicht zu vergessen natürlich meine sportliche Disziplin. Alles, wirklich alles habe ich in den Dienst meines Sports gestellt.

Disziplin und Kondition waren neben meinem unbestreitbaren Talent die Voraussetzungen dafür, dass ich noch als Jugendlicher beim schlechthin bekanntesten und namhaftesten Rennen als Sieger gefeiert wurde: In Chamonix, im Winter 1957, wenige Wochen nach dem Tod meines Vaters, und dem Fiasko von Garmisch-Partenkirchen, gewann ich die Kandahar-Abfahrt. Da ich im Slalom Zweiter wurde, ging auch die Kombination an mich, den »jungen Wilden vom Arlberg«, wie die Sportberichterstattung mich nun titulierte.

Ganz ehrlich: Nachts habe ich davon geträumt, der Pokal würde nicht neben meinem Bett stehen. Da bin ich aufgewacht und war glücklich, dass alles nicht nur ein Traum war. Dieser Sieg beim Arlberg-Kandahar-Rennen war für mich ein ganz besonderer Sieg, einer, der mir mehr bedeutet hat als viele andere. Schließlich war das Arlberg-Kandahar-Rennen 1928 am Arlberg ins Leben gerufen worden und genießt auch heute noch höchste Wertschätzung in der Welt des Skisports. Verständlich, dass es für mich, Mitglied selbstverständlich im renommierten Skiclub Arlberg, immer eine ganz besondere Freude war, beim »Kandahar«, egal, wo es in der Skiwelt ausgetragen wurde, auf dem Stockerl zu stehen.

An dieser Stelle muss ich kurz auf die Entwicklung des Skisports am Arlberg, die Skigeschichte meines Heimatortes St. Anton eingehen. Denn St. Anton und der Arlberg wurden die Heimat des modernen Skilaufs. So richtig begann das im Jahr 1901. Am 3. Jänner trafen sich sechs Einheimische bei strahlendem Winterwetter vor dem Gasthof Post im Zentrum des Dorfes. Mit Ski, so der Beschluss der Gruppe, sollte an diesem herrlichen Tag aufgestiegen werden nach St. Christoph am Arlbergpass, 450 Höhenmeter durch fast unberührten, gerade mal von den Spuren des Wildes gezeichneten Neuschnee.

Am Ziel, dem von der Familie Trojer betreuten Arlberghospiz, angekommen, war die Begeisterung über den gelungenen Aufstieg, die faszinierende Winternatur und die frohe Geselligkeit groß. In ausgelassener Runde schwärmte man von den Freuden des Skilaufs – und man gründete, auf Vorschlag von Dr. Adolf Rybizka, den Skiclub Arlberg. Nachdem der Verein aus der Taufe gehoben war, schrieben sich die Gründungsmitglieder in das Gästebuch des Hospizes und legten mit dem folgenden Satz den Grundstein für den Aufstieg des Arlbergdorfes St. Anton zu einem der alpenweit und später auch weltweit führenden Wintersportorte:

»Durch die Natur entzückt, durch den Sport begeistert, durchdrungen von der Notwendigkeit, am Arlberg einen bescheidenen Sammelpunkt für die Freunde dieses edlen Vergnügens zu schaffen, fühlten sich die am extempore beteiligten Ausflügler bewogen, den Skiclub Arlberg zu gründen! St. Christoph, 3. Jänner 1901.«

Zwei Jahre später wurde das erste interne Clubrennen durchgeführt, aus dem ein gewisser Johann Schneider aus Stuben, geboren 1890, als einer der Sieger hervorging. Der Dreizehnjährige machte mit diesem Erfolg schlagartig auf sich aufmerksam; unter den vielen talentierten Skifahrern sollte er in der ersten Hälfte des 20. Jahrhunderts eine Sonderstellung einnehmen, und seine Leistungen sollten noch lange nachwirken.

Von früher Kindheit an war dieser Johann Schneider

– später als Hannes Schneider weltberühmt – fasziniert von der Vorstellung, selbst Skilaufen zu können. Wehmütig schaute er den Wintergästen zu, die mit der Bahn gekommen waren, um zunächst auf ziemlich flachen Hängen ihre Geschicke zu erproben.

»Johann Schneider schaute den sogenannten Schneeschuhfahrern von der Ferne zu und sah sich am Abend ihre Bretter an, die sie – gegenüber seinem Elternhaus – an der Hauswand des Gasthauses ›Mondschein‹ abgestellt hatten«, erzählt Schneider-Biograph Hans Thöni. »Mit seinem Freund Albert Mathies versuchte Johann Schneider selbst Ski anzufertigen.«

Und Hannes Schneider selbst berichtete aus seinen Kindheitsjahren: »Wenn ich die Sportler nur von ferne auf einem Hange erblickte, lief ich hin und schaute ihnen zu. Standen die Ski draußen vor der Herberge, habe ich sie wohl scheu in meine Hand genommen, aber nie hätte ich es gewagt, sie an meine Füße zu schnallen.«

Von einem Nachbarn, einem Schlittenbauer, erbat sich der junge Schneider Abfallholz. Daraus zimmerte er sich die ersten Brettln. Zwei darauf genagelte Siebe dienten als Bindung. »Mit den Schuhen stand ich dann hinein. Ich habe nun fleißig geübt …«

Ski sollten das Leben des Hannes Schneider bestimmen. Er wurde einer der ersten und vor allem einer der bedeutendsten Skilehrer der Region, war von 1907 an als »permanenter Skilehrer während des gesamten Winters« für Carl Schulers »Hotel Post« tätig. Er fuhr zahlreiche Rennen und nahm an nicht minder vielen Skisprungwettbewerben teil – sein ausgefeilter Fahrstil, geprägt von großer Ästhetik, verhalf ihm zu großen sportlichen Erfolgen.

Wirklich berühmt aber wurde Hannes Schneider nicht durch seine Siege, sondern durch seine Mitwirkung bei zahlreichen Filmen und, natürlich, durch seine Entwicklung der sogenannten Arlberg-Technik.

Anfang der Zwanzigerjahre zog es den Bergfilmemacher Arnold Fanck und sein Filmteam an den Arlberg. Schon vor dem Ersten Weltkrieg hatte er den Skifahrer Schneider kennen und dessen brillanten Fahrstil schätzen gelernt. Nun, bei den Dreharbeiten zu »Das Wunder des Schneeschuhs/2. Teil«, konnte er nicht nur Schneider, sondern gleich auch die winterliche Arlbergregion bestens gebrauchen. Beide, das Ski-As Schneider und das Arlberggebiet, waren fortan aus Fancks Schaffen nicht mehr wegzudenken. Und man kann heute ohne Übertreibung sagen, dass St. Anton am Arlberg eine der wesentlichen Geburtsstätten des Berg- und Skifilmes ist, hier hat diese Filmgattung ihre Wurzeln, von hier trat also nicht nur der Skilauf seinen Triumphzug um die Welt an, sondern dazu noch der Berg-, Natur- und Sportfilm.

Schneider wirkte in der Zeit von 1920 bis 1931 in mehreren Filmen bei Arnold Fanck, aber auch bei anderen Regisseuren mit. Er war beileibe kein gelernter Schauspieler (wie ja übrigens sein bisweiliger Filmpartner Luis Trenker auch), aber es gelang ihm, den der Natur verbundenen, frohen Menschen zu verkörpern, der sich beim Draußensein am wohlsten fühlt und dem die Berge eine wirkliche Heimat sind.

Und natürlich verstand es Schneider wie kein Zweiter, vor laufender Kamera die Faszination des Skifahrens zu vermitteln. Arnold Fanck schrieb darüber in seinen Memoiren: »Schon in den ersten Tagen, in denen ich Schneider bei seinen Abfahrten für den Film beobachtete, wurde es mir klar, dass ich trotz des vielen Skilaufens, das ich auf Rennen und im Gelände studiert hatte, noch niemals eine so vollkommene, fertige und in sich abgerundete Technik gesehen hatte wie hier.«

Hannes Schneider war aufgrund der Zusammenarbeit mit Fanck und aufgrund der Popularität, die er durch diese Filme gewann, ein früher Botschafter in Sachen Skisport und in Sachen Tourismuswerbung für St. Anton am Arlberg. Jeder Schwung und jeder Sprung Hannes Schneiders, der in München, in Frankfurt, in Hamburg und Berlin auf die Leinwände projiziert wurde, warb für den Wintersportort und für seine alpine Umgebung.

1925 brachten Fanck und Schneider das nach dem erfolgreichen und spektakulären Film betitelte Buch »Das Wunder des Schneeschuhs« heraus: »Ein System des richtigen Skilaufens und seine Anwendung im alpinen Geländelauf. Mit 242 Einzelbildern und 1100 kinematographischen Reihenbildern auf 42 Tafeln.«

Voraussetzung für das Erscheinen dieses opulenten Lehrbuchs war nicht nur Hannes Schneiders skifahrerisches Können. Voraussetzung war vielmehr der Umstand, dass Schneider alle bislang da gewesenen Skilauf-Theorien entschlackt und gebündelt, kurz: perfektioniert hatte. Mit seinem Ausnahmetalent war er in der

Lage gewesen, aus den verschiedenen Strömungen einen, seinen, später als Arlbergschule bekannten Stil zu entwickeln.

Kürzest gefasst ist über diese Arlbergschule bei Schneider und Fanck zu lesen: »Katzenartig geduckt – ein rasches und kurzes Emporschnellen des weit nach vorn liegenden Körpers – dadurch ein Emporreißen der Hinterenden der Skier aus dem Schnee bis fast an die Oberfläche – ein schnelles Abdrehen der Skier in diesem Moment in die neue Richtung, beginnend mit einem Drehen des empor schnellenden Körpers – und ein kraftvolles Hinunterschrauben des Körpers auf die sich weiterdrehenden Skier bis zur Beendigung der Drehung – dieser ganze Vorgang unterstützt durch die Drehkraft der Füße – das ist – auf eine Formel gebracht – das Wesentliche des modernen ›Arlberg‹ = ›alpinen‹ Stiles.«

Was hier einfach und kompliziert zugleich klingt, war doch die Grundvoraussetzung für den Breitensport Skilauf. Dank eines Hannes Schneider und auch dank eines Arnold Fanck, der den Wintersport mittels Film in die Welt transportiert hat, wurde der Skisport Kult und St. Anton am Arlberg einer der ersten Orte im Alpenraum, die diese Entwicklung vorantrieben und natürlich auch davon profitierten.

Waren es 1910 noch 328 Gästebetten, so verdoppelte sich diese Zahl bis 1927, und 1934 war die Tausendergrenze überschritten: St. Anton am Arlberg verzeichnete in diesem Jahr 55 000 Übernachtungen. Schon vor dem Ersten Weltkrieg bot St. Anton für die Sommergäste Bergführer an, Wanderwege entstanden, eine Badeanstalt wurde angeboten, mit handcolorierten Postkarten betrieb man Werbung für das Wachstum des Fremdenverkehrs.

Aus einer gemeinsamen Aktivität des britischen Kandahar-Skiclubs (im kolonialen Bewusstsein nach einer Stadt in Afghanistan benannt und im Schweizer Mürren gegründet) und des Skiclubs Arlberg, initiiert von Sir Arnold Lunn und Hannes Schneider, ging 1928 das erste Arlberg-Kandahar-Rennen hervor. An zwei Märztagen fand es am Galzig oberhalb von St. Anton statt; 45 Läufer waren am Start. Das Arlberg-Kandahar wurde rasch zum Markstein im Skirennsport, und von Beginn an war offensichtlich, dass der Arlberg nicht nur beste Schnee- und Skiverhältnisse zu bieten hatte, sondern auch einen schier unerschöpflichen Fundus an großen sportlichen Talenten. Herausragend in der Nachfolge von Hannes Schneider: der 1909 geborene Rudi Matt, der zwischen 1930 und 1940 den besten Kombinierern der Welt zuzurechnen war. Aber auch Pepi Jennewein und Albert Pfeifer sorgten mit ihren Rennerfolgen für Aufsehen und trugen zusätzlich dazu bei, dass St. Anton als Mekka des Skilaufes und des Skirennsports Ansehen gewann.

Nicht zu vergessen: Der »Skipapst« Stefan Kruckenhauser. Er hat St. Christoph am Arlbergpass zum Zentrum des Skisports gemacht, hat die Beinspieltechnik entwickelt – und das Wedeln! Seine sportwissenschaftliche Tätigkeit, seine »Skilehrpläne« wurden maßgebend für Generationen von Skilehrern in Österreich wie in den Nachbarländern. Und damit die Basis für den Breitensport: Dass das Skifahren so viel Freude macht, haben heute alle auch dem unvergessenen »Kruck« zu verdanken.

Wo am Arlberg soviel Ski-Tradition beheimatet ist, braucht es nicht zu verwundern, dass mir der Erfolg beim Arlberg-Kandahar-Rennen 1957 ganz besonders viel bedeutet hat. Ich war auf dem richtigen Weg. Die Fachleute und Kollegen munkelten von meiner »unerschütterlichen Überzeugung von mir selbst«, und schon wurde mir nachgesagt, dass meine mentale und physische Stärke Weltklasseläufer aus aller Welt geradezu kleiner werden lasse neben mir, neben dem Kleinen, dem bissigen Nachwuchsmann.

Dass ich im schwierigen Jahr 1957 auch den Saisonabschluss für mich entscheiden konnte, freut mich noch heute ganz besonders. 1957 wurde letztmals das Glocknerrennen ausgetragen, und dabei ging es nicht nur um Schnelligkeit, Können und Mut – es ging vor allem auch um Kondition. Zu Fuß mussten alle Teilnehmer vom Pasterzegletscher hinaufsteigen zur Adlersruh. 3454 Meter hoch an der Schulter des Großglockner gelegen, des mit 3797 Metern höchsten Bergs Österreichs. Dass jeder Teilnehmer, jede Teilnehmerin die Ski selbst tragen musste bei diesem Aufstieg über mehr als 1000 Höhenmeter, verstand sich von selbst. Für die meisten war dieser Anstieg eine richtige Strapaze. Aber wer hätte mir konditionell etwas vormachen können? Einer Teilnehmerin habe ich sogar noch ihre Ski getragen.

Die Abfahrtsstrecke hinunter zur Pasterze erforderte dann von den Schnellsten eine Zeit von etwa vier Minuten – das war eine kleine Ewigkeit selbst für die Besten. Nun, 1957, gehörte ich zu den Besten und ich habe dieses letzte aller Glocknerrennen gewonnen.

Kneissl hat gesagt, dass ich bald der Beste der Besten sein werde.

Was wollte ich mehr?

Weniger jedenfalls nicht …

4
»Deine Zeit, Karl, kommt erst noch«

Verpasste Weltmeisterschaften – Hoffnung für Olympia

Gerd Bacher, ehemals Generalintendant des ORF, charismatischer Rhetoriker, auch und vor allem wegen seiner hintergründigen Art österreichweit begehrter und verehrter Festredner bei allen möglichen offiziellen Anlässen und mir in enger Freundschaft seit langem verbunden, hat einmal folgendes über mich gesagt: »Ich habe den Karl in den Jahrzehnten, die ich ihn kenne, niemals betrunken gesehen. Selbst nach den größten Triumphen: Wenn alle in Champagnerlaune ausgelassen gefeiert haben, dann ist er um halb zehn abends aufgestanden, hat gesagt: ›So, jetzt müsst's mich entschuldigen, ich muss jetzt schlafen gehen.‹ Mir ist noch nie jemand mit einer solch eisernen Selbstdisziplin begegnet.«

Damit nicht ein falsches Bild entsteht: Ich war kein Kostverächter oder gar prüde. Das bin ich heute nicht, das war ich damals genauso wenig. Einen guten Wein habe ich immer schon geschätzt, auf eine attraktive Frau habe ich immer mehr als nur einen Blick geworfen, und für so manchen luxuriösen Moment im Leben war und bin ich immer noch empfänglich. Allerdings: ich habe (fast) immer auch darauf geachtet, »vernunftvoll« damit umzugehen, sprich: meinen Sport immer im Mittelpunkt zu halten. Mein Sport, mein Leistungsvermögen durften nicht in Mitleidenschaft geraten.

Wenn ich mit der Mannschaft im Trainingslager war und sich alle nach einem harten Tag gesellig zusammensetzten, um bei ein paar Bieren, einem Glasl Wein und schon auch einmal einer Zigarette abzuschalten und auszuspannen, dann war ich selten mit von der Partie: Da drehte ich noch meine zusätzlichen Runden und machte mich stärker von Monat zu Monat, von Jahr zu Jahr. Geraucht habe ich übrigens nie, und beim Wein ging's mir um Qualität und Geschmack und nicht darum, mir den Kopf zu benebeln!

Wie ich es mit den Madeln, den Freundinnen gehalten habe?

Also, abgesehen vom Skifahren war ich in allem ein ziemlicher Spätzünder. Da sind die gleichaltrigen Burschen schon mit Freundinnen rumgezogen, da habe ich noch gar nicht gewusst, was da gespielt wird. Dass mich die Madeln bewundernd angeschaut haben, hat mir allerdings schon auch gefallen. Abgesehen davon:

Wenn ich mir die alten Fotos anschaue, dann habe ich so schlecht nicht ausgesehen, oder?

Meine Art, wie ich mich als Jugendlicher Mädchen gegenüber verhalten habe, ist dann auf lange Zeit unverändert geblieben. Eigentlich bis gegen Ende meiner sportlichen Karriere. Auf eine wirkliche Bindung habe ich mich davor nie eingelassen – und wenn, dann habe ich jede Beziehung zu Beginn des Winters abgebrochen, egal, wie gern mich ein Madel gehabt hat oder umgekehrt. Der Sport war mir eben wichtiger als alles andere. Außerdem hätte ich eine wie auch immer geartete Bindung einfach als Belastung empfunden. Und das hätte mich abbringen können von meinem großen Ziel, der beste Rennläufer zu werden. Für diese Einstellung gab es natürlich mehrere plausible Begründungen:

In der Mannschaft habe ich oft genug erlebt, wie Teamkollegen darunter gelitten haben, wenn sie Wochen und Monate von daheim getrennt waren. Da waren welche, die gerade erst geheiratet hatten, und bei denen das Heimweh so groß war, dass sie sich gar nicht mehr auf den Sport konzentrieren konnten. Oft wurden sie dann auch noch von den Kollegen gehänselt: »Was meinst, was deine Frau grad daheim macht?! Meinst du, die wartet drei Wochen lang auf dich?!«

Manche Rennläufer sind gescheitert, und zwar nur an dem Gedanken, dass ihre Frau oder Freundin nicht treu sein würde. Auch deshalb schon habe ich es für mich einfach abgelehnt, solche Gedanken an mich heranzulassen. Zugegeben, einige Mädchen hatten's schon sehr schwer mit mir. Rückschauend tut mir das heute noch leid.

Es war da ja nicht nur die Tatsache, dass man während der Rennen nicht zuhause war. Man war damals viel länger unterwegs als heute und auch die Aufenthalte waren von größerer Dauer. Das war alles schon sehr zeitintensiv. Drei Wochen in Südamerika, ein Monat Australien, ein Monat USA … Manchmal sind wir drei Monate lang gar nicht nach Hause gekommen.

Und noch etwas hat mich stark beschäftigt: Die stetige Angst, die eine Freundin um mich haben müsste. John Semmlinck ist 1959 in Garmisch-Partenkirchen tödlich verunglückt, im gleichen Jahr Toni Mark am

Wallberg oberhalb des bayerischen Tegernsees; Ross Milne 1964 beim Training in Innsbruck. Skirennen war und ist ein High-Risk-Sport, und in jedem Abfahrtslauf lauern, vergleichbar dem Formel-I-Rennen oder dem Boxkampf, tödliche Gefahren.

Ich war mir der enormen Gefahren immer bewusst, aber ich war auch überzeugt, dass ich besser war als jene, die verunglückt sind – und dass mir nichts passieren konnte. Auf mein Können habe ich mich verlassen können. Und mein Gottvertrauen war unerschütterlich.

Verantwortung tragen wollte ich jedoch nicht einer Freundin oder gar meiner Frau und etwaigen Kindern gegenüber, sondern letztlich nur meiner Mutter und meinen Geschwistern gegenüber. Freilich, die Mutter hat viele Ängste ausgestanden. Um alle ihre Kinder, die intensiv Skisport betrieben haben, ganz besonders aber um mich – wer zu den Besten gehörte, fuhr gleichsam auf nur einem Ski bei Tempo 100 zu Tal ... Und wenn die Zeitungen wieder einmal die traurige Nachricht brachten, dass ein Rennfahrer schwer, gar tödlich verunglückt war, dann sagte sie schon hie und da: »Jetzt hörst aber auf, Karl, ich bitte dich.« Doch bei all der großen Liebe und Dankbarkeit, die ich mein Lebtag lang für meine Mutter empfand und bis heute empfinde, habe ich mich doch auch von ihrer Sorge nicht aus der Spur bringen lassen. Immer wieder hab' ich ihr gesagt: »Mama, ich hab' das alles im Griff ...«

Der Verlauf meiner Karriere hat mir schließlich Recht gegeben. Auch mir sollten zwar spektakuläre Stürze bevorstehen, aber nur wenige ernsthafte Verletzungen. Die

Mixtur aus Trainingsfleiß, Können und Gottvertrauen hat mich meine sportliche Laufbahn nahezu unbeschadet überstehen lassen.

Sicher: Rückschläge blieben auch bei mir nicht aus. Die gehören dazu, wie die Täler zu den Bergen. Aber an den Rückschlägen geht man kaputt oder man wächst daran. Ich bin immer wieder aufgestanden, habe mich nie unterkriegen lassen, bin gewachsen …

1958 zählte ich bei allen Wettbewerben bereits zu den großen Favoriten. Aber bei den Rennen, die mannschaftsintern als Qualifikation zu den alpinen Skiweltmeisterschaften dienten, erlebte ich einen herben Rückschlag. Gemäß meinem Motto »intensiver-härter-mehr« hatte ich wie ein Besessener trainiert. Bis an die Grenzen meiner physischen Belastbarkeit – und manchmal auch darüber hinaus.

Tatsache ist: Mit dieser Vorbereitung hatte ich mir zu viel zugemutet. Statt auf den Punkt genau topfit zu werden, wehrte sich nun in Adelboden die überstrapazierte Konstitution mit einer starken Grippe – 39 Grad Fieber. Natürlich wollte ich trotzdem starten, ich wollte doch um jeden Preis zur WM! Aber es ging nicht, trotz allem Kampfgeist, aller Willenskraft – in der Verfassung hätte ich kein Rennen überstehen können, und natürlich hätte es Friedel Pfeifer, der Sportwart der Mannschaft, auch fürsorglich verhindert: »Du bist noch jung, Karl«, hat er gesagt, »du hast noch viel vor dir. Deine Zeit kommt noch.«

Ein schwacher Trost. In Wirklichkeit war ich untröstlich.

Auch die nächste Chance, mich für diese Weltmeisterschaften zu qualifizieren, musste ich ungenutzt verstreichen lassen. Der Abfahrtslauf in Wengen ging ohne mich über die Piste – immer noch grippegeschwächt, verfolgte ich das Rennen am Radio.

Es war zum Verzweifeln. Nichts war für mich, den gerade Zwanzigjährigen, schlimmer, als zur Untätigkeit verurteilt zu sein, ohnmächtig ausharren zu müssen, nicht eingreifen zu können in das Geschehen, am Radio zu hören, wer führt, wer noch oben steht. Es machte mich rasend!

Aber Wut und Verzweiflung waren auch keine guten Berater.

Doppelt verbissen ging ich, nachdem ich wieder fit war, an die Starts. Noch sah ich die Chance, die Qualifikation zu schaffen. Beim Hahnenkammrennen in Kitzbühel herrschte dichter Nebel. Das störte mich nicht. Es ging um alles, und ich fuhr ohne Wenn und Aber. Dann – Sturz in der »Mausefalle«! Schnell stand ich wieder auf den Beinen, belegte einen Platz unter den Besten. Aber das reichte nicht. Nach den krankheitsbedingten Ausfällen und diesem zwar erfolgreichen, aber gerade mal so überstandenen Rennen hatte die Mannschaftsführung Zweifel, ob ich bereits reif war für die Teilnahme an den Weltmeisterschaften. Außerdem: An Rennläufern, die mit großen Chancen an den Start gehen konnten, fehlte es unserem Land ja beileibe nicht.

In Saalfelden dann die allerletzte Gelegenheit, das Ticket für die WM doch noch zu schaffen. Beim Riesenslalom hatte ich die selbe Zwischenzeit, die Toni Sailer, der Führende, vorgelegt hatte. Wieder fuhr ich volles Risiko – ich wollte gewinnen, ich musste gewinnen, und ich musste alle Zweifler überzeugen.

Aber wieder stürzte ich, nicht schwer, jedoch mit entsprechenden Folgen: Die Weltmeisterschaften fanden ohne mich statt. Zumindest durfte ich nicht als Rennläufer teilnehmen. Aber dabei sein sollte ich dennoch – und wie!

Der St. Antoner Pepi Gabl, der damals das amerikanische Damen-Nationalteam trainierte, verpflichtete mich als Co-Trainer für die Weltmeisterschaften in Bad Hofgastein. Finanziert wurde mein Trainer-Engagement von einem gewissen Mr. Starr, einem Multimillionär, der im Hotel »Schillerhof« eine ganze Etage, Speisesaal inklusive, bewohnte. Als Tagesgage zahlte er mir 1000 Schilling. Man muss sich das heute einmal vorstellen: 1000 Schilling täglich – mein Vater hat mit Kinderbeihilfe 2500 Schilling im Monat verdient …

Als Assistent von Gabl betreute ich also die Amerikanerinnen im Training und, wie sich zeigen sollte, mit Erfolg: Die US-Girls holten WM-Silber. Da hatten wir alles richtig gemacht, der Pepi Gabl und ich. Da haben einige dumm geschaut. Noch dümmer dann allerdings bei meinem nächsten »Auftritt« im Rahmen der WM:

Nominiert als Vorläufer für den Slalom der Herren, fuhr ich inoffiziellen, aber immerhin noch bekannt gegebenen Zeitmessungen zufolge, in beiden Durchgängen Bestzeit – insgesamt zweieinhalb Sekunden schneller als Josl Rieder, der mit knappem Vorsprung vor Toni Sailer Slalom-Weltmeister werden sollte!

Aber Vorlauf-Zeiten zählen eben nichts, sind so viel Wert wie ein Sechser im Lotto, wenn man vergessen hat, den Tippschein abzugeben! Und die Reaktion der Fachwelt und der Medien? Naja, argumentierten die, es habe nur daran gelegen, dass der Schranz unbeschwert, ohne den Druck des wirklichen Rennens habe fahren können. Beim Rennen selbst hätte er nie so gut abgeschnitten wie bei den Vorläufen.

Die Verantwortlichen im Nationalteam hatten jedenfalls ein kleines Problem. Mich nicht aufgestellt zu haben, weil ich an den Qualifikationen nicht oder nur arg gehandicapt teilnehmen konnte, hatte sich nun als falsch erwiesen. Aber jetzt war es zu spät, um noch etwas zu korrigieren.

Bei den anderen Wettbewerben der Herren konnte ich dann nur zusehen, aber mich insofern nützlich machen, als ich den österreichischen Teamkollegen über Funk Streckentipps gab.

Was freilich wiederum Mr. Starr, den Sponsor der amerikanischen Mannschaft, auf den Plan rief. Er bat mich zum Gespräch in den mondänen »Schillerhof«. Die Atmosphäre des Hotels und die Art von Mr. Starr waren durchaus dazu angetan, einschüchternd zu wirken.

»Why didn't you help the US-Team. You are paid for it, I think.«

Diesen Vorwurf brauchte ich freilich nicht auf mir sitzen zu lassen, und ich erklärte ihm, dass ich mich bei einem Rennen, wo ich keine Trainerfunktion innehatte, ganz dem österreichischen Team verpflichtet fühlte.

Aber selbstverständlich würde ich das Honorar zurückzahlen, fügte ich trotzig hinzu. Starr, ganz amerikanischer Sportsmann, lächelte breit: Er habe keine andere Antwort erwartet. Er drückte mir weitere 5000 Schilling in die Hand, klopfte mir auf die Schulter und dankte für meine Arbeit als Co-Trainer der amerikanischen Damen-Mannschaft. Mit 20 000 Schilling bin ich damals von Bad Gastein nach Hause gekommen – das war schon der Wahnsinn!

In den Rennen nach den Weltmeisterschaften wollte ich, der ich zuschauen musste, natürlich allen beweisen, dass ich einen Platz im Team verdient gehabt hätte. Wenn Toni Spiss, 1958 Nationaltrainer und von jeher mein Freund, gemeint hat, dass es besser sei, »eine WM auszulassen und dafür vielleicht drei Jahre länger Rennen zu fahren«, dann war das sicher nicht ganz falsch. »Wer früh anfängt, hört früh auf, sobald ihn geschäftliche oder private Interessen von seinem großen Ziel ablenken: der beste Skiläufer der Welt zu sein.«

Andererseits bin ich mir auch heute noch sicher, dass ich 1958 schon einen Platz auf dem Stockerl erreichen hätte können – vielleicht sogar vor Toni Sailer, der damals der große Superstar des Skizirkus' war …

Jetzt muss ich aber aufpassen, dass sich beim Schreiben nicht wieder der Elan und der Übermut von damals einschleichen! Für mich jungen Spund war Sailer natürlich eine Klasse für sich. Bei Abfahrtsrennen sind wir nicht oft gegeneinander gefahren, und wenn, dann lag ich immer knapp hinter ihm. Beim Slalom war es schon anders. Aber eigentlich erst, als der Toni sich aus dem ak-

Vom Arlberg nach Amerika:

13 Der Sportwagen ist noch geliehen, aber das Highlife nach der Ankunft 1959 in den Staaten ist schon Bestandteil seines Lebens.

14 Schranz vor der Skyline von New York …

15 … und beim Wasserski mit Ernesto Skasa

Das Erfolgsduo aus Tirol: Schranz und der Skifabrikant Kneissl

16 Skibelastungstest im Kufsteiner Werk (Kneissl im Hintergrund)
17 Der Industrielle und »sein bestes Pferd im Stall«

18 Heimkehr als Doppelweltmeister 1962 (mit Mutter und Onkel Franz Schranz)

19 1959 erstmals Sportler des Jahres. V.l.n.r.: Christl Haas, Karl Stotz, Egon Zimmermann, Karl Schranz

*20 Strahlender Weltmeister:
1962 holt Schranz in Chamonix die Titel in Abfahrt und Kombination.*

*21 Voll auf Angriff, dominant, die Konkurrenz brüskierend:
Der Fahrstil des »Königs vom Arlberg«*

tiven Rennsport zurückgezogen hat, war für uns Junge im Team der Weg wirklich frei.

Toni Sailer ist fast auf den Tag genau drei Jahre älter als ich. Am 17. November 1935 in Kitzbühel geboren, startete er 1952 seine große Karriere: Bei den Österreichischen Jugendmeisterschaften gewann er als Siebzehnjähriger Abfahrt, Slalom, Kombination – und er belegte beim Skispringen den fünften Platz!

Zur Legende sollte er 1956 werden: Bei den Olympischen Spielen in Cortina d'Ampezzo holte er dreimal Gold: Mit seinen Siegen in Abfahrt, Slalom und Riesentorlauf wurde er zum absoluten Star. Zwei Jahre später wurde er in Bad Gastein dreifacher Weltmeister in Abfahrt, Riesentorlauf und Kombination.

Übrigens hat er den Konflikt um den Amateurstatus, den ich noch aufs heftigste auszutragen haben sollte, schon vorweg genommen: 1958 agierte er als Hauptdarsteller im Film »Der schwarze Blitz« (bei dem übrigens Dietmar Schönherr von mir gedoubelt wurde!), und bekam deshalb ziemlichen Ärger mit der FIS. Um einer Sperre vorzubeugen, erklärte er seinen Rücktritt vom aktiven Rennsport und widmete sich fortan der Schauspielerei auf der Bühne und im Film. Bis heute ist er gleichsam eine Ikone des internationalen Skisports.

Nach den Weltmeisterschaften in Bad Gastein sollte ich dann, körperlich topfit und voller Ehrgeiz und Nachholbedarf, in absolute Bestform kommen. Auf die Erfolge in dieser Saison konnte ich, wie ich meine, schon ganz schön stolz sein:

In Garmisch-Partenkirchen Sieger im Slalom gegen die gesamte Weltelite und den Weltmeister Chiharu Igaya, beim St. Antoner Arlberg-Kandahar-Rennen Sieger in Abfahrt, Slalom und Kombination, ebenso beim Holmenkol-Rennen in Norwegen. In Val d'Isere gewann ich beide Riesenslalomläufe, wurde Sieger im Slalom und Gewinner der Kombination, und bei der Österreichischen Meisterschaft Sieger in Abfahrt, Slalom, Riesenslalom und Kombination!

Hintereinander habe ich in diesem Jahr 18 internationale Rennen gewonnen …

In einem Land, wo der Skisport etwas besonders »Heiliges« ist, war ich damit zum Star geworden, die Nummer eins im Nationalsport Nummer eins. Jeder kannte mich jetzt, und es gab zwischen Bregenz und Wien kein noch so abgelegenes Dorf, wo nicht die Fernsehbilder, die Zeitungsmeldungen, die Radioberichte für meine Popularität gesorgt hätten. Der »Karli«, wie man mich gerne und mit viel Sympathie bezeichnet hat, wurde zum Liebling der Skination, mit den Erfolgen im Erfolgsjahr 1958 ein viel gefeierter Sportler, einer, auf den das skisportbegeisterte Österreich seine ganzen Hoffnungen setzte.

»Karli« wurde zum Hoffnungsträger für die Olympischen Spiele 1960 in Squaw Valley. Und mir war klar: Würde ich mich nicht ernsthaft verletzten und würde ich weiter so hart und so effektiv trainieren, dann hätte ich in Amerika die besten Chancen, olympisches Edelmetall zu holen.

Die Goldmedaille wurde mir zur fixen Idee, zu meinem größten Wunsch und Ziel. Ich wollte Olympiasieger werden!

Noch konnte ich ja nicht ahnen, dass ich der Goldmedaille vergeblich nachjagen sollte – zwölf Jahre lang, bei vier Olympischen Spielen …

5
»Wie Fußballweltmeisterschaften bei den Eskimos ...«

Viermal Olympia, keinmal Gold

Wenn ich heute an Olympia denke, dann schießt mir als erstes Sapporo durch den Kopf. Und erst viel später Grenoble. Und da war ja auch noch Innsbruck 1964. Und Squaw Valley 1960 ist beinahe schon vergessen. Viermal Olympische Winterspiele und keine einzige Goldmedaille für einen Skirennläufer, dessen Pokalsammlung alle anderen seiner Zeit in den Schatten stellt. Toni Sailer, der mir immer imponierte, hatte es auf Anhieb geschafft: drei Goldmedaillen 1956 in Cortina d'Ampezzo. Ihm wollte ich es gleich tun. Seine Erfolge und ihr ungeheures Echo hatten mich angesteckt. Schließlich erlebte ich sie aus nächster Nähe. Bei den Winterspielen in Cortina war ich Zaungast und 1958 bei der Weltmeisterschaft in Badgastein gehörte ich bereits zur Nationalmannschaft. Seit damals träumte ich von Squaw Valley 1960, die meine Spiele werden sollten.

Warum kam es anders? Oft denke ich darüber nach und manchmal quälen mich diese Gedanken. Lag vielleicht doch ein olympischer Fluch auf mir, wieweit trifft mich selbst ein Verschulden? Man sucht nach Zusammenhängen und kommt zu den merkwürdigsten Schlüssen. Squaw Valley brachte mir aus vielerlei Gründen nicht den erhofften Erfolg. Es hat nicht viel gefehlt und diese Olympischen Spiele 1960 hätten überhaupt meine Karriere beendet. Dann wäre es nie zu weiteren olympischen Fehlversuchen gekommen, aber eben auch nicht zu meinen vielen Erfolgen. Wie sehr doch alles an einem seidenen Faden hing! Olympia hat mich immer wieder abgeworfen, mir aber auch immer wieder auf die Beine geholfen. Im Kampf um die olympische Goldmedaille gab ich nie auf und wurde dafür anderweitig belohnt.

Im Nachhinein gewinnen die olympischen Hindernisse, so lapidar sie auch jeweils gewesen sein mögen, schicksalhafte Bedeutung. Die Torstange auf dem Slalomhang von Kitzbühel, die ich mir vor Squaw Valley in den Unterleib rammte, und die mir körperlich lange zu schaffen machte und die mich länger noch psychisch belastet hat. Die Person, die plötzlich im Nebel von Chamrousse auftauchte und meine Fahrt zur Slalom-Goldmedaille der Olympischen Spiele von Grenoble 1968 zunichte machte. Die Grippe-Erkrankung vor den Olympischen Spielen in Innsbruck 1964, die mich geschwächt an den Start brachte. Und schließlich das Leibchen mit der Kaffee-Werbung bei einem Juxmatch im Fußball, das mich – letztlich – von den Olympischen Spielen in Sapporo 1972 ausschloss.

Hatte sich die Torstange vom Ganslern-Hang auch in mein Hirn gebohrt? Ich kam jedenfalls nach Squaw Valley in dem Bewusstsein, für diesen großen Anlass nicht fit genug zu sein. Ich hatte meinen St. Antoner Freund und Vertrauensarzt Dr. Otto Murr dazu gebracht, die Schwere meiner Verletzung zu verheimlichen, um meine Nominierung nicht zu gefährden. Heutzutage käme eine solche Verletzung auf Grund des geltenden Reglements gar nicht erst zustande. Anderl Molterer und ich machten uns nämlich in Kitzbühel im zweiten Lauf nur eine »Hetz«. Ich hatte im ersten Durchgang zwei Tore verfehlt, wusste, dass ich disqualifiziert würde, wurde aber im inoffiziellen Klassement weiter geführt. Anderl wiederum fuhr wie immer auf Teufel komm raus, kam von der Piste ab, musste zurücksteigen und lag aussichtslos zurück. Wie wahnsinnig ging ich den zweiten Durchgang an, in dem Bewusstsein, nichts mehr verlieren zu können. Im letzten Drittel blieb ich an einer Stange hängen und bekam eine zweite zwischen die Beine. So rutschte eine völlig unnötige, dabei äußerst schmerzhafte und langwierige Verletzung in mein Olympia-Gepäck.

Dabei war das Unternehmen Squaw Valley geradezu generalstabsmäßig vorbereitet. Mein Firmenchef Franz Kneissl hatte mich schon nach der Saison 58/59 für sieben Monate in die USA geschickt, um dort auf Messen in Los Angeles, San Francisco, Denver und New York Reklame zu machen und mich zugleich auf den Olympiaschauplatz Squaw Valley einzustimmen. Offiziell als Belohnung für meinen dritten Kandaharsieg in Garmisch und den Abfahrtserfolg auf dem Lauberhorn. Inoffiziell als Vorbereitung für das hohe Ziel Olympia.

Doch aus diesem vermeintlichen Vorsprung wurde ein Nachteil. Körperlich und materialmäßig – die Franzosen hatten schon in Kitzbühel mit dem neuen Metallski durch den Doppelsieger Adrien Duvillard aufgetrumpft – fühlte ich mich gehandicapt. Wir stellten eine zu starke Mannschaft und jeder wollte seine Starts absichern. Fast alle von uns – Anderl Molterer, Ernst Hinterseer, Ernst Oberaigner, Hias Leitner, Gerhard Nenning, Egon Zimmermann I, Pepi Stiegler und ich – kamen für Medaillen in sämtlichen Bewerben in Frage. Pro Nation und Bewerb durften aber nur vier Mann teilnehmen. Die Führung mit Präsident Dr. Lorenz und Sportwart Dr. Sepp Sulzberger konnte aufkeimende Einzelinteressen nicht durch klare Richtlinien im Keim ersticken. Anderl Molterer und ich, auch abseits der Rennstrecken Kämpfertypen, heizten ihnen natürlich kräftig ein.

Für den ersten Bewerb, den Riesentorlauf, wurden Stiegler, Molterer, Hinterseer und ich nominiert. Ich fühlte mich trotz allem gewappnet. Schließlich hatte ich zuletzt in Kitzbühel einen zusätzlich ins Programm genommenen Riesentorlauf gewonnen. Doch ich kam mit Startnummer eins nicht in Fahrt. Ich wusste sofort: Das ist keine Goldmedaille. Der Vorwurf meines Teamkollegen Anderl Molterer, ich wäre wie ein Skilehrer gefahren, stimmte. Enttäuscht gratulierte ich dem vermeintlichen Sieger Pepi Stiegler, der aber später wegen eines Frühstarts hinter den Schweizer Roger Staub auf den zweiten Platz vor Ernst Hinterseer versetzt wurde. Heute bin ich noch mehr überzeugt als damals, dass es dabei nicht mit rechten Dingen zuging. Stiegler war zu früh gestartet und statt ihm die Zeit gutzuschreiben, wurde das Minus zu einem Plus gemacht. Bei Roger Staub machten sie es umgekehrt. Er startete nach der Nullzeit und erhielt dafür noch eine Gutschrift, indem man ihm die Zeit zwischen Null und Start noch von seiner Laufzeit abzog. Ernst Hinterseer, der in Hochform war, fühlte sich kurzzeitig sogar als Silbermedaillengewinner. Der »Fernandel aus Kitzbühel« – alle Welt nannte ihn wegen seiner Ähnlichkeit mit dem französischen Komödianten so – sagte aber »Wenn's nur so wär!« Er freute sich dann über Bronze kaum minder. Stiegler wusste, dass ihn ein Fehler am Ende des Steilhanges zurückgeworfen hatte. Anderl Molterer hatte mit Startnummer 28 keine Chance, kämpfte aber wie ein Wilder und verzeichnete überdies im Schlussteil einen Steher. Er wurde nur Zwölfter. Bester Franzose war Perillat als Sechster.

Beim Abfahrtslauf war es die frühlingshafte Sonne, die uns Wachsprobleme bescherte. Egon Zimmermann mit Startnummer 1, Anderl Molterer, Startnummer 3, und Pepi Stiegler verloren gleich im oberen Streckenteil Sekunden. «Wir sind fast stehen geblieben«, erzählte Pepi Stiegler. Mir blieb mit Startnummer 12 auch nicht die Zeit, um das Wachs abzukratzen. Die Deutschen hatten nach »ihrem« Vorläufer Wagnerberger sofort reagiert. Vor allem die Langriemenbindung war mir im Wege. Mit der heutigen Ausrüstung und dem heutigen Betreuerstab wäre es ein Leichtes gewesen. Aber damals war man am Start auf sich allein gestellt. Die Betreuer standen im Ziel. Kein Servicemann weit und breit. Ich fuhr gleichsam schaumgebremst vom Squaw Peak, die Niederlage klebte vom Start weg an den Laufflächen meiner von Othmar Schneider auf »kalt« präparierten Holzlatten. Trotzdem »arbeitete« ich mich noch auf den siebenten Platz als bester Österreicher. Zimmermann wurde Neunter, Stiegler Fünfzehnter und Molterer Neunzehnter.

Den Olympiasieg holte sich der Franzose Jean Vuarnet vor dem Deutschen Hanspeter Lanig und Adrien Duvillard. Duvillard wäre der Sieg nicht zu nehmen gewesen, hätte es ihm nicht die Skier vor dem Wasserfall verschlagen und wäre er nicht gestürzt. Der neue Metallski der Franzosen jedenfalls erwies sich weniger wachsanfällig als unsere herkömmlichen Modelle.

Die ersten Olympischen Spiele waren damit eigentlich für mich vorbei, obwohl der Slalom noch bevorstand und ich damals zusammen mit Anderl Molterer wohl zu den Besten in dieser Disziplin gehörte. Einen Ausflug aller Teams nach Reno zu einem Auftritt von Sammy Davis jun. nützten Anderl Molterer und ich zu einem anderen Duell. Anderl gewann am Spieltisch von Reno 1100 Dollar, ich 1000. Eine Menge Geld für uns und ein Trostpflaster für die Eliminierung aus dem Slalomteam, die wir am nächsten Tag vor der Abfahrt zum Training durchs Autofenster von ÖSV-Präsident Dr. Lorenz und Sportwart Sepp Sulzberger erfuhren. Anderl verteidigte mich und ich ihn. Ich wäre als Gesamtfünfter nach zwei Bewerben bester Österreicher, meinte er. Und ich bezeichnete ihn als den besten Slalomfahrer der Welt, der knapp vor seinem größten Ziel ausgebootet wurde. Vor allem die Franzosen streuten das Gerücht aus, wir lebten unsportlich und trieben uns zuviel in Casinos und Restaurants herum.

An unserer Stelle kamen Ernst Hinterseer und Ernst Oberaigner ins Team. Die Führung schien stolz, »ernst« gemacht zu haben. Anderl Molterer fuhr als Vorläufer und erlebte dann als Zaungast mit mir einen der verrücktesten Slaloms der damaligen Zeit. Nach dem ersten Durchgang führte der junge deutsche Gymnasiast Willy Bogner, der schon auf dem Lauberhorn mit seinem Sieg im Nebel aufhorchen hatte lassen und der dort im Slalom nur durch zu verhaltenes Fahren den Gesamtsieg an Pepi Stiegler verloren hatte. Bei Halbzeit lautete die Reihenfolge: Bogner mit 68,3 vor den Franzosen Bozon und Bonlieu, je 69,9. Hinterseer ist mit 70,07 Fünfter, Hias Leitner Neunter mit 71,1 vor Stiegler und Oberaigner, je 71,5.

Bogner, Sohn eines ehemaligen deutschen Langläufers, wollte seinen Wengener Fehler nicht wiederholen und nicht wieder einen Triumph »verbremsen«. Wie der Blitz stürzte er sich in den zweiten Durchgang, lag ebenso schnell auch schon im Schnee, stand auf, fuhr weiter, stürzte noch einmal und konnte sich mit gelöster Bindung nicht mehr wehren. Mit Startnummer 7 erkannte Hinterseer seine Medaillenchance und legte einen Traumlauf hin. Der Ersatzmann, der nichts zu verlieren hatte, räumte die Stangen der Reihe nach ab und erzielte mit 58,2 eine Laufbestzeit, die ihn vor Charles Bozon und den Deutschen Luki Leitner setzte. Der andere Leitner, der Hias aus Kitzbühel, wollte es »Fernandel« Hinterseer gleichtun und brauste vom neunten Platz noch zur Silbermedaille.

Etwas verspätet kamen Anderl Molterer und ich zu der Siegesfeier in ein von Franz Kneissl gemietetes Haus. Anfangs ausgelassen, später doch etwas niedergeschlagen, weil uns eine Strafpredigt des damaligen Sportchefs des »Express«, der größten österreichischen

Boulevard-Zeitung, Franz Fahrensteiner, die Sektlaune in der Küche verdarb. Er warf mir vor, die hohen Erwartungen der österreichischen Skisportfreunde mit unwürdigem Verhalten enttäuscht zu haben. Obwohl Fahrensteiner mir vorschreiben wollte, sofort nach Österreich zurückzukehren und einen Neuanfang zu starten, reifte in mir der Entschluss, in den USA zu bleiben. Angebote zum Geldverdienen und Verlockungen zu einem schönen Leben gab es genügend. Das Skirennlaufen hatte ich satt und nach Hause wollte ich schon deshalb nicht mehr zurück, weil ich die Reaktionen der Ski-Nation, die auf mich als Olympiahelden gesetzt hatte, fürchtete.

Ich wusste es damals und ich weiß es heute in der Rückschau erst recht: Ich hatte mir manches auch selbst zuzuschreiben. Ich hatte mich anstecken lassen vom Durcheinander im Team, hatte mich nicht wie früher oft und später immer auf mich selbst konzentriert. Und trotzdem schmerzte es mich unendlich, im Slalom nicht aufgestellt worden zu sein. In Österreichs Zeitungen war unter anderem zu lesen, dass von Schranz und Molterer keine guten Ergebnisse zu telegraphieren wären, dafür aber hohe Gewinne in der Spielhölle! Für Anderl war es leichter. Er wollte sowieso mit seiner amerikanischen Freundin in Amerika bleiben und ein lukratives Angebot als Skilehrer annehmen. Bei mir mischte sich Angst vor der Rückkehr mit pubertärer Rebellion. Ich verkaufte meine komplette Ski-Ausrüstung, schrieb an meine Mutter, dass ich nun lange nicht nach Hause käme, vielleicht für immer in Amerika bliebe. Alle Überredungskünste, Vernunft walten zu lassen, prallten bei mir ab. In einem Walt-Disney-Film mimte ich einen skifahrenden Mexikaner – Schranz, einer der besten Skifahrer der Welt, war für Walt Disney ein Mexikaner, weil ich den Rennläufer hinter mir lassen und in ein neues Leben einsteigen wollte.

Bei den American Beauties war ich ein attraktiver Exot aus dem fernen Tirol und in den Casinos fühlte ich mich jetzt erst richtig wohl. Auch ein emotionaler Ersatz für die emotionalen Höhen und Tiefen im Rennsport. Hochgefühle, wenn die Karten es gut mit mir meinten, deprimiert, wenn zweihundert Dollar so mir nichts dir nichts in der Kasse des Croupiers verschwanden. Was das Spielen anging, machte ich bald eine sehr wichtige Erfahrung: Eines Abends verspielte ich gegen alle Vernunft den letzten Cent. Die Freundin, mit der ich gekommen war, war vorzeitig nachhause gefahren. Bankautomaten kannte man noch nicht und ein Casino gab auch einem in Europa noch so bekannten Skirennläufer keinen Kredit. Am nächsten Morgen musste ich das Renntraining im hundert Meilen entfernten Mammouth Mountain leiten, hatte aber nicht einmal das Geld für ein Telefonat.

Eine kleine Gaunerei half mir aus der Misere. Ich stellte mich zu den Slot-Machines, als das Glück einer Frau vier Kirschen bescherte. Von den Münzen, die aus dem Automaten prasselten, landeten einige auf dem Fußboden. Blitzschnell stellte ich mich auf ein Zehn-Cent-Stück. Jetzt konnte ich telefonieren, mich abholen lassen und den Skikurs durchführen.

Aber ich wusste auch, das war ein Schuss vor den Bug. Die farbenfrohe Casino-Welt kann einem zur Hölle werden. So war das Zehn-Cent-Stück vielleicht der größte Gewinn, den ich je gemacht habe. Heute noch gehe ich drei- bis viermal im Jahr ins Casino, weil's mir Spaß macht. Aber erstens setze ich mir ein Limit von etwa dreihundert – oder, wenn es das Glück besonders gut mit mir meint, von fünfhundert Euro.

Franz Fahrensteiner, wohl in Abstimmung mit meinem Ski-Fabrikanten Franz Kneissl, ließ während dieser Zeit nicht locker. Er schrieb mir Briefe an die Adresse des Kneissl-Repräsentanten in den USA, Ernesto Saska. Den zweiten öffnete ich gar nicht, obwohl er die für meine weitere Karriere entscheidende Nachricht enthielt: Ich war von Österreichs Sportjournalisten zum Sportler des Jahres 1959 gewählt worden und sollte im Rahmen des Sportpressefestes am 17. Juni im Wiener Praterstadion geehrt werden. Saska teilte mir den Inhalt des Briefes mit. Allmählich begannen in mir Zweifel zu nagen: Wollte ich nicht der beste Skirennläufer der Welt sein? Wollte ich mir und der Welt nicht noch allerhand beweisen? Daheim warteten die Geschwister und meine geliebte Mutter. Daheim ist daheim. Immer öfter dachte ich an St. Anton, die Berge, meine Laufstrecken und die winterlichen Abfahrten. Mein »rauschendes« Leben in den USA bekam einen immer faderen Beigeschmack. Ich entschloss mich zur Rückkehr. Schon meiner Mutter zuliebe. Was musste die gelitten haben wegen mir!

Diese Rückkehr nach Österreich und in eine zweite Rennläuferkarriere habe ich nie bereut. Im Gegenteil.

Der Jubel der 32 000 im Wiener Stadion sorgte für neue Motivation und bestärkte auch meine bis heute aufrichtige, innige Beziehung zu Wien. Statt der von mir befürchteten Pfiffe für den Olympia-Versager gab es donnernden Applaus für den Sportler des Vorjahres. Und es schien allen, besonders aber mir recht zu sein, dass Squaw Valley an diesem Abend kein Thema war. Alles verziehen.

Bis zu den nächsten Olympischen Spielen waren es noch mehr als drei Jahre. Und diese Spiele fanden in meiner engeren Heimat, in Tirol, in Innsbruck statt. Bis dahin war der Weg noch weit, die Zeit aber kürzer als viele dachten. Mich beschäftigten vor allem Materialprobleme. Die Franzosen unter dem mir aus der Nachkriegszeit in St. Anton bekannten Honoré Bonnet, der große Stücke auf mich hielt, schienen besser organisiert und materialmäßig besser ausgerüstet. Es galt also sowohl in der Entwicklung des Rennskis als auch im Fahrstil aufzuholen. Dem Metallski musste ebenso etwas entgegengesetzt werden wie dem Ei-Stil in der Abfahrt und der akrobatischeren Slalom-Haltung.

Skifabrikant Franz Kneissl trommelte Wissenschafter aus aller Welt zusammen, um das richtige Gerät zu entwickeln. Und er holte einen Praktiker in die Firma nach Kufstein, mit dem ich mich nicht gleich verstand. Wir Dickschädel mussten uns erst zusammenraufen. Er konnte mir schließlich nicht sagen, wie es geht, weil ich ja doch der viel größere Rennläufer war. Später wurde er aber doch mein treuester Begleiter auf dem Weg zu vielen großen Triumphen: Egon Schöpf. Über ihn kam ich als erster Rennläufer der Geschichte in den Windkanal. Ein ehemaliger Kriegskamerad von Schöpf, Dr. Hans Hebel, hatte unter Wernher von Braun im deutschen »Raketenforschungszentrum« Peenemünde gearbeitet und blieb auch nach dem Krieg seinem Metier in Göttingen, nahe Hannover, treu. Dort wurde ich angeschnallt und stufenweise einer Windgeschwindigkeit bis zu 300 Stundenkilometer ausgesetzt, um die richtige Haltung und den idealen Rennanzug herauszutesten. Viele Stellungen hielt ich für unfahrbar, aber die Techniker überzeugten mich, dass Millimeterarbeit in die ideale Richtung auf jeden Fall Vorteile bringt.

Wir arbeiteten in der Praxis daran, obwohl der neue Kunststoffski von Kneissl – entwickelt und hergestellt unter größter Geheimhaltung – vorerst unfahrbar war. Aus Loyalität zu meinem Fabrikanten und weil ich das neuartige Gerät nicht verteufeln wollte, schwieg ich. Ich erinnere mich genau an die Kitzbüheler Abfahrt 1961, als ich auf dem Hausberg bereits 2,5 Sekunden zurückgelegen bin und deshalb enger fahren wollte und stürzte. Doch die bevorstehende Weltmeisterschaft 1962 in Chamonix führte in einem von Schneemangel geprägten Winter über einen Abfahrtssieg auf der Tofana in Cortina und einen Riesenslalomerfolg in Megeve wieder in die Favoritenrolle.

Im Slalom reichte es nur zu einer Bestzeit im zweiten Durchgang. Bei widrigen äußeren Bedingungen wurde der Bergführer Charles Bozon Weltmeister vor Gerhard Nenning und François Bonlieu. Mit Startnummer 15 im ersten Durchgang und Startnummer 1 im zweiten – die

Startnummern wurden damals gruppenweise umgedreht – fand ich keine idealen Bedingungen auf der Neuschneepiste vor. So gesehen war der vierte Gesamtrang beachtlich. Der österreichische Dreifach-Triumph im Riesentorlauf wurde von Egon Zimmermann vor mir und Martin Burger angeführt.

Aber es winkten mir ja auch zwei Weltmeistertitel – der in der Kombination und der in der Abfahrt. Nach vielen Überlegungen ging ich aufs Ganze. Reicht's nicht für den Abfahrtsweltmeister, dann ist noch immer der Kombinationsweltmeister drinnen. Und so war's dann auch. Die Strecke war in gutem Zustand. Nicht eisig, aber hart und griffig. Ich hatte Startnummer 8. Der Franzose Perillat war unheimlich schnell und unterbot seinen eigenen Streckenrekord. Egon Zimmermann übertrumpfte Perillat. Die Franzosen jubelten, als Emile Viollat nach einem hervorragenden Lauf die Spitze für Frankreich zurückholte.

Und dann ich: 57 – 58 – 59 – Los!

Ich fuhr, was das Zeug hielt. Alles oder nichts. Sprung über die Mauer. Gelungen. Die zweite Mauer – nur die Skier beisammen halten! Ich flog. Drüber über eine Brücke. Das Ziel kam in Sichtweite. Alles o.k. Die Franzosen nahmen es erst zur Kenntnis, als es der Lautsprecher verkündete: Neue Bestzeit durch Karl Schranz. Und die hielt. Ich wusste es sofort – das war nicht nur ein Weltmeistertitel, das waren gleich zwei auf einmal. Emile Viollat und Egon Zimmermann hinter mir. Wo hatte ich sie abgehängt. Wahrscheinlich mit der längsten Hocke, die ich je in einem Zielschuss gefahren war. Denn, wie mir später mitgeteilt wurde, war ich bei der Zwischenzeit nur Dritter. Karl, du hast es geschafft! Mein Bubentraum war wahr geworden. Ich genoss den Augenblick als Doppel-Weltmeister, war heilfroh, nicht in den USA geblieben zu sein und hatte doch schon wieder ein neues Ziel vor Augen: die Winterspiele in Innsbruck.

Zwischen dem Weltmeistertitel und dem nächsten Olympiastart lagen ein vierter Kandaharsieg in Sestriere 1962 und ein Rekordsieg mit 4,51 Sekunden Vorsprung auf Emile Viollat auf dem Lauberhorn 1963. Aus vielerlei Gründen haftet dieser Erfolg besonders in meinem Gedächtnis. Man hatte mich immer an Toni Sailer gemessen. Zuerst galt ich als sein Nachfolger, dann wieder – vor allem nach Squaw Valley – hieß es, aus dem Schranz würde nie ein Sailer werden. Aber nach dem Lauberhornsieg 1963 schrieb Heribert Meisel im Kurier: »Schranz landete tatsächlich einen Abfahrtssieg, der nur mit jenen überlegenen Erfolgen vergleichbar ist, die Toni Sailer auf fast allen Abfahrtspisten feierte.«

Wie hatte ich diesen Zeitvorsprung herausholen können? Die Strecke war infolge der starken Schneefälle ziemlich langsam. Den oberen Teil erwischte ich auch infolge schlechter Sicht nicht gut. Ich stand schlecht auf dem Ski. Einmal überkreuzten sich die Skier sogar. Aber dann gelang mir die Einfahrt in den Hundschopf, der damals wirklich ein Schlupfloch zwischen Felswänden gewesen ist, optimal und von da an ging's mit meiner Talfahrt bergauf. Der Hanegg-Schuß keine Schwierigkeit, immer auf der richtigen Spur, und ich spürte auch einen schnellen Ski, den ich mir selbst gewachselt hatte.

Seit Squaw Valley überließ ich die Präparierung keinem anderen.

Im Ziel hörte ich dann ein Gespräch dreier Obergescheiter, wie sie meinen Vorsprung deuteten: Der eine lobte meine Wachswahl (ein Wachserzeuger), der zweite meine herrlich ruhige Skiführung (ein Skifabrikant) und der dritte die Piste (ein Organisator). Mein Kommentar machte sie betreten: »Ein Wunder, dass wir überhaupt noch mitfahren dürfen, wenn eh Wachs, Skier und Piste alles alleine machen!« Einer der Mitfavoriten, Guy Perillat, wies als Neunter einen Rückstand von über sieben Sekunden auf. Dieser Riesenvorsprung ließ mich allerdings am nächsten Tag den Slalom verschlafen und den ersten Kombinationssieg auf dem Lauberhorn verpassen. Auf Perillat fehlten mir in der Endabrechnung sieben Zehntelsekunden …

Immer wieder wurde ich im Anschluss an Wengen nach meinem »Geheimnis« in der Abfahrt gefragt. Meine Erfolge gingen aber auf keinerlei Geheimnisse zurück. Sie waren einfach das Ergebnis harter und konsequenter Arbeit. Es begann mit dem Konditionstraining im Sommer. Das Schneetraining bei der Nationalmannschaft absolvierten wir nicht nach Schema F. Jeder trainierte das, was seinen Bedürfnissen am nächsten kam. Ich setzte mir jeden Tag ein anderes Ziel. Einmal trainierte ich Wellenfahren, dann versuchte ich wieder mein Auge zu schulen, ein andres Mal stellte ich mir Mutproben. Das Training auf den Abfahrtsstrecken teilte ich mir ebenso genau ein. Es dauerte in der Regel drei bis vier Tage. Zwei davon verwendete ich zu reinem Streckenstudium. Zum Unterschied zu anderen Läufern verzichtete ich da zumeist auf das Durchfahren. Bei seitlichem Abrutschen lernte ich jede Bodenwelle, jede Tücke der Strecke kennen und versuchte gleichzeitig, die kürzeste noch fahrbare Linie heraus zu finden. Eine Abfahrt wies zu dieser Zeit zirka 200 Wellen auf. Nach zwei Tagen kannte ich sie alle. Und träumte noch von der einen oder anderen. Dann begann ich mit dem Durchfahren. Gelang mir das eine oder andere nicht, dann stoppte ich sofort und forschte nach den Ursachen. Im Renntempo absolvierte ich eine Strecke nur einmal. War ich zufrieden, dann war das Training für mich abgeschlossen, der Nonstop-Lauf nur noch Formsache.

Die Vorbereitungen auf einen Abfahrtslauf umfassten auch Wachsstudien. Schon im Training präparierte ich den Ski aufgrund erfolgter Messungen so wie für das Rennen. Ich verließ mich da ganz auf mein Gefühl und gab nichts auf die anderen, die mir was »einsagen« wollten. Bei der Ernährung stellte ich vor einem Rennen nichts um, ernährte mich genauso wie das ganze Jahr über. Überhaupt bewirkten bei mir plötzliche Änderungen wie etwa mehr Schlaf oder mehr Kraftnahrung eher das Gegenteil des Beabsichtigten.

Und trotzdem führten all diese Vorbereitungen nicht immer zu den gewünschten Erfolgen. In Kitzbühel siegte Egon Zimmermann vor dem aufstrebenden Hugo Nindl und Wolfgang Bartels aus Deutschland. In Megeve war wieder Zimmermann, der am Ende der Saison mit skieur d'or ausgezeichnet wurde, vor Jean-Claude Killy und mir erfolgreich. Und dann kam die erste Berührung mit der Olympiastrecke von Innsbruck auf dem Patscherkofel. Bei der Generalprobe verblies mich im oberen Streckenteil eine Föhnböe.

Schon wieder ein böses Vorzeichen für Olympia!

Lange war ich Zweiter hinter Gerhard Nenning, dem der Sieg dann von der Nummer 22, dem 21-jährigen Schweizer Joos Minsch weggeschnappt wurde.

Den Winter 63/64 kennzeichneten Absagen der klassischen Abfahrten in Wengen und Kitzbühel und ein immer stärker werdender Egon Zimmermann, der in einem angewachsenen Favoritenkreis als heißer Tipp für die Olympischen Spiele gehandelt wurde. Wir respektierten einander, ohne wirkliche Freunde zu sein. Man konnte nicht mit jemandem befreundet sein, den man bekämpfen musste! Topfit und unbeschwert ging der Egon aus Lech am Arlberg an seine ersten Olympischen Spiele heran. Und mich packte im wahrsten Sinne des Wortes das Olympiafieber. Ich wurde krank, Kopfweh, Fieber, Halsentzündung. Das Olympia-Schicksal hatte mich offenbar wieder eingeholt.

Dabei mochte ich die Strecke vom Patscherkofel. Technisch schwierig und gut präpariert. Wer hier nicht genau studierte, der verlor leicht das Tempo. Ich hielt die Olympiaabfahrt sogar für einige Läufer aus sogenannten »Ski-Entwicklungsländern« für zu gefährlich. Und ich sollte auf tragische Art bestätigt werden. Am Samstag, den 25. Jänner 1964, verunglückte der Australier Ross Milne beim Training tödlich. Er wählte die Spur vor ihm gestarteter Klasse-Läufer, wurde zu schnell, verkantete, bekam Rücklage und sauste wie ein Geschoss in den Wald. Jeder Klasseläufer hätte die Situation wahrscheinlich gemeistert, aber der Australier fuhr offenbar über seine Verhältnisse …

Sein Tod setzte die von mir initiierte Diskussion über die Gefährlichkeit des Abfahrtssportes ganz allgemein und der Patscherkofel-Abfahrt im Besonderen fort. Man setzte zwei zusätzliche Pflichttore, die aber an der Geschwindigkeit nichts änderten. Der österreichische Teamchef Rupert Zimmerebner schlug sogar vor, die Trainer der schwächeren Länder sollten ihre Läufer anweisen, nicht die Spur der Schnellsten zu wählen. Ich wurde zusammen mit Egon Zimmermann am Montag nach Milnes Todessturz zur Fernsehsendung »Sportstammtisch« von Heribert Meisel eingeladen. Und da lautete das Thema tatsächlich »Absage des Abfahrtslaufes«.

Der bekannte deutsche Fernsehkommentator und Fan des alpinen Skirennsports, Harry Valerien, warf die Frage auf, ob es angesichts der vielen Trainingsstürze nicht besser wäre, den olympischen Abfahrtslauf in Innsbruck abzusagen. »Lieber ein abgesagter Abfahrtslauf als ein Begräbnis!«, sagte Valerien. Der Wiener Sportjournalist und Feuilletonist Martin Maier von der inzwischen eingestellten »Arbeiter-Zeitung« stieß in das gleiche Horn: »Ich würde den Mut jenes Veranstalters preisen, der sich dazu entschließen könnte, einen gefährlichen Abfahrtslauf abzusagen. Die Waldschneise der Patscherkofelabfahrt kann gar nicht so entschärft werden, dass sie ungefährlich wird!« Zu den Befürwortern einer Absage gehörte damals sogar der Präsident des Internationalen Skiverbandes, Marc Hodler: »Wenn Sie mich fragen, ich bin für die Absage!«.

Selbstverständlich plädierten Egon Zimmermann und ich wegen unserer Chancen für die Durchführung und erhielten noch Unterstützung von Toni Sailer: »Der Spitzensport ist nun einmal ein Risiko«, sagte der goldene »Tonai«, dessen Wort schon damals besonderes Gewicht besaß. Und auch der Präsident des Österreichischen Olympischen Komitees und Unterrichtsminister, Dr. Heinrich Drimmel, mehr Intellektueller als Sportler, stellte fest: »Im ersten Augenblick habe ich auch an Absage gedacht, aber dann habe ich verunglückte Rennläufer im Spital besucht und von ihnen erfahren, dass es ihr sehnlichster Wunsch wäre, sofort wieder Skirennen zu bestreiten!«

Die Jury entschloss sich für die Durchführung und verwarf auch den Plan, den Abfahrtslauf in die Axamer Lizum zu verlegen. Im Nonstop-Training war Egon Zimmermann der Schnellste vor den Franzosen Leo Lacroix und Jean-Claude Killy. Mir ging es nicht besonders. Weder gesundheitlich, noch skiläuferisch. Bei einer großen Bodenwelle oberhalb des sogenannten Ochsenschlages, ungefähr bei Hälfte des Rennens, wäre ich beinahe gestürzt. War es meine Schuld? Bin ich zu lässig gefahren? Oder fehlte mir doch die Kraft ? Michael Kuhn beschrieb am nächsten Tag in der »Kronen-Zeitung« meinen Zustand: »Tiefe Ringe standen Karl Schranz um die Augen und sein Gesicht glänzte feucht. Trotzdem ist er das Nonstop gefahren, weiß er doch, dass er ohne Nonstop das Rennen nicht bestreiten darf!«

Bei mir wechselte heiß und kalt. Man riet mir ab, an der am nächsten Tag stattfindenden Eröffnungsfeier teilzunehmen. Aber das konnte ich mir weder als Sportler noch als Tiroler noch als Österreicher vorstellen. Und selbstverständlich marschierte ich mit Steirerhut und hellgrauem Lodenmantel ins Olympiastadion auf dem Bergisel ein. Viele schlossen daraus, dass mein Gesundheitszustand gut wäre und Toni Sailer stempelte mich im »Wiener Kurier« sogar zum Favoriten: »Er vermag sich wie kein Zweiter dann zu steigern, wenn's drauf ankommt. Ich sage: Wenn er in Form ist und genügend Selbstvertrauen besitzt, über sich hinauszuwachsen. Bei der leichten Verkühlung handelt es sich eher um ein Startfieber. Und der Patscherkofel mit seinen vielen schnellen Kurven liegt ihm!«

Doch auch ein dreifacher Olympiasieger kann sich irren. Die Nacht vor dem Abfahrtslauf wurde zur Qual, das Rennen selbst zum Martyrium. Ich wollte und konnte nicht. Zu allem Überdruss riss ich mir beim Einfahren den Seitenbelag herunter. Ein neues Wundermittel wurde aufgetragen, trocknete aber nicht bis zum Start. Egon Zimmermann fuhr ein Superrennen und gewann mit Startnummer 7 vor Leo Lacroix (4) und dem Deutschen Wolfgang Bartels (11). Ich startete unmittelbar hinter meinem Markenkollegen Heini Messner, der schließlich Zehnter wurde, mit Startnummer 13. Schon auf den ersten Metern spürte ich, dass es bei mir nicht lief. Die Wellen nahm ich nicht richtig, ich war müde und matt. Vielleicht hatte ich auch zu viele Pulver geschluckt. Der elfte Platz war eine wahnsinnige Enttäuschung und ich war den Tränen nahe. Den Jubel um Egon Zimmermann erlebte ich nicht mehr unmittelbar. Ich rauschte ab ins Olympische Dorf, um eine olympische Enttäuschung reicher.

Für den Riesentorlauf »nominierte« ich Martin Burger als Ersatzmann. Die Besichtigung am Vortag stand ich nicht durch und warnte daher Burger vor. »Wenn ich morgen nicht besser beisammen bin, dann bekommst du meine Startnummer!« Aber dann kehrte mit jedem Schritt bei der Besichtigung von unten nach oben und jedem Schwung am Renntag die Kraft zurück und ich probierte es. Mit Startnummer 15 war ich nicht glücklich. Der Kurs war ein Mittelding zwischen Slalom und Riesentorlauf – 75 Tore auf einer Streckenlänge von 1500 Metern in der Axamer Lizum. Die ideale Startnummer trug Pepi Stiegler. Mit der Nummer eins fand er die Strecke »phantastisch schnell«. Seine Zeit wurde aber gleich von der Nummer zwei, von dem Franzosen François Bonlieu um 1,34 Sekunden unterboten. Gerhard Nenning mit vier kam an Bonlieu heran, es riss ihm aber die Beine vor dem vorletzten Tor auseinander und er wurde schließlich nur Vierter. Am Start hatten wir längst begriffen, dass es sich auch um ein Startnummernrennen handelte – die Piste wurde immer weicher, bekam vor allem im unteren Teil Löcher. Nicht zuletzt deshalb setzte auch der Abfahrts-Olympiasieger Egon Zimmermann, plötzlich mit der Aussicht auf eine weitere Goldene, alles auf eine Karte und fädelte gleich im ersten Streckenteil ein. Mehrere Salti sollten das Ende bei Olympia für ihn bedeuten.

Ich wusste also einiges über den bisherigen Verlauf, als ich mit Startnummer 15 ins Rennen ging. Ich wusste vor allem, dass ich noch mehr kämpfen müsste als gewohnt, um aus der Piste noch eine Medaille herauszuholen. Die Fahrt gelang mir spürbar gut – aber ob das reichte? »Herrgott, fix, sakra«, schimpfte ich sofort nach dem Abschwingen. Da oben, das blaue Tor bei den Strohballen – das hatte ich verkehrt genommen, von unten statt von oben. Dann hörte ich meine Zeit: 1:47,09 – nur 38 Hundertstel hinter Bonlieu. Immerhin Silber. Nach der Abfahrtsenttäuschung eine Genugtuung, aber eben wieder nicht olympisches Gold. Und das vor den Augen der mir vom Arlberg her gut bekannten Königin Juliana der Niederlande und Prinz Bernhard, die mir zur Silbermedaille ebenso herzlich gratulierten wie der Schah von Persien und Kaiserin Farah Diba.

Von Journalisten erfuhr ich, dass ich bis zum letzten Drittel in Führung gelegen war. Einigen, die nicht glauben konnten, dass ich nicht ganz fit an den Start gegangen wäre, zeigte ich demonstrativ die Zunge: »Seht her, ich bin tatsächlich krank und deshalb freue ich mich über meine Leistung umso mehr!« Toni Sailer schrieb als Fachkommentator am nächsten Tag im Kurier: »Karl Schranz ist das Olympia-Pech leider treu geblieben. So schön der Gewinn einer Silbermedaille auch ist, er selber ist mit Silber nicht zufrieden zu stellen. Der Karl ist mit der schlechten Nummer 15 ein ungeheures Rennen gefahren. Mit der gleichen Leistung hätte er mit einer Startnummer 5 garantiert den ersten Platz belegt, zumal er mir erzählte, dass er im Schlussdrittel ein Tor falsch anfuhr, nicht mehr anders korrigieren konnte, als dieses Tor verkehrt zu passieren!« Mit dem zweiten Platz im Riesentorlauf vor Stiegler, Willy Favre, Killy und Nenning übernahm ich die Führung in der Dreierkombination, in der es allerdings eben nur einen Weltmeistertitel und keine Olympische Goldmedaille gab. Ich musste also den Slalom gewinnen, um endlich an mein Ziel zu gelangen ...

Vor dem Slalom war ich zusammen mit Egon Zimmermann und der silbernen Eiskunstläuferin Regine Heitzer noch zum Olympiaball in das Olympiahotel in die Axamer Lizum eingeladen. Der Ball erwies sich als Staffage für eine Eurovisionsshow. Es gab viel Prominenz , angefangen von dem eben erst von Liz Taylor verlassenen Schlagersänger Eddie Fisher bis zu Heidi Brühl, Peter Kraus, Lil Babs und Vico Torriani. Nur bekamen wir – und die meisten Gäste im Saal – von den Darbietungen wenig mit. Wir sahen sie nur auf kleinen Fernsehschirmen im Übertragungsprogramm des Österreichischen Fernsehens. Das vorgesehene Interview mit mir wurde verschoben und verschoben, bis es mir zu bunt wurde und ich das festliche Ereignis, das nichts als ein Riesenwirbel war, verließ. Schließlich hatte ich ja noch den Slalom zu bestreiten.

Und dort war ich ja Fixstarter – im Unterschied zu Squaw Valley – ebenso Gerhard Nenning und Hias Leitner. Für Pepi Stiegler und Egon Zimmermann gab es eine interne Qualifikation. Stiegler gewann dabei den ersten Lauf, stürzte aber im zweiten. Vorerst kam Zimmermann ins Team, wurde aber schließlich doch durch

Stiegler ersetzt. Niemand weiß, wie es Zimmermann ergangen wäre – aber Stiegler rechtfertigte seine Nominierung, behielt die Nerven und fuhr gleich im ersten Durchgang Bestzeit. Ich lag hinter Pepi Stiegler an der zweiten Stelle. Der totale Angriff im zweiten Durchgang war vorprogrammiert. Der Kombinations-Weltmeistertitel interessierte mich diesmal überhaupt nicht – nur Gold wollte ich! Bis sieben Tore vor dem Ziel hatte ich die beste Zwischenzeit. Dann fädelte ich ein. Pepi Stiegler wurde Olympiasieger vor den Amerikanern Bill Kidd und Jimmy Huega. Die Franzosen, deren Bester, Michel Arpin, auf dem 4. Platz, verloren das Duell um die Skination Nummer eins gegen Österreich.

Gegenüber Squaw Valley hatte sich wenig geändert, meine Zukunft war wieder ungewiss. Und Olympisches Gold blieb eine Fata Morgana.

Für mein Leben gerne wäre ich in Innsbruck Olympiasieger geworden. Aber das Glück war nicht auf meiner Seite. Einige Wochen nach den Olympischen Spielen hatte ich allerdings Riesenglück im Unglück anderer. Ich sollte zu Dreharbeiten für einen Skifilm von Willy Bogner in die Nähe von Celerina bei St. Moritz. Zusammen mit anderen Skistars aus Österreich, Deutschland, der Schweiz und den USA. Wegen meiner bevorstehenden Reise nach Amerika sagte ich ab. Und das rettete mir möglicherweise das Leben. Bei den Dreharbeiten im Oberengadin löste sich der Firnhang. Sieben wurden verschüttet, fünf konnten sich aus eigener Kraft befreien. Für Barbi Henneberger, Slalom-Dritte von Squaw Valley und Freundin des Skirennläufers Willy

Bogner jun., sowie den Amerikaner Buddy Werner kam jede Hilfe zu spät. Sie dürften die Lawine kommen gesehen haben, versuchten ihr auf Skiern zu enteilen und wurden unter einer vom Gegenhang abgehenden Lawine verschüttet.

Die vier Jahre bis zum nächsten Mal Olympia brachten einen Umsturz im internationalen und nationalen Skirennlauf. »Ski-total« und »Ski-brutal« signalisierten eine Entwicklung hin zu einem Hochleistungssport moderner Prägung und weg von alpinem sportlichen Brauchtum. Neue Trainingslehren und -methoden griffen um sich und die Materialentwicklung erfasste alle Details der Ausrüstung vom Ski über Bindung, Stöcke, Schuhe bis hin zu Helmen und Anzügen. Immer Neues wurde erfunden und wieder verworfen, wobei der Geheimnistuerei und Legenden Tür und Tor geöffnet waren. Ich stand mitten drinnen in dieser Entwicklung und wirkte mit beim Entwurf eines einteiligen Abfahrtsanzuges im Astronauten-Look. Flache Skischaufeln gingen ebenso auf mein Konto wie zwei Rillen auf der Lauffläche, die die Stabilität erhöhen sollten.

Die erste Vorführung des neuen Rennanzuges erfolgte beim Lauberhornrennen im Jänner 1966. Teamkollegen und Gegner staunten nicht schlecht, als sie mich in dem seidenen Einteiler erspähten. Ich wollte ihn schon beim Nonstop-Training anziehen, hatte mich aber schließlich geniert. Beim Rennen verwendete ich ihn, weil ich überzeugt war, dass er windschlüpfriger wäre als alle herkömmlichen Anoraks und Hosen. Darüber hinaus wirkte er psychologisch. Der Träger fühlte sich schneller und die Konkurrenz wurde verunsichert. Jedenfalls trug mich der Anzug zu einem neuen Streckenrekord. Im zehnten Jahr meiner Karriere feierte ich den dritten Abfahrtssieg auf der längsten Strecke der Welt. Mit 3:02,76 – bisheriger Rekord Guy Perillat mit 3:13,9 aus dem Jahr 1961 – wehrte ich den Angriff der Schweizer Minsch, Bruggmann, Huggler und Favre ab. Sechster wurde mein Stallgefährte Heini Messner.

Zum ersten Mal war ich auch mit extra auf mich abgestimmten Rennskiern unterwegs: Kunststoffskier mit einer Länge von 2,18,5, abgestuft auf mein damaliges Körpergewicht von 72 Kilogramm bei einer Größe von 1,76. Mit einem fünften Platz im Slalom – Sieger Perillat – wurde ich zum zweiten Mal Gesamtsieger auf dem Lauberhorn.

Den »Anzug-Effekt« nutzte ich gleich eine Woche später zu meinem ersten Sieg auf der berühmten Streif in Kitzbühel. Seit 1957 hatte ich vergeblich versucht, diese klassische Strecke vom Hahnenkamm zu bezwingen. Diesmal gelang es mir sogar in Rekordzeit von 2:16,63, um 4,3 Sekunden schneller als der Streckenrekord von Egon Zimmermann aus dem Jahre 1963. Knapp hinter mir landete Gerhard Nenning vor dem Amerikaner Bill Kidd und dem Schweizer Joos Minsch. Eine Episode von damals ist mir noch in bester Erinnerung: Wie immer stand Egon Schöpf am Rande der Piste, diesmal auf der Höhe der Seidl-Alm. Er zeigte mir auf einer Tafel »Bestzeit!« Trotz einer Geschwindigkeit von an die 100 Stundenkilometer musste ich lachen: So ein Viech mit Haxen, was sonst sollte ich fahren als Bestzeit – mit Startnummer 1. Wie in Wengen gewann ich auch in Kitzbühel die Kombination, und zwar vor Jean-Claude Killy.

Meine Erfolge im zehnten Jahr meiner Karriere brachten mir immer wieder schmückende Beinamen ein: So wurde ich immer öfter als »Methusalem« bezeichnet – manche konnten offenbar schon damals meinen Rücktritt kaum erwarten. Kurt Zechmeister schrieb in der Fernseh-Illustrierten »Hör Zu«: »Im Moment sieht es gar nicht danach aus, dass Schranz ans Aufhören denkt. Solange er noch Abfahrtsrennen gewinnen kann, solange wird er wohl noch weitermachen. Wahrscheinlich bis zu den Olympischen Spielen 1968 in Grenoble. Denn solange einer den Mut hat, mit 100 Stundenkilometer zwischen Felsen und Bäumen, über Wellen und Buckel die Steilhänge hinunterzurasen und gewinnt, solange ist er jung!«

Mit den Material-Erfolgen und -Misserfolgen kamen in gleichem Ausmaß und gleicher Anzahl neue Trainer und natürlich neue Rennläufer. Sie bedeuteten für mich aber nicht Resignation, sondern immer wieder neue Herausforderungen. So wie eben der Kitzbüheler Slalomsieger Jean-Claude Killy, der nach Sturm- und Drangjahren, mit Stürzen, Verletzungen und Erkrankungen, aber auch mit ersten großen Siegen und zwei Weltmeistertiteln in Portillo 1966 (Abfahrt und Kombination) die Szene zu prägen begann.

Portillo in Chile war überhaupt ein eigenes Kapitel – und für den österreichischen Skirennsport ein düsteres zugleich. Ich muss zugeben, dass ich auch nicht allzu viel

22 1966 in Kitzbühel:
Österreichs Bundespräsident Jonas fotografiert Nenning und Schranz.

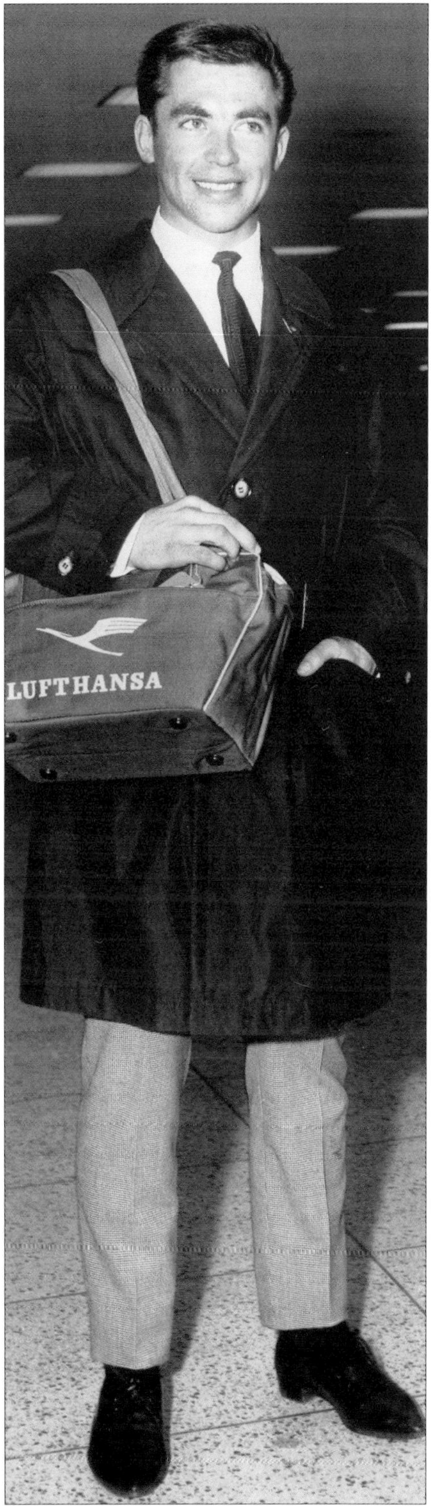

3 Weltmeister und Mann von Welt:
chranz am New Yorker Flughafen 1966

24 *In Schale:*
1966 erhält Schranz erstmals die Einladung zum Opernball in Wien.

25 *1968 in Grenoble:*
Jean-Claude Killy (links) scheint zu ahnen, dass ihm gegen Schranz nur die Funktionäre helfen können …

26 1969: Weltcup-Gesamtsieger in Abfahrt und Riesenslalom. Der Schock von Grenoble ist überwunden.

27 Ein Jahr später: Riesenslalom-Weltmeister in Gröden

28 »Rückendeckung« mit seiner gut gehenden Pension. Für die Zukunft war bereits gesorgt.

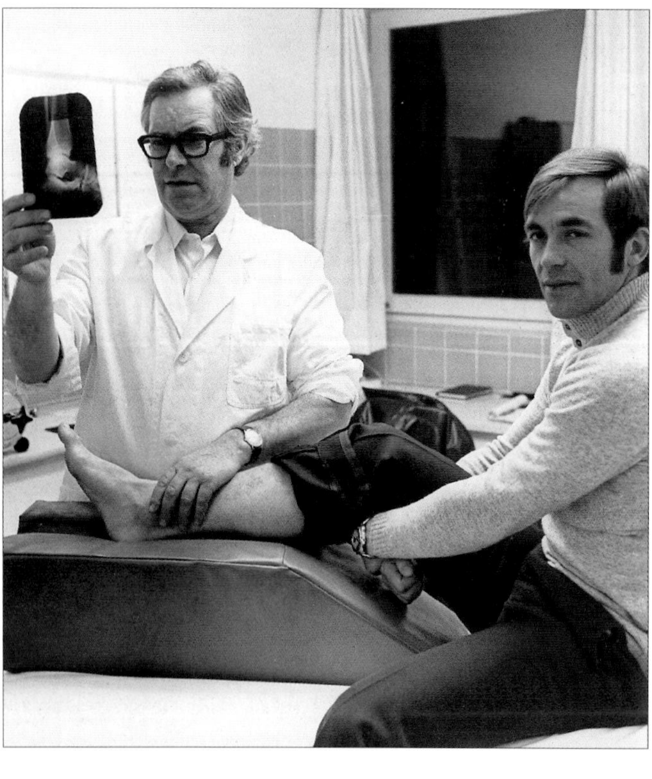

29 Abfahrtssieger 1971 in Val d'Isere

30 Selten verletzt – und wenn, dann immer in guten Händen beim legendären St. Antoner Sportarzt Dr. Otto Murr

mit einer Ski-Weltmeisterschaft im August, also im europäischen Hochsommer, anfangen konnte. »Ski-Weltmeisterschaften in Portillo«, sagte ich damals, das ist genauso, als würde man Fußball-Weltmeisterschaften bei den Eskimos austragen!« Von dem Arlberger Othmar Schneider, der in Portillo die Skischule leitete, wusste ich auch, dass es dort oft verheerende Schneestürme und Lawinen gibt. Trotzdem bereitete ich mich gewissenhaft vor, wenn auch der durch den Sommer etwas irritierte Kopf nicht so mitspielte wie beim Training auf eine klassische Winter-Saison. Zu allem Überdruss stürzte ich noch beim Riesenslalom-Training auf dem Stilfser Joch und zog mir eine Bänderverletzung im Schultergelenk zu. Ich musste einen leichten Gips tragen. Doch bis zum Abflug nach Chile Mitte Juli machte der Heilungsprozess gute Fortschritte.

Die Weltmeisterschaften fanden vom 4. bis 14. August statt. Wir hatten also gute 14 Tag Zeit zur Akklimatisierung, die wir ja schon in der Höhenlage des Stilfser Joches geübt hatten. Fünf Tage vor Beginn wurde meine schon Wochen vor der WM geäußerte Befürchtung wahr: Ein Blizzard suchte den WM-Ort heim und brachte gut 30 Zentimeter Neuschnee auf die Pisten. Die Mannschaften wurden in den Hotels festgehalten und zum Kartenspielen gezwungen. Ich beschäftigte mich geistig schon mit der Abfahrt und hatte so meine Zweifel. Mit 2660 Meter Länge war der Abfahrtslauf eine Sprint-Angelegenheit und wesentlich kürzer als die klassischen Rennstrecken in Europa. Mit 803 Meter war der Höhenunterschied wieder groß. Mir fehlten neben der Länge auch besondere Kriterien wie etwa der Steilhang in Kitzbühel, der Hanegg-Schuß beim Lauberhorn oder Himmeleck und Bärensprung wie in St. Anton. Die technischen Schwierigkeiten bestanden im Kurvenfahren. Es sah nach Weltmeisterschaften für Außenseiter aus.

Die Wetterverhältnisse besserten sich. Der starke Schneefall zeitigte aber noch Nachwirkungen auf der Abfahrtspiste und der Amerikaner Bill Kidd wurde ihr prominentestes Opfer. Im einem Schlagloch zog er sich einen doppelten Knöchelbruch zu. Schon tags zuvor war der Japaner Hiroshi Murata nach einem Sprung mit dem Kopf gegen eine schneebedeckte Felswand geprallt. Und bei den Testrennen in Farellones erlitt mein Teamkollege Franz Digruber einen Beinbruch. Keine guten Vorzeichen also für die erste »Sommer-WM« im alpinen Skisport.

Es sollte die Weltmeisterschaft der Franzosen und das Waterloo der Österreicher werden. So kündigte es sich schon beim ersten Bewerb, dem Damenslalom, an. Die Französin Annie Famose gewann vor Marielle Goitschel und der Amerikanerin Penny McCoy. Als beste Österreicherin wurde Grete Digruber Zwölfte. Wir Männer wollten es in der Abfahrt besser machen, fanden aber nicht zur richtigen Einstellung. Zu kurz und zu leicht, hatte sich im Kopf festgesetzt, und zu langsam auf den Skiern. Wir kalkulierten die durch Sonneneinstrahlung am Vortag aufgeweichte und über Nacht eisig gewordene Oberschicht nicht ein und verwachselten. Ich büßte nicht weniger als 2,13 Sekunden auf Jean-Claude Killy ein, der vor Lacroix und dem Deutschen Franz Vogler gewann. Messner wurde Vierter, Nenning Siebenter, ich gar nur Neunter und Egon Zimmermann Vierzehnter. Mit Sicherheit hatte das jahrelange Miesmachen von Portillo – »Wir wollen nicht, das ist keine Weltmeisterschaft, warum ausgerechnet im Sommer?« – unterschwellig die Kampfeinstellung unserer Mannschaft beeinflusst. Aber es gab ja noch Riesenslalom und Slalom.

Der WM-Riesentorlauf wurde erstmals in zwei Durchgängen ausgetragen. Die Franzosen fuhren weiter in Hochform. Sie dürften auf diese Weltmeisterschaft wohl besser vorbereitet worden sein als wir. Killy ging in Führung vor Guy Perillat und mir. Ich lag zweiundvierzig Hundertstel hinter Jean-Claude und war der einzige Österreicher unter den ersten Zehn. Da konnte doch etwas nicht stimmen. Immer lauter wurde die Kritik an dem Betreuerduo Dr. Wolfgang Girardi und Hans Senger. Der zweite Durchgang am nächsten Tag fand auf einer viel steileren Piste statt. FIS-Präsident Marc Hodler wollte sie wegen zu großer Gefährlichkeit sperren lassen und den zweiten Durchgang auf der Strecke des ersten durchführen lassen. Unsere Mannschaftsführung rechnete sich für mich auf dem steileren Hang größere Chancen aus und protestierte erfolgreich. Doch gerade dieser Steilhang wurde mir zum Verhängnis. Bis zur sogenannten Garganta-Kante lag ich mit Startnummer 14 sechs Zehntel vor den führenden Franzosen Georges Mauduit und Guy Perillat. Doch dann hatte ich in den Mulden der von der Sonne aufgeweichten Piste keine

Chance mehr und wurde nur Vierter dieses Laufes. Jean-Claude Killy verbremste und wurde insgesamt nur Fünfter. Trotzdem wieder ein französischer Doppelsieg durch Perillat und Mauduit und nur Bronze für mich. Aber dieses »nur Bronze« sollte die einzige WM-Medaille für Österreichs Herren-Team bei der Weltmeisterschaft in 3000 Meter Höhe bleiben!

Im Slalom schied ich schon im ersten Durchgang in einer Vertikalen aus. Plötzlich Mattscheibe. Ich wusste nicht mehr, wie der Kurs weiterging. Einige Fallen waren nämlich beim Hinaufsteigen nicht klar zu erkennen und sahen in »Fahrtrichtung« dann ganz anders aus. Ich jedenfalls blieb in einer Passage hängen, wo ich normalerweise auf einem Ski durchkomme. Mit der erhofften Medaille im Slalom verschwand auch die Silbermedaille in der Kombination, die mir hinter Jean-Claude Killy schon sicher gewesen war. Und überdies gab ich mir die Schuld, durch mein schlechtes Beispiel den anderen den Nerv gezogen zu haben. Othmar Schneider, der den ersten Kurs recht unrhythmisch gesetzt hatte, kritisierte unser Team: »Was ist doch nur aus den Österreichern geworden. Sie ›starben‹ auf Passagen, die jeder Anfänger gemeistert hätte!«

»Gestorben« ist auch der Schwede Bengt-Erik Grahn, der nach dem ersten Durchgang mit fast zwei Sekunden – einer Ewigkeit im Slalom – vor Guy Perillat gelegen war, aber zehn Tore vor dem Ziel des zweiten Durchganges den sicheren Weltmeistertitel verschenkte. Dadurch wurde dieser frei für den Südtiroler Karl Senoner. Er, der sich zwei Jahre davor bei einem Abfahrtsrennen in Abetone beide Beine gebrochen hatte, platzte in die Siegesfeier der Franzosen Perillat und François Jauffret. Mit Gerhard Nenning als Dreizehntem kam nur ein Österreicher ins Klassement. Killy wurde Achter, aber Sieger in der Kombination vor Lacroix und dem Deutschen »Luki« Leitner.

Portillo wurde übrigens zum historischen Synonym für österreichische Misserfolge im alpinen Skilauf. Meine Bronzemedaille im Riesentorlauf blieb die einzige Ausbeute des Herren-Teams. Mit 16 von 24 Medaillen und 6 von 8 Weltmeistertiteln demonstrierten die Franzosen ihre Übermacht. Lediglich Senoner und die Österreicherin Erika Schinegger, die später als Erik Schinegger den Titel wieder verlieren sollte, störten das französische Abräumen (Erika machte übrigens wegen dieser Geschlechtsumwandlung mehr Schlagzeilen als wegen ihrer sportlichen Erfolge); Heidi Zimmermann holte im Riesentorlauf hinter Marielle Goitschel Silber. Die Franzosen feierten überschwänglich im Nachklub eines Andenhotels und wurden nach einer Tortenschlacht in eine Schlägerei verwickelt. Sogar die chilenische Militärpolizei musste eingreifen.

In Österreich führte das insgesamt schlechte Abschneiden zu einem Umdenken, was Finanzierung und Organisation des Skisports betraf. Mit Prof. Franz Hoppichler übernahm ein ausgebildeter Ski-Theoretiker, den sie bald das »weiße Gewissen der Nation« nennen sollten, das Kommando.

Anfangs übersah er, dass er es nicht mit Skilehrern zu tun hatte, sondern mit Rennfahrern und dabei mit Weltmeistern und Olympiasiegern. Zwischen uns gab es auch so manche Spannung, obwohl der Professor meine Sonderstellung, wenn auch manchmal mit Zähneknirschen, anerkannte. Eine erste internationale Bewährungsprobe bestand »Hoppi« bei den vorolympischen Spielen in Grenoble im Februar 1967. Einigen unserer Trainer und Läufer waren unzumutbare Quartiere zugewiesen worden. Auch wurden wir sehr von oben herab behandelt. Ich hatte zwar zusammen mit Gerhard Nenning ein ordentliches Zweibettzimmer, begrüßte aber Hoppichlers Entscheidung zur Abreise nach dem Nonstop-Training. Der schlaue Hoppichler hatte uns noch die Möglichkeit gelassen, die Olympia-Pisten kennen zu lernen. Erst dann gab er seinen Entschluss, Grenoble zu verlassen, bekannt. Heidi Zimmermann und Christl Haas zog er im letzten Augenblick vom beginnenden Damenslalom zurück. Die französischen Olympia-Macher versuchten mit Entschuldigungen und Verbeugungen noch zu retten, was zu retten war. Doch der Professor blieb hart. Honoré Bonnet schüttelte ihm beim Abschied anerkennend die Hand: »Ich hätte das gleiche getan wie Sie. Aber wir bleiben Freunde!«

Mit den Österreichern reisten auch die Schweizer und die Deutschen ab.

1967 siegte Killy in 28 von 35 gefahrenen Rennen und holte sich die Coupe Evian, den ersten Weltcup. Unter anderem gewann er auf dem Lauberhorn und in Kitzbühel mit der Idealnote null, also mit Siegen in Abfahrt und Slalom. Das war vor ihm noch keinem gelungen. Sein Katapultstart war seine Antwort auf meinen Megeve-Start 1966, mit dem ich fünf Franzosen hinter mir gelassen hatte. Killy triumphierte auch im ersten Weltcup mit der höchstmöglichen Punkteanzahl von 225. Für den Weltcup wurden sechs Abfahrtsläufe, sechs Slaloms und vier Riesentorläufe gezählt. Jeder Läufer konnte nur in jeweils drei Bewerben punkten, so dass ihm eine Maximalzahl von 75 Punkten pro Bewerb offen stand.

Killy war publizistisch in allen »Gassen«. Er fuhr neben den Ski- auch noch Autorennen, z.B. die Targa Florio auf Sizilien, und er feierte zusammen mit dem französischen Motorjournalisten Bernard Cahier den Sieg in der Grand-Tourismo-Klasse. Er wurde von Porsche-Rennleiter Huschke von Hanstein auch zur Semperit-Rallye eingeladen, lehnte aber ab: »In Österreich fahre ich nicht – außer Schranz ist mein Konkurrent!«

Mich plagten zu dieser Zeit andere Sorgen. Einmal die verpatzte Saison 1966/67 und dann die immer lauter und lächerlicher werdende Diskussion um meinen Amateurstatus. Meine Ankündigung, im Sommer Trainer in der Rennläuferschule im amerikanischen Red Lodge/Colorado zu sein, rief den IOC-Präsidenten Avery Brundage auf den Plan: «Mir kann niemand vormachen, dass der Österreicher für seine Tätigkeit kein Geld nimmt!« Heute könnte ich dem Gralshüter die Wahrheit sagen. Damals musste ich mich mit der Behauptung, Reise und Aufenthalt würden von meinen Gastgebern und Freunden Pepi Gramshammer und Anderl Molterer bezahlt, rechtfertigen. Außerdem sollte das Training auch meiner Vorbereitung auf die Olympia-Saison dienen.

In diesem Sommer wäre ich beinahe erfroren. Zusammen mit Sportwart Sepp Sulzberger und Franz Digruber flog ich auf Einladung des sowjetischen Verbandes in den Kaukasus, um bei der Erschließung und Errichtung eines alpinen Leistungszentrums beratend zur Seite zu stehen und an innerrussischen Wettkämpfen teilzunehmen. Bei minus 30 Grad zog ich mir Erfrierungen am Kinn zu, als wir zu Fuß den Elbrus zwischen Schwarzem und Kaspischem Meer erstiegen. Der Aufstieg dauerte sechs Stunden. Als Lohn gab es eine 14 Kilometer lange Abfahrt. Aufstiegshilfen waren erst im Entstehen. Die schon losen Beziehungen zum sowjetischen Skiverband konnten aber intensiviert werden und sollten noch von beiderseitigem Nutzen sein.

Vor der Olympiasaison war die Ausgangposition von Killy besser als die meine. Er hatte Selbstvertrauen durch Serienerfolge im Winter 66/67 und Heimvorteil in Grenoble. Trotzdem begann mein Olympia-Countdown vielversprechend. Beim Kriterium des ersten Schnees in Val d'Isere wurde ich im Riesentorlauf nach einem Fehler im oberen Teil – es überkreuzte mir die Skier und ich konnte nur durch einen Sprung einen Sturz vermeiden – Dritter hinter Gerhard Nenning und Guy Perillat. Die Ski-Welt staunte über mich, als ich tags darauf den Slalom – vor meinem Arlberger Kollegen Alfred Matt – und die Kombination gewann. Dabei hatte ich ursprünglich gar nicht nach Val d'Isere fahren wollen. Es gab dort nämlich keinen Abfahrtslauf und die Abfahrt war vor Grenoble mein Sorgenkind. Da ich in die zweite Startgruppe abgerutscht war, wollte ich so schnell wie möglich wieder nach vorne. Killy, nur Vierter im ersten Riesentorlauf, schlug im zweiten Riesentorlauf, der statt der Abfahrt als »Coupe Henri Oreiller« gefahren wurde, zurück. Er siegte mit respektablem Abstand vor den Schweizern Schnider und Kälin. Nenning wurde trotz Startnummer 25 Vierter. Ich fuhr unmittelbar vor der Mauer an einem Tor vorbei und wurde disqualifiziert.

Bei den Klassikern im Vorfeld von Grenoble lief es bei mir recht gut, wenn auch die ganz großen Siege ausblieben. In Wengen musste ich in Gruppe zwei mit Startnummer 25 starten. Das war schon ärgerlich, außerdem stimmte es mich nachdenklich. Warum war ich eigentlich in Gruppe zwei? Bei allen europäischen Rennen im Vorjahr war ich in Gruppe eins gelandet. Schon merkwürdig diese FIS-Mathematik. Vor allem die Amerikaner kamen bei ihren Rennen leichter zu den begehrten FIS-Punkten, weil weniger Europäer dort am Start waren. Aber ich hatte im Laufe meiner langen Karriere gelernt mit Widrigkeiten, vor allem wenn sie ans Ungerechte grenzen, fertig zu werden. Und das Lauberhorn weckte wieder meine Stärken, so wie ein guter Freund, der dir auf die Schulter klopft und sagt: Du schaffst es schon, Alter. Mit 1:31 Sekunden Rückstand wurde ich Zweiter hinter Gerhard Nenning. Deutlicher abgeschlagen die Schweizer mit Bruggmann und Daetwyler, Minsch und Giovanoli. Jean-Claude Killy wurde nur Dreizehnter und löste bei den Franzosen Bestürzung und bei vielen anderen vorolympische Skepsis aus. Ich dramatisierte es nicht. Bis Grenoble war noch ein weiter

Weg – Bonnet und Killy wussten schon, was sie taten. Killy durfte man nicht unterschätzen.

Das zeigte er schon gleich wieder im Slalom: Bestzeit im ersten Durchgang und dann Pech drei Tore vor dem Ende des zweiten. Mir war der zweite Durchgang nicht mehr vergönnt. Beim Übergang zum zweiten Steilhang des ersten Durchganges verfing sich der Teller meines Skistockes in einer Torstange und ich stand sofort quer – im heutigen Rennlauf undenkbar, weil es Teller in dieser Form nicht mehr gibt. Gerhard Nenning wurde mit mäßigen Slalom-Läufen Lauberhornsieger vor Dumeng Giovanoli und Heini Messner.

In Kitzbühel begann die Jagd auf Killy schon vor dem Rennen – und zwar durch das Bezirksgericht. Ein Gerichtsvollzieher wollte bei ihm Unterhaltszahlungen eintreiben, die eine Friseuse aus Kirchberg fünf Jahre lang vergeblich einzufordern versucht hatte. Killy wollte davon nichts wissen und bestritt die Vaterschaft. Den Offiziellen war das Ganze noch peinlicher als Killy, vermuteten doch die Franzosen hinter der Aktion die Ski-Konkurrenz aus Österreich. Trotzdem verließ Killy Kitzbühel, wie er sagte auf Nimmerwiedersehen, mit dem Kombinationssieg. Pokal und Medaillen nahm er nicht in Empfang. Die musste ihm Toni Sailer, der neue Präsident des Kitzbüheler Skiclubs, nach Grenoble nachbringen.

In der Abfahrt bestätigte Nenning seinen Erfolg vom Lauberhorn. Ich wollte zuviel. Ich riskierte alles, mehr Hocke als je zuvor – und doch wurde ich nur Vierter hinter Nenning, Killy und dem Schweizer Andreas Sprecher. Nach der Hälfte des Rennens schlichen sich die Fehler ein, die meinen Superlauf im oberen Teil zerstörten. Ich hatte das Gefühl, als wären die Skier einen Gedanken schneller als ich. Dadurch konnte ich einige Bodenwellen, die ich im Training so gut gemeistert hatte, nicht kontrollieren und kam von meiner Linie ab. Ich wollte einfach nicht begreifen, dass ich in dieser Form geschlagen werde und war untröstlich – und auch unsicher. Das bemerkte ich im ersten Slalom-Durchgang, in dem ich breiter auf den Skiern stand als gewöhnlich . Im zweiten klappte es besser und ich wurde Fünfter. Nenning flog zwölf Tore vor dem Ziel aus der Piste und musste so Killy, dem Slalom-Dritten, den Hahnenkammsieg überlassen. Den Slalom holte sich Dumeng Giovanoli vor Alfred Matt, der dadurch zu einer weiteren Arlberger Hoffnung für Grenoble wurde.

Im Vergleich zu 1967 konnte ich mit dem Auftakt 1968 zufrieden sein. Deshalb war ich bei der Vereidigung des Olympiateams durch Bundespräsident Jonas nicht nur stolz auf meine dritte Teilnahme, sondern auch zuversichtlich, den Kampf um Gold endlich gewinnen zu können.

Als Vorspiel zu den Wettkämpfen trat wieder der amerikanische IOC-Präsident Avery Brundage auf den Plan: Er wollte durchsetzen, dass die Skier der Rennläufer keine Markenzeichen aufweisen – er verlangte das Übermalen! FIS-Präsident Marc Hodler brachte sogar Rennskier in die Sitzung der olympischen Gralshüter, um ihnen klar zu machen, dass ein Überpinseln nicht möglich wäre. Am Ende gaben sich die Olympier damit zufrieden, dass die FIS darauf achten werde, dass die Skier von den Läufern möglichst im Hintergrund oder gar nicht in die Kameras gehalten wurden.

Ganz Frankreich war zu dieser Zeit auf drei Goldmedaillen von Killy eingestellt, und er selbst kündigte sie in Interviews auch an. Der Abfahrtslauf musste um 24 Stunden verschoben werden und brachte mir mit dem fünften Platz hinter Killy, Perillat, Daetwyler und Heini Messner eine der bittersten Enttäuschungen. Mit dem Wachs hatten wir uns total vergriffen. Da hatte Nenning beide klassischen Abfahrten gewonnen und wurde hier nur Neunter! Die Franzosen machten wieder im richtigen Augenblick das Richtige.

Uns gelangen auch keine wirklich guten Läufe. Das Wachs allein war nicht schuld. Fast trotzig klammerte ich mich an Gold im Riesentorlauf. Doch es war wie verteufelt. Am Start fing ich eine Warnung von Cheftrainer Hermann Gamon auf :«Steilhang eisig, alle haben Schwierigkeiten!« Im Mittelteil war ich laut Stoppung von Egon Schöpf eine Sekunde vor dem in Führung liegenden Killy, verbremste aber im Steilhang und verlor als Sechster insgesamt zweieinhalb Sekunden auf Killy. Später erfuhr ich, dass Herbert Huber, der als Vorläufer gefahren war, gefunkt hatte: »Den Kurs kann man mit vollem G'schäft fahren!« Den zweiten Durchgang hakte ich ab und landete insgesamt nur an sechster Stelle. Heini Messner rettete als Dritter hinter Killy und Willy Favre die österreichische Skiehre.

Zur Enttäuschung nach der Abfahrt gesellte sich Wut nach dem Riesentorlauf. Aber es sollte noch dicker kommen. Vor dem Slalom kämpfte ich noch gemeinsam mit Jean-Claude Killy gegen die widersinnige Austragungsformel. Wir sollten nach dem Qualifikationsslalom am Vortag des Rennens einen sogenannten »Gruppierungsslalom« fahren, um die Startreihenfolge zu fixieren. FIS-Präsident Hodler hörte sich unsere Argumente an – und auch die Drohung, zu streiken. Das Problem löste der Himmel. Nebel ließ den Gruppierungs-Slalom verschwinden.

Der Slalom selbst wurde nicht nur wegen des Nebels zu einem Phantomrennen. So als wollte auch der liebe Gott die dritte Goldene von Killy sehen, tat der Nebel kurz auf für den ersten Lauf des Franzosen. Ich blieb ihm bis auf 32 Hundertstel auf den Fersen, Alfred Matt kam ihm sogar noch eine Hundertstel näher. Endlich stimmte der Kurs Richtung Gold, dachte ich. Es lag mir, im zweiten Durchgang voll anzugreifen. Forcieren hieß die Devise und ich spürte förmlich meinen Flug zu Gold. Da tauchte plötzlich eine die Piste querende Gestalt bei Tor 22 auf und lenkte mich von den Toren 18 und 19 ab. Der Mann war nicht nur von mir bemerkt worden, sondern es gab mehrere Zeugen des Zwischenfalls, so auch den Mannschaftsführer der Sowjets, Juri Cabin, den Jugoslawen Magusar und den Ostdeutschen Scherzer.

Ich durfte noch einmal starten – unter Vorbehalt, wie es später interpretiert wurde – und ich fuhr den Slalom meines Lebens. Ohne jede Unsicherheit, kämpferisch und technisch perfekt. Die Zeit wurde eine Sensation – beinahe eine Sekunde schneller als Killy und damit auch Gesamtbestzeit. Endlich war es soweit, endlich eine olympische Goldmedaille! Auch Jean-Claude gratulierte. Pressekonferenz und Interviews folgten, Champagnerpfropfen knallten im Kneissl-Hauptquartier. Dann mischten sich erste Unkenrufe in die ausgelassene Jubelstimmung: »Disqualifiziert!« Um 19.45 Uhr wurde es offiziell: Mit 3:2 Stimmen hatte die Jury gegen mich entschieden und das Auslassen der Tore nicht auf die Nebelgestalt zurückgeführt. Ich konnte es im ersten Augenblick gar nicht so richtig fassen, um maßlos enttäuscht zu sein. Die gleiche Jury, die mich schon am Nachmittag disqualifiziert hatte, behandelte auch den österreichischen Protest: zwei Franzosen (Esnault und Cretin) ein Engländer (Readhead), ein Norweger (Andersson) und ein Schweizer als Vorsitzender (Karl Molitor). Sie entschieden, ohne mich anzuhören. Aber auf Grund eines mehr als merkwürdigen, wenn nicht lächerlichen Lokalaugenscheins. Rennleiter Roger Esnault stellte sich bei den Läufern 42 und 43, dem Spanier Aurelio Garcia und dem Deutschen Alfred Hagn bei Tor 22 auf – und diese passierten die Tore 18 und 19 anstandslos. Indirekt verdächtigten sie mich, in Blitzesschnelle einen Grund für meinen Fehler gefunden zu haben und unterstellten mir Betrugsabsicht.

Erstmals empfand ich Olympia als eine bodenlose Gemeinheit, die weniger von höheren Mächten als von irdischen Kräften erzeugt wird. Nebel wird für immer meine einzige Goldmedaille bei Olympischen Spielen verschleiern, und so wie mir wird allen die Durchsicht für immer verwehrt bleiben. Ich weiß nur soviel: Mir verschaffte damals eine neuartige, von der Firma Swarovski in Wattens/Tirol entworfene aufhellende Brille besseren Durchblick durch den Nebel. Vielleicht hätte mich ohne diese hervorragende Brille die verhängnisvolle Gestalt gar nicht so gestört ...

Der Skandal um meine Disqualifikation verdeckte jedenfalls auch die große Leistung zweier junger Österreicher: Der Kitzbüheler Herbert Huber kam bis auf zwei Zehntelsekunden an meine imaginäre Bestzeit heran und wurde Silbermedaillengewinner vor Alfred Matt.

In Österreich gingen die Wellen der Empörung über das geschehene Unrecht hoch und der Volkszorn entlud sich besonders, als Serge Lang in einer »Telesport-Sendung« das Fehlen der Begründung des Jury-Entscheides nachlieferte. Laut Robert Faure, dem Chef, hätte man mich schonen und nicht öffentlich des Betruges bezichtigen wollen. Als ob es nicht schon Verletzung genug gewesen wäre, auf solch unfaire Art eine durch Leistung errungene Medaille wieder zu verlieren. Grenoble war zum »Fall Schranz« geworden. Aber Grenoble war auch, und das darf hier nicht vergessen werden, der Schauplatz großartiger österreichischer Erfolge. Die 20-jährige Olga Pall schlug in der Abfahrt die hohe Favoritin Isabelle Mir. Christl Haas wurde Dritte vor Brigitte Seiwald. Auf der Normalschanze belegten die Bradl-Schüler Reinhold Bachler und Baldur Preiml, der spätere österreichische Gesundheitsapostel, die Plätze zwei und drei hinter dem goldenen Jiří Raška aus der ČSSR. Wolfgang Schwarz wurde Olympiasieger im Eiskunstlaufen. Aber dem Weltmeister Emmerich Danzer, der die Pflicht verpatzt hatte, geschah nach der Kür seines Lebens auch krasses Unrecht – er wurde auf den vierten Platz abgewertet. Der Liezener Manfred Schmid gewann den Einsitzer der Rodler und zusammen mit Ewald Walch Silber im Doppelsitzer. Zu einer Silbermedaille kam auch der Viererbob mit Thaler, Gruber, Eder und Durnthaler.

Ich ging leer aus.

Wieder kein Gold bei Olympia – dabei hatte ich es doch schon!

Ich war jetzt 30 Jahre alt. Eigentlich alt genug, um aufzuhören mit dem Rennsport. Andererseits: Ich fuhr an der Spitze. Ich war in absoluter Topform. Und es gab auch gegen die jungen, nachrückenden Konkurrenten noch jede Menge zu gewinnen ...

6
»Du warst nie wirklich gut beraten ...«

Der Kneissl Franz
und seine Ski-Revolutionierung

Über den Kneissl Franz, sein Imperium, seine Ski, muss ich an dieser Stelle auch etwas erzählen.

Ich schwöre auf Ski von Fischer. Heute sind mir die die liebsten. Früher aber, zu meiner aktiven Zeit, fuhr ich Kneissl. Der Kneissl Franz und seine Ski waren enge Wegbegleiter durch meine erfolgreiche Laufbahn. Ohne den rührigen Fabrikanten und ohne seine innovativen Erzeugnisse wäre ich vielleicht nie zu dem geworden, der eineinhalb Jahrzehnte lang im Rennzirkus ganz vorne mitgemischt hat.

Kneissls Vater, der ebenfalls Franz mit Vornamen geheißen hat, begründete bereits Mitte der Zwanzigerjahre in Kufstein die »1. Ski- und Sportartikelwerkstätte«. Er holte Hickorylatten aus Amerika und entwickelte den Mehrfachschichtenski, auf den er 1938 ein Patent angemeldet hat. Als Markennamen führte er »Kneissl-Inntal« ein. In den letzten Kriegstagen 1945 kam Kneissl sen. auf tragische Weise ums Leben – Franz Kneissl jun. trat nun in seine Fußstapfen und führte das Unternehmen in seine ganz große Zeit.

1947 startete Kneissl jun. diesen Neuanfang. 1950 erlebte er bei den Alpinen Ski-Weltmeisterschaften in Aspen/USA den Durchbruch. Nach langem Hin und Her war ihm gelungen, Egon Schöpf, meinen späteren Betreuer, für seine Marke zu gewinnen: Die österreichische Mannschaft ging in Aspen auf Kneissl-Ski an den Start. In »Kneissl – eine österreichische Skilegende« sind von Kneissl auch Notizen von damals nachzulesen:

»Die großen Favoriten dieser Jahre waren ja durchaus nicht die Österreicher, sondern die Franzosen, Schweizer und besonders der Italiener Zeno Colò. Dieser letztere gewann ja bekanntlich in Aspen zwei Gold- und eine Silbermedaille ...«

Was er über Colò schreibt, verdeutlich auch, wie rasant sich der Skisport entwickelt hat. Was 1970 längst Einzug in den Breitensport gefunden hat, war 1950 noch eine geradezu sensationelle Entdeckung:

»Dieser Colò, obwohl nur ein Holzfäller, war nicht nur ein tollkühner Abfahrer, sondern auch ein schlauer Fuchs, der sich auch anderweitig Vorteile zu schaffen vermochte. So hatten sich z.B. die Österreicher vor Aspen nie überlegt, was man am Ski oder an der Bekleidung besser machen könnte. Nun hat es damals ein großes Problem gegeben. Das war die Kante. Diese war ca. 8 mm breit und wurde immer geschraubt. Diese Schrauben waren aber keine gedrehten, sondern gegossene. Sie brachen nicht selten ab, wenn man über eine Welle fuhr. Nach jedem Trainingslauf musste man da ausbessern ...

Erst nach Jahren sind wir dann darauf gekommen, wieso der Zeno Colò so schnell im Rennen war. Er war nämlich der erste, der diese Schrauben vertieft hat. Dann hat er sie mit einem Lack ausgefüllt – er erhitzte dazu Grammophonplatten, bis sie flüssig wurden – damit war alles geschlossen; die Schraube hat nicht mehr nach oben herauskönnen, auch wenn sie gebrochen war. So hatte der Zeno immer eine optimale Lauffläche.«

Als die Weltmeisterschaften in Aspen stattfanden, war ich gerade mal zwölf Jahre alt. Aber wie das mit den Buben in diesem Alter so ist: Wir kannten die großen Favoriten, und wir fieberten mit unserem Lokalmatador Egon Schöpf. Was die Zeitungen in Tirol aus dem fernen Aspen berichteten, das saugten wir Schulbuben förmlich auf. Auch ohne Fernsehen war das alles sehr, sehr spannend. Die »Silberne« von Erika Mahringer war ein großes Hurra, und die Goldmedaille von Dagmar Rom ganz einfach sensationell. Dass Egon Schöpf bei der Abfahrt die Bronzemedaille holte, das war für uns begeisternd und enttäuschend zugleich. Auf jeden Fall wusste ich damals schon, dass es Ski von Kneissl gab – und dass ich eines Tages dabei sein wollte bei den großen Weltmeisterschaftsrennen. Ganz vorne dabei, natürlich.

Ein paar Jahre später war ich dann dabei.

Aspen war für Kneissl der Anfang des Erfolges. Mit den Siegen der österreichischen Rennläufer erregte er großes Aufsehen in der Fachwelt. Aus dem kleinen Betrieb wurde ein Industriebetrieb. Die Ski bekamen Farbe, gelackte Oberflächen statt Naturmaserung. Mit dauerhaften Belägen wurde experimentiert. Kneissl war erst am Anfang seines Weges. Und er engagierte sich immer stärker für Ski- und Rennsport.

Als er mich zur Berufsausbildung nach Kufstein holte, wurde ich sozusagen Mitglied in seinem Rennstall. Ich erinnere mich noch gut, wie der Kneissl Franz daheim bei meiner Mutter in der Stube saß und sie wortreich davon überzeugte, dass es für ihren Karl nur das Allerbeste wäre, wenn sie mich zu ihm nach Kufstein schicken würde. Auch die Ski-Firma Kästle hatte bereits Interesse an mir gezeigt – und das wiederum hatte Kneissl auf den Plan gerufen. Den jungen Burschen aus St. Anton, der Erfolg um Erfolg einfuhr, der noch ausbaufähig und noch formbar erschien, den wollte er sich natürlich nicht entgehen lassen.

Mir gingen damals die Augen über. Eine Verbindung zu Kneissl bedeutete ja schließlich, dass ich fortan nur noch das zu tun hatte, was ich am liebsten tat und was ich am besten konnte: Skifahren. Es war wie ein Traum, der in Erfüllung ging. Kneissl besprach mit meiner Mutter auch all die finanziellen Aspekte – aber die waren für mich eher zweitrangig. Die Tragweite solcher Entscheidungen kann man als Sechzehnjähriger noch gar nicht ermessen. Mir war wichtig, meinem Sport nachzugehen, und zwar ohne Wenn und Aber. Was die Finanzen anging, da war ich mir sicher, das würde der Kneissl schon regeln.

Heute kann man über solche Allianzen zwischen Sport und Industrie offen reden. Damals war das ehrenrührig. Offen kam so etwas nie zum Ausdruck. Bisweilen schrieben die Zeitungen gegen Kneissls ausgeprägten Geschäftssinn und seinen vermeintlich schlechten Einfluss auf den Sport. Aber mir ist es immer so vorgekommen, als hätte ihm das wenig ausgemacht. Der Kneissl Franz hatte ein verdammt dickes Fell, und egal, welche Rückschläge er einstecken musste, er hat sich immer wieder aufgerappelt – in diesem Bereich zumindest waren wir uns sehr ähnlich. Dass ich ihm viel zu verdanken habe, steht außer Frage. Allem voran die Möglichkeit, von Jugend an den Rücken frei zu haben. Mich ganz konzentrieren zu können auf den Rennsport. Es war, ganz klar, ein Geben und ein Nehmen. Kneissl ermöglichte mir schon zu Zeiten, wo man noch nicht ahnen konnte, wie ich mich entwickeln würde, Training unter professionellen Bedingungen. Und er sicherte sich damit meinen Namen und meine Erfolge. Schranz-Erfolge waren fortan auch Kneissl-Erfolge ...

Was ganz wesentlich ist: Von seinem »Rennstall«, von all den Rennläufern, die er ausstattete, holte er sich ständig Rat und Verbesserungsvorschläge. Toni Sailer fuhr Kneissl, Anderl Molterer, Ernst Hinterseer, Hias Leitner und ich, um nur einige zu nennen. Ihre Erfahrungen setzte er um in die Verbesserung des Geräts, in die Weiterentwicklung der Ski. Seine Ski, zunächst gebaut für den Rennsport, brachten ihm im Breitensportbereich ein großes Vermögen ein. Geben, nehmen.

Aber nicht nur ich, sondern der Rennsport im Besonderen und der Breitensport im Allgemeinen haben dem Franz Kneissl und seinen findigen Mitarbeitern unheimlich viel zu verdanken. Die traditionellen Holzski stießen bald an ihre Grenzen. Als aus Amerika die ersten Metallski kamen, waren alle, die in Europa Ski herstellten, aus dem Häuschen. Alle vermuteten in den Metallski die große Revolution – alle bis auf Kneissl. Der Metallski war entweder stabil, aber zu unelastisch, oder er war elastisch genug, aber litt dann früh an Materialermüdung. 1960 brachte Kneissl den »Epoxi« auf den

Markt. Das Material: Kunstharz. Die Fahreigenschaften waren revolutionär!

Wir Kneissl-Fahrer haben das neue Modell ausgiebig getestet. Natürlich war längst nicht von Anfang an alles perfekt, natürlich musste immer weiter nachgebessert werden. Ich hatte zunächst reichlich Probleme mit dem neuen Skityp. Aber Kneissl war auf dem richtigen Weg. Und bald war sein Ski unschlagbar. Ernst Hinterseers enthusiastisches Urteil lautete, stellvertretend für alle, die den neuen Epoxi gefahren hatten: »Wenn Sie mir die Frage stellen, ob ich in Zukunft dem Holz oder dem Metall den Vorrang einräume, dann lautet meine Antwort: dem Epoxi! Zu dieser Überzeugung bin ich gelangt, seit ich diesen neuen Ski aus Kunststoff auf den Hängen und Pisten von Zermatt, Zürs und Hochsölden erprobt und eingehend geprüft habe. Dieser Ski, von dessen Siegeszug ich jetzt, nach meinen Versuchen, überzeugt bin, ist durch seine besondere Elastizität schneller und weist staunenswerte Fahreigenschaften auf ...«

Als »White Star« sorgte der neue Kneissl-Ski dann in der gesamten Skiwelt für Furore. Zunächst gab es ihn in drei Rennausführungen, dann auch als Modell »White Star W« für anspruchsvollere Pisten- und Tourenfahrer.

Jeder halbwegs gute Fahrer wollte diesen »White Star«, ganz klar. Dass er, wegen seiner weißen Lackierung zunächst als »Militärski« verspottet worden ist, tat dabei nicht den geringsten Abbruch. Kneissls »White Star« war die Revolution in der Ski-Entwicklung – und die schlug sich nieder im Rennsport wie im Breitensport. Überspitzt ausgedrückt: Jetzt fing das Skifahren an, für jedermann ein Vergnügen zu werden. Nur der Preis dämpfte das Vergnügen: 2950 Schilling musste ein Käufer berappen, und das war zu dieser Zeit ein ganz stattlicher Betrag. Dafür aber bot Kneissl eine einjährige Bruchgarantie! Um raffinierte Marketing- und Werbe-Ideen war Kneissl nie verlegen.

1962 holte ich bei den Weltmeisterschaften in Chamonix zwei Titel: Abfahrt und Kombination – beide auf dem »White Star«. Das deutsche Wochenmagazin »Der Spiegel« schrieb: »Beim Fingerhakeln der Skifabrikanten um die erfolgreichsten und werbeträchtigsten Rennläufer hatte Kneissl Glück: Er gewann den Österreicher Karl Schranz für seine Marke ›White Star‹. Schranz gewann 1962 zwei von vier Weltmeister-Titeln und schaffte damit den ersten Einbruch in die Metallskifront ...«

Bemerkenswert an diesem Zeitungsbericht ist auch der folgende Satz: »Die Firmen stellen erfolgreiche Rennläufer zu lukrativen Gehältern an, rüsten sie mit maßgefertigten Ski für jeweils unterschiedliche Wettkampfbedingungen aus, stiften Preise und finanzieren Wettkämpfe und Trainingslager von Nationalmannschaften.«

Bemerkenswert deshalb, weil dieser Bericht Mitte der Sechzigerjahre erschienen ist. Weil er, trotz sehr verknappter Darstellung, inhaltlich voll trifft. Und weil es daher noch mehr überraschen muss, dass Brundage mich 10 Jahre später wegen eines angeblichen Verstoßes gegen den Amateurstatus ausschließen konnte! Den Amateurstatus gab es schon lange nicht mehr – zumindest nicht in der Realität, nur noch auf dem geduldigen Papier.

Kneissl war ja auch 1972 noch dabei. Ich war 16, als ich bei ihm anfing, und ich blieb dem »Stall« rund 18 Jahre treu. Kneissl, Egon Schöpf und ich wurden zu einem Team. Und diese Zusammenarbeit war die Basis all meiner Erfolge. Aber auch des großen Misserfolgs, bei Olympia stets mit dem Ofenrohr ins Gebirg' geschaut zu haben …

Robert Schwan, der 2002 verstorbene Manager des FC Bayern München und Manager des Fußballkaisers Franz Beckenbauer, hat mir wiederholt gesagt: »Karl, du warst in deinem Leben nie wirklich gut beraten. Wenn du mich als Manager gehabt hättest, dann wäre die Geschichte mit Brundage anders verlaufen. Und Sapporo wäre so nicht passiert.« Wahrscheinlich hat er ja recht. Schwan war stets der Meinung, dass mit mehr Diplomatie, mit fähigem Management, Brundage nicht hätte schalten und walten können, wie er es getan hat. Einer wie Schwan, da bin ich mir sicher, hätte mir manche Hindernisse aus dem Weg geräumt – auch die, die ich mir selbst aufgestellt habe. Wahrscheinlich hätte er mir einen Maulkorb angelegt! Wahrscheinlich hätte er gesagt: »Fahr du deine Rennen, Karl, und gewinn sie! Alles andere mach' ich schon.«

Aber im Zurückschauen sieht immer alles anders aus, als wenn man gerade mitten drin steht. Ich war mit 16 Jahren zum Einzelkämpfer geworden. Und plötzlich gab es da den Kneissl-Rennstall. Und da schaukelte man sich gegenseitig hoch gegen die Konkurrenz und auch gegen die Funktionäre der nationalen und internationalen Verbände und des Olympischen Komitees. Man war ja in immer stärkerem Maß auf den Rennstall fixiert – und daneben ließ man lange nichts anderes gelten. Und Kneissl war eben eine sehr dominante Persönlichkeit: Gewiefter Geschäftsmann, schlauer Fuchs, harter Konkurrent für seine Mitbewerber am Markt, Vaterfigur für mich jungen Burschen – und halt einer, der immer vor allem sich und seinen Gewinn gesehen hat. Zugegeben, darin waren wir uns natürlich ähnlich, nur mit dem Unterschied, dass es bei Kneissl vor allem ums Geld und bei mir vor allem um den sportlichen Erfolg gegangen ist. Aber jeder hat ja dann auch vom anderen profitieren können …

Franz Kneissl, sein Unternehmen und seine Ski waren mir über fast zwei Jahrzehnte Wegbegleiter. Ich habe es nie nur leicht gehabt mit dem Franz, und er gewiss auch nicht mit mir. Wir waren eben zwei Tiroler Sturschädel. Er war es gewohnt anzuschaffen – »was hier im Haus geschieht, bestimme ich. Einer muss ja das letzte Wort haben« – und ich war gewohnt, mir nichts sagen zu lassen. Da war also Spannung und Zündstoff genügend drin in dieser Beziehung, der aber Renn- und Breitensport gewiss einiges zu verdanken haben.

7
»Schranz ist der einzige Fixstern am Skihimmel ...«

Weltmeistertitel, Weltcup – und die Olympischen Spiele von Sapporo vor Augen

1966, zwei Jahre vor den Spielen von Grenoble, war der Weltcup ins Leben gerufen worden. Die Idee dazu hatte der körperlich und publizistisch gewichtige Franzose Serge Lang, der mit der französischen Überlegenheit im Skizirkus gleichsam auch zum Dolmetscher dieser Erfolge avancierte und sie und den alpinen Skizirkus international zu vermarkten begann. Der erste Sponsor war – auch bezeichnend für die französische Dominanz – die Mineralwasserfirma »Evian«. Obwohl mir anfangs die damit verbundene Werbung – schließlich mussten auch wir Rennläufer dafür herhalten – nicht passte und mir auch das Mineralwasser nicht sonderlich schmeckte, bekam ich Appetit auf die »Kristallkugel« – die »große« steht für den Gesamtweltcup, die »kleine« für die Spezialdisziplinen.

Anfangs hatten wir den neuen Bewerb auch nicht ganz ernst genommen. Aber als Killy ihn in den Gründerjahren 1967 und 1968 zweimal gewann, stieg unser Interesse. Zweimal war ich nur Siebenter und Achter in der Gesamtwertung geworden, was meiner Klasse als Allrounder nicht entsprach. Der »kleinen Kugel« in der Abfahrt war ich da schon näher gekommen. 1968 gewann Gerhard Nenning diese vor mir und Jean-Claude Killy.

Es mag dieser neue Anreiz gewesen sein, der meinen Entschluss, trotz Grenoble weiterzumachen, erleichtert hat. Ich besaß lukrative Angebote von Skischulen in den USA und Japan zu äußerst verlockenden Bedingungen. Summen zwischen 20 000 und 40 000 Dollar pro Saison wurden da bei einem Dollarkurs von 26 Schilling genannt. Auch gute Profiangebote lagen vor, aber ich hatte kein wirkliches Vertrauen in die Dollar-Rennen, obwohl die Versuchung groß war. Der Wille, es allen noch einmal zu zeigen, und zwar auf herkömmliche Art, überwog. Irgendwo bedauerte ich es, dass Killy nach seinen drei Goldmedaillen abtrat, auf der anderen Seite erleichterte sein Rückzug meine Aufgabe im Weltcup.

Aber ich habe es mir alles andere als leicht gemacht. Im Sommer begann ich mit dem härtesten Konditionstraining, das man sich damals nur vorstellen konnte. Das Ferwalltal, gleich oberhalb von meiner in der Zwischenzeit fertiggestellten Pension, wurde zu meiner Folterkammer. Dort übte ich nicht nur Ausdauer und mit dem in Mode kommenden Intervalltraining Spritzigkeit, sondern entwickelte auch jenes Finish, das bald als Schranz-Hocke in die Geschichte des alpinen Rennsports eingehen sollte.

Auf die Idee war ich in Wengen in dem so genannten Österreicher-Loch gekommen, als ich in Rücklage, schon fast auf den Skienden sitzend, spürte, wie die Skier schneller wurden. In konditioneller Kleinarbeit lehnte ich mich zuerst in Hockestellung gegen eine Wand, setzte das Trockentraining in freier Position fort und trainierte später mit angeschnallten Skiern.

Premiere hatte diese »Sitzstellung« dann auf jenem Gelände, auf dem ich als Bub mit dem Skilauf begonnen hatte, quasi vor der Haustür meines Geburtshauses: Beim 34. Arlberg-Kandaharrennen in St. Anton zwang mich mein Kneissl-Stallkollege Heini Messner auf meiner Hausstrecke vom Kapall zu dieser Waghalsigkeit. Egon Schöpf signalisierte mir auf einer großen Tafel vor dem kleinen Bärensprung eine große Null – also totes Rennen mit Heini Messner. Das hieß: Ich musste noch einmal Gas geben. Und dabei half mir die so oft geübte Hockestellung. Mein Erfolg fiel mit 29 Hundertstel vor Messner und 84 Hundertstel vor dem Deutschen Franz Vogler knapp aus. In der »Presse« wurde das am Montag darauf so beschrieben: »Er schnellte zurück an die Skienden, er schob sich förmlich über die Ziellinie. Es sah so aus, als müsste er in dieser extremen Rücklage stürzen. Aber Schranz ›stürzt‹ offenbar so seine Gegner!«

Für mich hatte dieser Abfahrtssieg nicht nur wegen der Geburtsstunde der Schranz-Hocke historische Bedeutung, sondern auch, weil er sich zwölf Jahre nach meinem ersten Kandahar-Abfahrtserfolg in Chamonix ereignete und der sechste insgesamt bei einem Kandaharrennen war. Mit 30 Jahren also noch lange nicht am Ende. Am nächsten Tag holte ich mir mit einem vierten Platz im Slalom hinter Alfred Matt, Reinhard Tritscher und Herbert Huber meinen insgesamt fünften Gesamtsieg beim Kandahar. Da reichte nicht einmal mehr die Ehrenskala dieses traditionsreichen und von mir am meisten geliebten Rennens aus: Als man das »Diamantene Kandaharabzeichen« schuf, ahnten sie nicht, dass es einmal einen geben würde, der fünf Kombinationstitel einheimsen würde!

Trotz weniger Trainingskilometer ging es mir in der Abfahrt in dieser Saison 68/69 ganz hervorragend. Vor dem ersten Rennen in Val d'Isere litt ich noch an den Folgen einer beim Fußballspielen zugezogenen Knöchelverletzung, die ich mit Hilfe von Dr. Murr als »Trainingsverletzung« ausgab, und unter einem »Skiproblem«. Das mit Egon Schöpf und Heini Messner entwickelte Gerät verhielt sich beim »ersten Schnee« noch recht unruhig. Ich wurde Fünfter in dem Rennen um die »Coupe Henri Oreiller«, das noch nicht zum Weltcup gehörte. Im Riesenslalom, der schon für den Weltcup gezählt wurde, distanzierte ich Bernard Orcel und den Abfahrtssieger Henri Duvillard. Orcel erschien mir bereits nach diesem ersten Rennen als gefährlichster Widersacher im Kampf um den Weltcup.

In Wengen wurde das »Ski-Eigenpatent« zur Wunderwaffe. Heini Messner verweigerte im Nonstop noch den Firmen-Gehorsam, wurde aber dann durch meine Trainingszeiten und Egon Schöpfs Überzeugungskraft umgestimmt. Zehn Jahre nach meinem ersten Lauberhorn-Abfahrtssieg gewann ich zum vierten Mal – mit 0,39 Sekunden Vorsprung auf Heini Messner, der immer mehr zum ewigen Zweiten wurde, und 1,57 vor dem 19-jährigen, ebenfalls aus St. Anton stammenden Karl Cordin. Abgeschlagen die Schweizer Jean-Daniel Daetwyler und Joos Minsch, die vom ersten Schweizer Abfahrtssieg auf dem Lauberhorn seit 1950 geträumt hatten. Nur Sechster wurde mein Weltcup-Konkurrent Bernard Orcel.

Erst im »Nachspiel« gewann ich meine zweite Abfahrt dieses Winters, den Klassiker in Kitzbühel. Ich hatte

Kitzbühel immer ein wenig unterschätzt und musste um die Sympathie der »Streif« lange werben wie um die Gunst einer schönen Frau. Schließlich eroberte ich sie nicht weniger als vier Mal. 1969 schienen mich sogar die Schatten von Grenoble bis auf den Hahnenkamm zu verfolgen. Ich war zunächst Zweiter hinter dem Schweizer Jean-Daniel Daetwyler. Für den Sieger wurden 2:19,41 gestoppt, für mich 2:20,01. Weil ich auf dem Hausberg einen schweren Fehler begangen hatte, nahm ich die »Niederlage« mit einem »Bravo, bravo!« für Jean-Daniel hin. Aber Daetwyler sprach von dem gleichen Fehler. Und die Sache wurde merkwürdig, als Journalisten von empörten Fernsehzuschauern berichteten, die die Uhr weiterlaufen gesehen hatten, als ich längst im Ziel gewesen war.

Ich war gerade bei einem Kitzbüheler Schuster, um mir eine kaputtgegangene Schnalle an meinem Skischuh reparieren zu lassen, als auf der Straße ein Geschrei losging: »Der Schranz hat gewonnen, der Schranz …!« Ich stürmte zurück in die Pension Haselbergerhof der Österreicher und dort überbrachte mir ÖSV-Präsident Karl-Heinz Klee die freudige Nachricht: Durch einen Zeitnehmungsfehler – ein Schweizer Mitarbeiter der Firma Longines hatte vergessen, auf Ziel umzuschalten und so den Lichtstrahl zu aktivieren – wurden für mich 2:20,01 und nicht 2:18,8 gestoppt, und zwar händisch mit Verspätung. Verantwortlich für die Schweizer Uhrenfirma war damals ein gewisser Joseph Blatter, heute Präsident des Weltfußballverbandes FIFA. Er bat mich in der ersten Verwirrung und Aufregung, kein zu großes Aufsehen zu machen und versprach mir eine goldene Longines, die ich dann auch tatsächlich erhalte habe.

Aber mir war damals als gebranntem Kind von Grenoble ohnehin nicht nach Wirbel und Protest zumute. Ich wollte um keinen Preis der Welt einen weiteren »Fall Schranz« . Als mein Sieg feststand, fühlte ich mich nicht ganz wohl in meiner Haut. Schließlich empfand ich mit Jean-Daniel, der so wie ich in Grenoble als Sieger gefeiert worden war und dann doch nur Zweiter geworden ist: »Es ist schön, Zweiter zu werden«, sagte er mir später, »aber es ist bitter, Zweiter zu werden, nachdem man schon Sieger gewesen war!«

Seltsam, dachte ich, warum begleiten gerade mich immer wieder solche sonderbaren Ereignisse ...

Irgendwo war ich wohl auch eine Reizfigur im internationalen Skizirkus. Das merkte ich bei der Abfahrts-Generalprobe für die Weltmeisterschaft 1970 im Grödner Tal. Ich trainierte zwar in Gröden, nahm aber weder am Nonstop, noch am Rennen teil, weil ich in der Abfahrt schon das Maximum von 75 Punkten für den Weltcup gesammelt hatte und mich für die technischen Bewerbe Slalom und Riesenslalom am Wochenende in Krajnska Gora schonen wollte. Die WM-Strecke machte überdies den Eindruck, als wäre sie zu leicht. Diese Kritik von mir und fast allen Weltklasseläufern benützte der Südtiroler Hermann Nogler, damals nicht gerade erfolgreicher Trainer zuerst der Italiener und dann der Schweden, der an der Trassierung mitgearbeitet hatte, zu einem Frontalangriff auf mich: Ich wäre zu feige, an diesem Kräftemessen auf der Autobahn von Wolkenstein teilzunehmen. Später sprachen wir uns aus und wurden die besten Freunde. Jeder schießt hin und wieder über das Ziel ...

Mich ließ solche Kritik ohnehin kalt; mein Weg in Richtung großer Kristallkugel stimmte. Die WM-Generalprobe in Gröden gewann übrigens Jean-Daniel Daetwyler vor Henri Duvillard und Rudi Sailer. Ich gönnte ihm diesen Sieg besonders, nicht nur wegen der Kitzbüheler Stopperei, sondern auch deshalb, weil er mir durch diesen Erfolg den Sieg in der Abfahrtswertung des Weltcups vor Henri Duvillard und Heini Messner gesichert hat. Und ich reiste aus Krajnska Gora mit 17 Weltcuppunkten ab: Vierter im Slalom hinter Edi Bruggmann, Alain Penz und Herbert Huber, Sechster im Riesenslalom bei einem Dreifachsieg der Österreicher durch Tritscher, Matt und Digruber.

Für das Weltcupfinale in Amerika war ich gut gerüstet. Nicht zuletzt deshalb, weil ich in Squaw Valley eine mit Gold eingelegte Winchester-Büchse, Kaliber 33 Long Rifle, überreicht bekommen hatte, obwohl ich am fatalen Olympiaort von 1960 weder im Slalom (Siebenter), noch im Riesentorlauf (Vierter) etwas gewonnen hatte. Aber ich war der einzig »Überlebende« im Skizirkus, der schon 1960 bei den Spielen im »Tal der Indianerfrau« dabei gewesen war. Man muss eben nur lange dabei sein und warten können. Ob das auch für Olympiagold galt ?

Ich festigte meine Weltcupführung mit 163 Punkten vor Reinhard Tritscher (108) sowie Alfred Matt und

Alain Penz (je 90) und war praktisch uneinholbar. Und drohte jedem, der es noch wagen sollte, mich anzugreifen, mit dem Erschießen ...

Und es wagte tatsächlich keiner, denn ich kam allen zuvor. Im kanadischen Mont Saint Anne gewann ich den Riesenslalom dank einer phantastischen Bestzeit im ersten Durchgang vor den Schweizern Dumeng Giovanoli und Jakob Tischhauser sowie Heini Messner. Angriff ist nun einmal die beste Verteidigung. Und das gehörte schon immer zu meinen Prinzipien. Jetzt hatte der »alte Mann«, wie sie mich jetzt häufig nannten, wieder zugeschlagen – auch theoretisch uneinholbar und damit Nachfolger von Jean-Claude Killy. Im Augenblick dieses Erfolges hielt ich den Sieg von Mont Saint Anne für den schönsten in meiner Laufbahn. Es hatte sich ausgezahlt nach Grenoble weiterzumachen.

Wieder in den USA, nämlich in Waterville Valley, endete die Weltcupsaison. Und wieder mit einem Zwischenfall. So als sollte ich immer wieder an Grenoble erinnert werden, bot man mir im zweiten Riesenslalom-Durchgang eine Wiederholung an, weil ich und andere Läufer durch den Unfall von Alfred Matt, der sich das Schienbein gebrochen hatte, behindert worden waren und dem Akja hatten ausweichen müssen. Im Unterschied zu Huber und Messner machte ich von dem Angebot keinen Gebrauch – ich wollte niemals mehr in meinem Leben einen Wiederholungslauf fahren. Meine Bestzeit aus dem ersten Lauf gab mir da auch noch Rückendeckung. Trotzdem fing mich der Schweizer Dumeng Giovanoli noch um 18 Hundertstel ab. Aber die damit gewonnene kleine Kristallkugel im Riesenslalom bedeutete mehr als nur einen Trostpreis.

Trotz meines Gesamt-Weltcupsiegs, der seit Mont Saint Anne feststand, überwältigte mich aber eine Szene in Waterville Valley: Zwei aus St. Anton posierten in den USA für die Photographen der Weltpresse mit den Kristallkugeln in Händen. Bei den Damen hatte es nämlich die 20-jährige Gertrud Gabl geschafft. Mit Zittern bis zum allerletzten Augenblick. Sie wurde im ersten Slalom-Durchgang mit Bestzeit disqualifiziert. Hätte ihre Mannschaftskollegin Wiltrud Drexel, die nur 0,30 hinter der offiziellen Bestzeit des ersten Durchganges gelegen war, den Slalom gewonnen, dann wäre sie die Nachfolgerin von Nancy Greene geworden. Drexel wurde nur Siebente und Gabl gewann den Weltcup mit 131 Punkten vor der Französin Florence Steurer mit 112 und Drexel mit 111 Punkten. Mein Vorsprung war da mit 182 Punkten vor dem Franzosen Jean-Noel Augert (123) und Reinhard Tritscher (108) schon beachtlicher.

Immer wieder wurde ich nun gefragt, ob ich jetzt aufhören würde. Und immer wieder kam von mir die gleiche Antwort: Ich fühle mich jung genug, um noch die Weltmeisterschaftssaison in Gröden anzuhängen. In diesem Entschluss bestärkte mich auch die Verleihung des »Goldenen Skiläufers«, des »Skieur d'Or«, für den besten Rennläufer des Jahres, gestiftet von der Pariser Sportzeitung »L'Équipe«, den ich nun zum zweiten Mal nach 1966 überreicht bekam.

Der Gewinn des Gesamt-Weltcups verlieh meiner Bekanntheit und Popularität einen neuen Schub. Das merkte ich während der toten Saison. Ich konnte mich der Einladungen kaum erwehren. Skirennen in Australien, Promotiontour in den USA , Pionierarbeit im Kaukasus, Gast bei der Hochzeit des Aga Khans in Paris, Autogrammstunde in einem Schuhhaus in Bern. Für den ORF kommentierte ich zusammen mit Heinz Fischer-Karwin Wimbledon, wo bei den Herren Rod Laver, der in diesem Jahr den Grand-Slam schaffte, gegen John Newcombe gewann. Bei den Damen schlug die Britin Ann Jones überraschend Billie Jean King. Der Prominenten-Interviewer Fischer-Karwin stellte in einer Fernsehsendung fest, dass ich für die deutschen Urlauber der berühmteste lebende Österreicher wäre – vor Herbert von Karajan, Toni Sailer und Udo Jürgens …

In Wien und Umgebung spielte ich immer wieder Fußball. Eines dieser Matches sollte noch Sportgeschichte machen, ohne dass ich damals auch nur im entferntesten die Tragweite meines Leibchens erahnen konnte: In Engelhartstetten im niederösterreichischen Marchfeld trat ich zusammen mit anderen Skiassen wie Matt, Rofner und Cordin sowie echten Fußballern wie Reiter, Halla oder Milanović (alle früher Rapid-Wien) im »Aroma-Team« meines Freundes, des Kaffeeherstellers Leopold Edelbauer, an. Das Match endete 5:5 und sollte zwei Jahre später zu meiner fürchterlichsten olympischen Niederlage führen.

In diesen Sommer fiel aber auch die schwere Stunde des Abschiednehmens von einem Kameraden, an den ich immer wieder denken muss, wenn Grenoble in meiner Erinnerung auftaucht: In Kitzbühel trugen wir Herbert Huber zu Grabe. Der Slalomkünstler hatte wegen eines unheilbaren Nervenleidens Selbstmord begangen. Huber war rechts neben mir als Dritter auf dem improvisierten Siegerpodest von Chamrousse gestanden. Durch meine Disqualifikation war er Zweiter geworden.

Trotz des vielen Rummels um mich nach meinem Weltcuperfolg 1969 war ich gefestigt genug, um den vielen Versuchungen nicht zu erliegen. Denn meine nächsten Ziele hießen Weltcup Nummer zwei und Weltmeisterschaft in Gröden. Daher war auch in dieser Zeit mein wichtigster Aufenthaltsort wieder das Ferwalltal abseits der Arlberg-Passstraße. Ich ging wieder gut vorbereitet in den Winter, erlebte aber gleich zu Beginn so manche Überraschung.

Ich musste mich immer wieder mit neuen Siegern auseinander setzen. So gewann in Val d'Isere ein erst Neunzehnjähriger namens Gustav Thöni den Riesenslalom, während ich, der Einunddreißigjährige, nach zehn Toren stürzte. Thöni wurde übrigens später zum Seriensieger und vier Mal Gesamt-Weltcupsieger. In der Abfahrt tauchte mit Startnummer 22 ein Name auf der Siegerliste auf, den ich von einem Todessturz auf der Olympia-Abfahrtsstrecke von 1964 her kannte: Milne, Malcolm Milne. Sein Bruder Ross war nach einem Kantenfehler auf der völlig ungesicherten Patscherkofel-Strecke tödlich verunglückt. Der Australier siegte nun vor Jean-Daniel Daetwyler und mir.

Nach Lienz und Hindelang war Adelboden die vierte Weltcup-Station. Ich stand noch immer ohne Sieg da und zweifelte schon, ob ich in den technischen Disziplinen mit den Thönis, Augerts und Russels noch mithalten könnte. Adelboden sollte die Entscheidung bringen. Sollte ich wieder verlieren, dann würde fortan der Abfahrt mein Hauptaugenmerk gelten. Die Anfahrt von Hindelang nach Adelboden war chaotisch. Wir quälten uns auf spiegelglatten Straßen im Schneegestöber ins Berner Oberland. Ich war noch vor Mitternacht dort, der Jungstar Thöni erst gegen ein Uhr morgens nach einer Karambolage, wie mir später von dem Sportreporter der »Kronenzeitung«, Michael Kuhn, berichtet wurde. Nach der Besichtigung auf dem Kuonisbergli im Morgengrauen folgte das Rennen bei Föhnstürmen und Schneeregen. Karl Erb, damals berühmtester Schweizer Skijournalist, fungierte als Platzsprecher und sagte mich, wie mir nachher zugetragen wurde, folgendermaßen an: »Auf der Piste Altmeister Schranz – heuer leider noch nicht in Höchstform!«

Im ersten Durchgang lag ich fünf Hundertstel hinter Thöni, im zweiten stürzte der Südtiroler, unmittelbar vor mir ins Rennen gegangen, auf der noch weicher gewordenen Piste. Ich gewann mit der abermals zweitbesten Zeit (diesmal hinter Giovanoli) vor dem Deutschen Sepp Heckelmiller und Dumeng Giovanoli aus der Schweiz. Ich fühlte, dass ich der Jugend noch immer gewachsen war, und ich holte im Weltcup gegenüber Russel und Thöni auf, zog mit Jean-Noel Augert gleich. Das war, auf dem Weg zur Weltmeisterschaft in Gröden, mein vielleicht wichtigster Sieg.

Bei der Lauberhornabfahrt in Wengen, die verkürzt wurde, belegte ich nur den 5. Platz hinter Duvillard,

Cordin, Messner und Vogler. In Kitzbühel war die »Streif« wegen Schneemangels zu gefährlich. Statt der Abfahrt gab es einen Riesenslalom, den Dumeng Giovanoli vor dem Polen Andrzej Bachleda und mir gewann. Im Slalom verbremste ich den ersten Lauf, wurde aber immerhin als Fünfter wieder bester Österreicher. In der Presse wurde schon eine österreichische Skikrise bejammert und ich stand als »Ein-Mann-Team« da. Slalomsieger Patrick Russel wurde auch Hahnenkammsieger und führte im Weltcup vor Thöni und mir.

In Kitzbühel war René Sulpice, der Trainer der Franzosen, der Hauptbetreiber der schlussendlichen Absage. Man unterstellte ihm dabei, dass er das folgende Megeve zum ersten wirklichen Test für die WM machen wollte. Wie dem auch immer gewesen sein mag, Megeve wurde zu einem superschnellen und auch nicht ungefährlichen Rennen. An dem Ort, an dem ich im Jahr davor mit Grippe hatte zuschauen müssen, und wo mir kein Geringerer als der Weltcup-Papst Serge Lang Feigheit unterstellt hatte, feierte ich den ersten österreichischen Abfahrtweltcupsieg in dieser Saison, und zwar vor Heini Messner und 1,55 Sekunden vor dem Hausherrn Henri Duvillard.

Mitten in unsere Siegesfeier platzte die Nachricht vom Tod Michel Bozons (übrigens ein Cousin von Charles Bozon, der 1962 in Chamonix Slalomweltmeister wurde und später als Bergführer ums Leben gekommen ist), der am Ausgang des Steilhanges schwer gestürzt war und neben Mehrfachbrüchen auch einen Schädelbasisbruch erlitten hatte. Er wurde ins Spital nach Sallanches geflogen, wo er seinen Verletzungen erlag. Bei Werner Grissmann, der an derselben Stelle kurz darauf schwer zu Sturz kam, bestätigte sich der Verdacht auf Beckenbruch gottlob nicht.

Zum zweiten Mal hatte ich ein Todesrennen gewonnen, und zwar elf Jahre, nachdem der Kanadier John Semmelinck bei meinem Kandaharsieg in Garmisch verunglückt war.

Ich wurde sehr nachdenklich. Nach Semmelinck, Ross Milne, Toni Mark und Herbert Huber schon der vierte tote Rennläufer während meiner Karriere. Der Ski-Zirkus zog weiter und wir konnten nicht zur Beerdigung kommen. Ich widmete meinen Sieg dem verunglückten Kameraden.

Patrick Russel gewann in Megeve den Slalom, Heini Messner die Kombination. Ich schied im ersten Durchgang schon im oberen Teil aus. Beim Einfahren war mir ein angesägter Skistock abgebrochen. Er war nicht die Ursache für mein Ausscheiden, gab mir aber zu denken: Jetzt musste ich im Kampf um den Weltcup mit allem rechnen, denn der Stock hätte sicher erst im Rennen brechen sollen. Im Weltcup lag ich nun einen Punkt hinter Thöni, aber 34 hinter Russel.

Der tragische Tod von Michel Bozon hatte in Garmisch erste Konsequenzen: Bei schlechter Sicht im oberen Teil streikten die Rennläufer. Vogler, Kidd, M. Milne und ich verlangten im Namen der Läufer die Verschiebung der Kandaharabfahrt von Samstag auf Sonntag. Der technische Delegierte der FIS, Dušan Senčar, ein Rechtsanwalt aus Marburg, war trotzdem für die Durchführung. Persönlich holte ich den startbereiten Schweizer Hans Zingre aus dem Starthäuschen. Am nächsten Tag gaben uns sogar FIS-Präsident Marc Hodler und der Himmel recht. Bei besten äußeren Bedingungen gewann ich 13 Jahre nach meiner ersten Kandaharabfahrt in Chamonix meine siebente und zum zweiten Mal das »Diamantene Kandaharabzeichen«. Hans-Dietrich Genscher, später FDP-Vorsitzender und deutscher Außenminister, überreichte mir den Siegespreis.

Martin Maier schrieb im Wiener »Kurier«: »Schranz müsste die Mediziner interessieren, denn er demonstriert das Phänomen des Willens und was der Mensch erreichen kann, wenn er sich nur hart genug einsetzt. Die Karrieren der anderen großen Läufer, einschließlich Toni Sailer und Jean-Claude Killy, waren Kometenflüge. Karl Schranz aber ist der einzige Fixstern am Skihimmel!«

Thöni wurde im gleichzeitig ausgetragenen Slalom von Madonna di Campiglio Zweiter. Russel konnte im Slalom nicht mehr punkten. Mit je 140 Punkten lagen Russel und Thöni jetzt 17 Punkte vor mir im Weltcup.

Dann kam die Weltmeisterschaft in Gröden – und die begann für mich enttäuschend. Im ersten Slalom-Durchgang verlor ich über zweieinhalb Sekunden, im zweiten stürzte ich knapp vor dem Ziel – und wurde ausgepfiffen. Die Pfiffe schmerzten weniger als das Ausscheiden, aber es warf mich nicht aus der Bahn. Jean-Noel Augert gewann vor Russel und Bill Kidd. Der

Lokal-Hero Thöni wurde nur Vierter. Von den Österreichern schien keiner im Endklassement auf.

Aber schon am nächsten Tag legte ich den Grundstein zu meinem dritten Weltmeistertitel. Auf dem schwierigen Hang des Ciampinoi spielte ich auf dem von dem Schweizer Georges Grünenfelder ausgeflaggten Kurs meine ganze Routine und mein ganzes Können aus. Ich studierte den Kurs länger als alle anderen. Ich wusste, dass er mehr Kraft verlangen würde als alles bisher im Riesentorlauf Dagewesene. Thöni, den sie schon »Gustavo Nazionale« nannten, stürzte auf einer Eisplatte zwischen Tor 3 und 4. Russel schied ebenfalls aus. Ich ging mit 30 Hundertstel Vorsprung auf meinen Freund Werner Bleiner und mit fast einer Sekunde vor Dumeng Giovanoli in Führung. Jean-Noel Augert hatte schon 1,60 Sekunden Rückstand.

Die Entscheidung fiel erst am nächsten Tag. Es wurden die härtesten 24 Stunden meiner Karriere. Unrast erfasste mich. Nach Silber in Innsbruck und Chamonix und nach Bronze in Portillo stand mir doch Gold zu, dachte ich. Ich nahm die erste Gondel zum Gipfel, betrat als erster den Kurs des Italieners Peccedi, studierte ihn stundenlang mit totaler Konzentration und durchraste ihn dann wieder in der Bestzeit von 2:04,04 – zum dritten Mal Weltmeister in einer über zwölfjährigen Karriere, diesmal vor Werner Bleiner, Dumeng Giovanoli und zeitgleich Heini Messner und Max Rieger. Neben einem unbeschreiblichen Glücksgefühl, das mich nach Aussagen von Journalisten um Jahre jünger aussehen ließ, spürte ich aber auch eine gewisse Reife. Vor zwei Tagen hatten sie mich noch ausgepfiffen, heute würden sie mich am liebsten auf den Schultern tragen – so ist das Leben, so ist der Rennsport, da musst du drüberstehen.

Im Weltcup übernahm ich damit erstmals die Führung mit zwei Punkten vor Russel und Thöni. Noch ein Weltcupsieg – und was wäre dann schöner als aufzuhören? Schöner konnte nur das Weitermachen sein …

Die WM ging weiter mit dem Abfahrtslauf. Im Nonstop-Training war ich bei allen Zeitmessungen vorne. Doch am Abend begann es zu schneien und schon beim Wachseln glaubte ich nicht mehr an meine Siegeschance. Die Piste wurde zu leicht. Mit Startnummer 6 und ohne den Haldemann-Belag, der der Konkurrenz Vorteile verschaffte, hatte man da keine Chance. Ich kündigte meine Niederlage an und sie traf dann auch ein. Vielleicht hatte ich sie mir auch zu früh eingeredet. Es ging der Stern der 21-jährigen auf. Der Schweizer Bernhard Russi gewann mit Startnummer 15 vor Karl Cordin (3) und Malcolm Milne (14). Marcello Varallo mit der Nummer 23 wurde Fünfter, zeitgleich mit Bill Kidd (13), der damit Kombinationsweltmeister wurde.

Ich war nicht deprimiert, immerhin fuhr ich mit einer Goldmedaille nach Hause! Und in der Abfahrt hatte ich ohnehin schon oft genug bewiesen, dass ich der Beste war …

Das Weltcup-Finale stand noch aus. Und es wurde zu einem richtigen Krimi. Ich führte mit 142 Punkten vor Russel und Thöni und musste unbedingt die 150 Punkte-Grenze überspringen, denn auf Grund der Streichresultate könnten es die Konkurrenten in Slalom und Riesenslalom höchstens auf 150 bringen. Doch ich vermochte in Übersee diese Entscheidung nicht erzwingen. In Jackson Hole belegte ich in der Abfahrt nur Platz sechs. Das war ein Streichresultat. Sieger wurde übrigens der aufstrebende Silbermedaillengewinner von Gröden, Karl Cordin. Beim Slalom holte ich mir vier Punkte – Russel und Thöni konnten nicht punkten.

Der Sieger hieß Alain Penz. Bei den Franzosen wurde Teamwork spürbar, fuhr doch Russel in die »Garage«. Mit Penz entstand ein zusätzlicher Weltcup-Rivale. Penz gewann auch den Slalom von Heavenley Valley. Als Sechster bekam ich zwei zusätzliche Punkte.

Zwei Riesentorläufe waren noch ausständig: Einer in Heavenley Valley und einer in Voss-Bergen in Norwegen. Russel und Penz nützten nur Siege, um auf 150 Punkte zu kommen. Die Entscheidung schien in Heavenley Valley zu fallen. Bleiner führte nach dem ersten Durchgang vor mir. Ein zweiter Platz hätte mich über die 150-Punkte-Mauer gebracht. Doch es gewann – Russel vor Bleiner und mir.

In Voss lag die Entscheidung nur noch zwischen mir und Russel – ich stand bei 148, Russel bei 145 Punkten. Französische Rennläufer boten mir ihre Unterstützung im Kampf gegen den nicht sonderlich beliebten Russel an, wollten unbedingt seinen notwendigen Sieg verhindern. Mir hätte schon ein zweiter Platz hinter Russel genügt. Stolz wie ich nun einmal war, lehnte ich jede fremde Hilfe ab, auch die von Werner Bleiner. Doch letzterer leistete die Vorarbeit, indem er vor Jean-Noel Augert gewann. Ich selbst lag als Dritter um 35 Hundertstel vor Russel.

Der Weltcup ging mit 148 Punkten zum zweiten Mal an mich vor Russel (145), Thöni (140) und Penz (119).

Nach 27 Stationen ein kleiner Vorsprung, aber für mich ein überdimensionaler Erfolg. Es sollte 18 Jahre dauern, bis der nächste Österreicher die große Kristallkugel in Händen halten würde: Es war Hermann Maier im Olympiajahr 1998.

Bis dahin sollte aber noch viel Zeit vergehen. Für mich kam nun erst einmal das Olympiajahr 1972.

Und es kamen Misstöne. Und der olympische Fluch, der auf mir lag, warf seine Schatten voraus. Nur, dass ich nichts hören, nichts wahrhaben wollte.

Immer mehr Querschüsse gegen den Amateurstatus der alpinen Rennläufer wurden laut. In den USA veröffentlichte »Sports Illustrated« die Verträge von Hank Kashiwa mit einer Skifirma und das Einkommen von Rick Chaffee. Mein Einkommen wurde mit 60 000 Dollar im Jahr angegeben. Ein gewisser Avery Brundage wurde hellhörig ...

Brundage, geboren 1887 (!) in Detroit, Bauunternehmer, Kunstsammler, Multimillionär, war seit 1953 Präsident des IOC – und er führte das »Unternehmen Olympia«, als wären wir noch in »seinem« 19. Jahrhundert.

Zu einem Medienereignis sondergleichen wurde die Überreichung des Weltcups in Evian am Genfer See an mich und Michele Jacot im Mai 1970. Dabei erklärte ich meinen Entschluss, weiterzumachen – und die anwesende Skiprominenz inklusive Jean-Claude Killy applaudierte. »Ich kann mir ein Leben ohne den alpinen Rennsport nicht vorstellen«, erklärte ich und fügte hinzu: «Ich habe nach dem zweiten Weltcup-Sieg weder das Skifahren verlernt, noch fühle ich mich um ein Jota weniger fit oder älter als vor einem Jahr. Und den Vorwurf, Jüngeren den Weg zu verstellen, lasse ich nicht gelten. Schließlich bin ich als Achtzehnjähriger in ein Team von Weltklassefahrern wie Sailer, Molterer, Hinterseer usw. gekommen und habe mich durchgesetzt!«

Ich war weiterhin im Rennen.

Aber der Countdown lief ...

8
»Mein Entschluss ist reiflich überlegt ...«

Der Weg nach Sapporo – und das Ende meiner Karriere

Olympia warf seine Schatten voraus. Der Präsident des Internationalen Olympischen Komitees, Avery Brundage, wurde immer offensiver und begann mit dem Ausschluss ganzer Sportarten, insbesondere des alpinen Skisports sowie einzelner Sportler, von den Olympischen Spielen in Sapporo zu drohen. Im Sommer 1970 nahm er den Internationalen Skiverband (FIS) aufs Korn und warf ihm vor, vor den Skifabrikanten zu kapitulieren. Namentlich nannte er »Karl Schranz«, der auf einem Photo herausfordernd den Dress und die mit Firmennamen gezeichneten Ski jener Firma trage, von der er seit Jahren bezahlt werde.

Die Saison 70/71 begann ich mit einem Sturz. Seit zehn Jahren war mir das nicht mehr passiert. Beim Nonstop-Lauf in Sestriere löste sich der vordere Backen meiner neuen Tyrolia-Bindung gleich bei Tor 3. Schön geflogen bin ich – ein Gefühl, das ich schon lange nicht mehr erlebt hatte! Im Rennen selbst machte ich dann im letzten Waldstück einen Fehler, wurde zu weit abgetrieben und belegte nur den dritten Platz hinter Henri Duvillard und Bernard Orcel. Auch in Val d'Isere gelang mir kein fehlerfreier Lauf und ich landete wieder auf dem dritten Platz hinter Karl Cordin und Bernard Orcel. Trotzdem war ich der Meinung, dass die Richtung zum dritten Weltcup-Erfolg stimmte und blieb deshalb gelassener als viele in meinem Umfeld.

Zu Weihnachten beschenkte mich das österreichische Christkind mit der Wahl zum »Sportler des Jahres«.

Alte Verdienste sind schön und gut, aber gemessen wird man immer wieder an neuen Herausforderungen. Eine solche stellte die Weltcup-Abfahrt Mitte Jänner in St. Moritz dar. Im Hinblick auf die Bewerbung um die Weltmeisterschaft 1974 wurde dort oberhalb der Baumgrenze gefahren. Gian-Franco Kasper, der heutige FIS-Präsident, kam als Kurdirektor und Promoter des Projektes erstmals hautnah mit dem großen Skizirkus in Berührung. Es wurde eines der verrücktesten Rennen meiner Karriere. Der Schweizer Walter Tresch gewann mit Nummer 39, der unbekannte Amerikaner Craig Schanholzer wurde mit Startnummer 59 Fünfter, René Berthod mit der 42 Achter, sein Landsmann Adolf Rösti mit der 55 Zehnter und selbst der Spanier Aurelio Garcia landete mit der 47 auf dem 15. Rang, und das mit nur vier Zehntelsekunden Rückstand auf mich – ich wurde 11. und war dabei nach einem Sprung sogar in Sturzgefahr gewesen. Wie war dieses sonderbare Rennergebnis zu erklären? Die Sicht war zunehmend besser und die Strecke immer schneller geworden. Eine ausreichende Erklärung für meine und die österreichische Niederlage? Erstmals verfehlte ich im Weltcup einen Rang unter den ersten Zehn! Nur Karl Cordin behauptete sich einigermaßen als Vierter hinter Tresch, Russi und Andreas Sprecher.

Aber St. Moritz sollte es noch schlechter mit mir meinen. Bei der Fahrt von der Seilbahn zum Slalomstart fuhr ich gegen einen Stein und überschlug mich zweimal. »Mein« Doktor Murr stellte in St. Anton die schwerste Verletzung meiner Karriere fest: Eine Blessur am rechten Sprunggelenk, die schon zu Weihnachten mit einer Injektion bekämpft worden war, hatte sich nun verschlimmert und erforderte mindestens eine, eventuell sogar mehrere Wochen Pause. Ich ärgerte mich weniger über mein Missgeschick, sondern mehr über Meldungen, dass ich aufgrund schlechter Slalom-Form – nur 16. in Madonna di Campiglio in der Vorwoche – dem Torlauf in St. Moritz aus dem Weg gehen wollte.

Es kam eine Zeit nerviger Fragen: Ob ich nun den Weltcup abschriebe, ob ich überhaupt Schluss machen wollte, ob ich Profi würde, ob ich den Entschluss, nach dem zweiten Weltcupsieg weiterzumachen, bereute und so weiter. Ich versuchte, mich nicht zu ärgern, ich wollte mich erholen. Verletzungen gehören nun einmal zu unserem Sport und ich musste dankbar sein, davor in den letzten zehn Jahren ziemlich verschont geblieben zu sein. Nur zu Beginn meiner Karriere spielte der Knöchel nicht immer mit, aber seit dem »Torstangen-Unfall« von Kitzbühel hatte ich Ruhe. Erst in Sestriere im Dezember meldete sich der rechte Knöchel wieder ... Jetzt hieß es erst einmal abwarten, den Fuß gesund bekommen – und dann konkrete Pläne schmieden. Die wichtigste Frage war: Geht's sich für den Weltcup noch aus oder nicht?

Die Zwangspause nützte ich dazu, in eine neue Rolle zu schlüpfen: Und zwar als Kolumnist beim Wiener »Kurier«, nicht ahnend, dass es später einmal bei der »Kronenzeitung« eine Dauerbeschäftigung während der alpinen Rennzeit werden sollte. »Fuß macht Manderln« hieß der Titel einer meiner ersten Beiträge, in dem ich auch darüber klagte, dass heuer alles schief lief. Aber in Megeve, so versprach ich, werde ich wieder vorne dabei sein.

In Megeve war ich dann nicht vorne dabei, um es gleich vorwegzunehmen. Aber ich eröffnete dort eine Nebenfront, die mir nicht gerade zum Ruhme gereichen sollte. Es begann ein interner Skikrieg im österreichischen Lager, an dessen Auslösung ich nicht unbeteiligt war. Aber es war mir ganz einfach der Kragen geplatzt.

In der ersten Abfahrt, die zum Grand Prix von Megeve zählte, wurde ich nur Fünfter hinter Jean-Daniel Daetwyler aus der Schweiz, Bernard Orcel, Walter Tresch und Bernhard Russi. Und zwar mit einem Rückstand von 1,26 Sekunden.

Den Grossteil davon hatte ich mir im flacheren Startstück eingehandelt. Da verlor ich eine Sekunde auf die Schweizer. Da stimmte doch etwas nicht. Die müssen über etwas verfügen, was wir nicht kennen, dachte ich und sprach es auch sofort im Ziel aus. Zum zweiten Mal nach St. Moritz verwachst!

Ich machte unsere Betreuer dafür verantwortlich, nicht auf dem neuesten Stand zu sein. Und ich attackierte in meiner Wut auch den Rennsportleiter Franz Hoppichler , der zu Journalisten gesagt hatte: »Wenn der Schranz nicht gewinnt, dann hat er immer eine Ausrede«.

Ich wusste, dass ich nicht nach Ausreden suchte, sondern nach einem neuartigen Wachs oder einem neuartigen Belag, auf dem die Konkurrenz triumphierte. Ich nannte Hoppichler in meinem Zorn darüber einen »Unfähigen«, der nichts geleistet hat im Skiverband, und einen »feinen Maxe«, der nur vor den anderen brillieren will. Und »Flasche« habe ich ihn auch tituliert, was mir heute noch Leid tut. Aber ich war nun einmal immer einer, der um die neuesten Errungenschaften mit allen Mitteln gekämpft hat und der dies natürlich auch vom Betreuerstab verlangte.

Hermann Gamon, damals Herrentrainer, besorgte über Nacht aus der Schweiz das neue Wachs. Aber es stellte sich heraus, dass es sich um das gleiche »Glumpert« handelte. Wir verloren auch die von Kitzbühel nach Megeve verlegte Hahnenkamm-Abfahrt mit Bomben und Granaten. Wieder gewann mit Bernhard Russi ein Schweizer vor Franz Vogler und Daetwyler. Als bester Österreicher war ich nur Zehnter.

Das Schweizer Wachs wirkte keine Wunder, aber es half auf der Suche nach der wahren Ursache unserer und meiner Schlappen. Es musste der Belag sein. Ich hatte es längst vermutet.

Das Ski-Team war gespalten. Auf der einen Seite die Kneissl-Fahrer mit Rudi Sailer, Heini Messner, Werner Bleiner und mir – auf der anderen Seite die Läufer von Atomic, Kästle und Fischer. Ihr Wortführer war mein Arlberger Nachbar Alfred Matt. Sie störten vor allem die Angriffe auf die Trainer Huber und Gamon. Und sie drohten mit Streik, sollten diese abgelöst werden. Der Belag, der »abgelöst« gehörte, interessierte sie weniger. Und irgendwo heizte es die Stimmung noch zusätzlich an, dass viele nicht den Laufflächen der Skier die Schuld an der Misere gaben, sondern den »Lauten« von Karl Schranz, der es nicht verkraften konnte, in Megeve den möglichen dritten Weltcupsieg endgültig verspielt zu haben.

Ich möchte mir hier keinen Persil-Schein lösen, aber schon wenige Tage nach Megeve war das Geheimnis gelüftet. Alle Ski-Ställe wurden von einer Schweizer Sportfirma mit dem gleichen Wachs versorgt. Und alle hielten es für das Non-Plus-Ultra. Nur Haldemann, Lizenzhersteller der Rossignol-Skier, mit denen er die Schweizer ausrüstete, begnügte sich nicht damit. Er machte etwas mit dem Belag. Aber bis wir den richtigen Belag hatten, war die Saison vorbei. Auch in Amerika lief es deshalb nicht besser. Ein 11. und ein 10. Platz in Sugarloaf, ein 17. gar in Heavenley Valley. Meine Saison-Bilanz schaute entsprechend aus: Achter in der Abfahrtswertung, Zwölfter im Riesenslalom und Elfter in der Gesamtwertung.

Trotz der verkorksten Saison gab ich nicht auf. Ich bereitete mich intensiv auf die Olympiasaison 71/72 vor, trainierte härter als je zuvor und ignorierte, obwohl es mir nicht immer leicht fiel, alle Querschüsse.

Ich strebte nach Gold, andere versuchten mir dabei ein Bein zu stellen. In dieser Zeit erfüllte ich das Klischee, in das man mich längst hineingepresst hatte: der »einsame Wolf vom Arlberg«, der am meisten außerhalb des offiziellen Trainings arbeitete, Kondition zuhause in der »Folterkammer« im Keller der Pension bolzte und ansonsten ein solides Leben in der wenigen Freizeit führte. Der, für den sich aber trotzdem die Öffentlichkeit am meisten interessierte und der für alles herhalten musste, während andere sich versteckten.

So fiel auch die Wahl auf mich, als die aufstrebende deutsche »Sport-Illustrierte« im Herbst 1971 sich des ins Fadenkreuz der olympischen Jagdgesellschaft geratenen Skirennsports annahm, um ihn als harten Profisport hinzustellen.

In der Einleitung schrieben sie: »Wir haben Karl Schranz gewählt, den langlebigsten und erfolgreichsten Schneepiloten des letzten Jahrzehnts. Wenn wir vom Formelfahrer Schranz reden, dann gehört auch die Kufsteiner Rennwerkstatt dazu, deren Angestellter und Parade-Athlet der 32-jährige Arlberger ist. Wie gesagt: Wir hätten auch einen anderen Star und eine andere Fabrik nehmen können.«

Aber sie haben sich für mich entschieden, was mich ehrte, aber auch im Hinblick auf Olympia ein wenig geschreckt hat. Stolz bin ich heute noch über so manche Aussage, die ich damals gemacht habe:

»Formel I auf Skiern? Nun ja. Technik, Material und finanzielle Vorraussetzungen schafft uns der Skiverband mit Hilfe der Industrie. Der Aufwand für das Gerät, die technische Entwicklung und die Betreuung ist geringer als bei Autorennen – dafür kommen bei uns die Probleme Schnee und Temperatur hinzu, also die viel zitierte Wachsfrage, bei deren Lösung erfahrene Chemiker am Werk sind. Unser Belag, das sind die Reifen, unsere Kanten sind die Bremsen, der Ski selbst ist wohl weniger anfällig als der Motor eines Formel-I-Boliden!«

Zu dem Artikel, in dem Egon Schöpf als Rennsportabteilungsleiter ebenso zu Wort kam – »Formel I auf Ski, das ist ein beinharter Beruf geworden« – wie das Direktoriumsmitglied der Skifabrik Kneissl, Helmut Achhorner – »unser Renn-Etat ist im Verhältnis zu den Gesamtaufwendungen des Werkes ebenso groß wie er bei Daimler-Benz war, als sie noch Formel-Rennen fuhren« –, brachten sie noch ein Riesenphoto. Es zeigte mich im Renndress vor einer Wand, links hinter mir fünf Kneissl-Ski, zwei Paar Skistöcke, ein Paar Skischuhe extra und der Ansatz einer Sporttasche.

Wenn ich das Photo heute anschaue, dann fehlt mir direkt etwas – so klinisch rein sieht es aus. Nur auf den Skiern erkennt man die Fabrikationsmarke und mit geschultem Auge vielleicht noch den Teil des Schriftzuges vom Hersteller der Rennbrille. An mir selbst klebt überhaupt nichts außer winzig klein das Firmen-Logo vom Hersteller des offiziellen Pullovers des Österreichischen Skiverbandes.

Nicht der Inhalt der Geschichte, sondern das Photo sorgte für helle Aufregung. Besonders beim deutschen Nachbarn. Der DSV sperrte Max Rieger, Hansjörg Schlager und Rosi Mittermaier – »übrigens gefallen mir die neuen Muster auf dem Fritzmeier-Ski gut« – für die Olympiavorbereitungen bis zum Beginn der Weltcuprennen, weil sie Produkte erwähnt hätten.

Sportwart Heinz Krecek informierte darüber den Österreichischen Skiverband, um mit der Bestrafung nicht allein zu bleiben. Die Läufer hätten gegen das neue FIS-Reglement verstoßen, das Brundage gnädig stimmen sollte: »Dem Amateur ist es untersagt, individuelle Werbung zu betreiben, indem er seinen Namen, Preise und Erfolge mit Produkten im Bild oder werblicher Aussage in Verbindung bringt«.

Ich explodierte, als man mir das inkriminierte Bild und die damit verbundenen Folgen im Trainingslager in Obertraun vorhielt. Hätte ich mich etwa vor der Presse verstecken sollen?!

Das hätte den Herren so gepasst ...

Und zu verstecken brauchte ich mich zu Beginn des olympischen Rennwinters nicht! Am 12. Dezember 1971 gewann ich die Abfahrt von Val d'Isere. Im Ziel spielten sich unbeschreibliche Szenen ab:

»The King is back!«, sagte ein Journalist. Und selbst Jean-Claude Killy, der als Vorläufer über den Kurs seines Heimatortes gegangen war, gratulierte: »Karl, du warst großartig.«

Bernhard Russi, der Sieger der ersten Abfahrt dieses Winters in St. Moritz – ich war Fünfter geworden – stürzte in Kenntnis meiner Bestzeit, die nur knapp vor der von Heini Messner und Jean-Daniel Daetwyler lag.

Wenige Tage später erlebte ich allerdings noch eine bittere Stunde. Dort, wo meine Karriere 1958 als Achtzehnjähriger beim Kandaharrennen mit einer Laufbestzeit im zweiten Slalom-Durchgang begonnen hatte, dort wurde ich nach Absage der Abfahrt wegen Schneemangels von Rennsportleiter Franz Hoppichler nicht für den Torlauf aufgestellt. Aufgrund der Ergebnisse des letzten Winters war ich in der Slalom-Wertung nur 13. bei zehn startberechtigten Österreichern. Trainingsleistungen zählten nicht, es wurde streng nach FIS-Listen aufgestellt. Als es mir dann plötzlich doch noch frei gestellt wurde, an den Start zu gehen, zog ich es vor, mit meinem Bindungs-Betreuer Zenz Haslinger nach St. Anton zu fahren. Wehe mir, ich starte und komme nicht durch! Dieses Risiko wollte ich keinesfalls eingehen.

Die Abfahrt von Sestriere wurde in Kitzbühel nachgetragen. Auf der klassischen, diesmal besonders harten und schnellen »Streif« spielte ich meine ganze Kraft und Erfahrung aus und gab Henri Duvillard und Bernhard Russi das Nachsehen. Alle waren völlig erschöpft, nur mir ging es einigermaßen gut. Sogar 30 weitere Sekunden hätte ich noch durchstehen können – beim Abfahrtslauf eine halbe Ewigkeit! Dankbar dachte ich an das Ferwall und an die Folterkammer in meiner Pension. Meine Konditionsarbeit trug wieder Früchte!

Der Jubel war groß, aber auch das Entsetzen über neue Vorstöße von Avery Brundage gegen die Alpinen. Einmal sperrte er alle, dann setzte er wiederum nur einige auf eine schwarze Liste. In Kitzbühel machte bald ein Telegramm des »Gralshüters« die Runde, dass alle Teilnehmer des heutigen Abfahrtslausf von Olympia ausgeschlossen würden. Eine absurde Hexenjagd des alten Amerikaners, und das nur, weil auf allen Startnummern »Evian« stand, der Name des Weltcupsponsors!

Übrigens: Der Amerikaner Mike Lafferty, der Vierter geworden ist, hatte das »Evian« überklebt – vielleicht hoffte er damit schon vorab zum Olympiasieger von Sapporo zu werden! Er musste jedenfalls einen guten und ständigen Draht zu seinem Landsmann Avery gehabt haben ...

Die österreichischen Rennsportfunktionäre drehten sich im Kreis. Auf der Stelle treten war ihnen lieber als Schritte zu tun. Entsprechend waren ihre Beschlüsse. Einmal wollten sie Olympia gemeinsam boykottieren, dann wieder nicht. Einmal riefen sie zur Solidarität auf – wenn einer gesperrt wird, dann fährt keiner! –, dann fügten sie sich wieder dem »Marschbefehl« des Internationalen Skiverbandes.

Ich bekam auch zu hören, dass man mich opfern würde, sollte ich ein »olympischer Einzelfall« werden. In meiner ersten Wut darüber kündigte ich an, eine Bombe hochgehen zu lassen – à la Bundesliga-Skandal!

Die einzige Maßnahme, die an diesem Tag gegolten hat, sah vor, dass die eigentliche Hahnenkammabfahrt am Samstag ohne »Evian« auf den Startnummern gefahren wird. Wir fuhren mit »SK Kitzbühel«. Insgeheim amüsierte mich das, denn ich glaubte, dass es nirgendwo auf der Welt irgendeinen Leistungssportler gab, der nicht bereits Coca-Cola, Longines, Omega oder weiß Gott was sonst an Firmen-Logos auf seiner Startnummer getragen hätte. Oh ja, vielleicht die Schwimmer ...

Es konnte nicht »Evian« gewesen sein, das mich zum Sieg getragen hat. Denn ich gewann auch unter »SK Kitzbühel«. Wieder vor Henri Duvillard. Dritter wurde Messner, Vierter Russi. Bei mir lief es noch besser als beim ersten Mal, obwohl der Steilhang durch die neuerliche Abfahrt mehr Querrillen im Eis aufwies und ich in der Favoritenrolle doch etwas nervöser war. Aber das Selbstvertrauen verlieh Flügel und Siege machen jünger.

Henri Duvillard soll auf die Frage »Wie macht das der Schranz?« geantwortet haben: »Gegen ihn hilft nur Gift!« Oder Brundage? FIS-Präsident Marc Hodler erklärte jedenfalls an diesem Samstag beschwichtigend, dass er mit Brundage reden werde und dass er glaube, dass der normale Menschenverstand sich durchsetzen würde.

Die Startliste für den Slalom schaute ich immer wieder fassungslos an. »Startnummer 58 – Karl Schranz«. Nein, da mache ich nicht mit! Könnte man denn dem Abfahrtssieger nicht entgegenkommen und ihm wenigstens einen Startplatz in der dritten Gruppe einräumen? Schließlich wussten doch die Trainer, dass ich das Slalomfahren nicht verlernt hatte. Aber die sportliche Leitung hielt sich wie in Sestriere stur an Tabellen. In meiner Abwesenheit gewann Jean-Noel Augert, der sicherlich beste Slalomfahrer dieser Tage, vor Edi Bruggmann und Andrzej Bachleda aus Polen. Der »Giftspritzer« Henri Duvillard wurde Kombinationssieger vor Augert.

Ziemlich strapaziert verließ ich Kitzbühel. Dann wurde das Lauberhornrennen wegen Nebels abgesagt – noch eine Verschnaufpause vor dem Abflug nach Japan! Dieser erfolgte dann am 26. Jänner 1972. Bei der Angelobung durch Bundespräsident Franz Jonas versprach der Präsident des Österreichischen Olympischen Komitees, Sektionschef Heinz Pruckner: »Wir werden für jeden unserer Aktiven bis zur letzten Patrone kämpfen. Außerdem haben wir ja zwei Rechtsanwälte mit. Doktor

Karl-Heinz Klee und Dr. Heinz Gerö – die im Ernstfall die Kastanien für uns aus dem Feuer holen können!«

Der Präsident des Österreichischen Skiverbandes, Karlheinz Klee, war aus »Sicherheitsgründen« vorausgeflogen und meldete aus Sapporo, dass es keine Probleme geben würde – auch nicht mit Karl Schranz. Höchstens mit dem Schnee, der in Massen fiel und uns nach Tokio ausweichen ließ.

In Tokio tagte auch die Zulassungskommission des Internationalen Olympischen Komitees, die über die 40 von Brundage auf die schwarze Liste gesetzten Athleten zu entscheiden hatte. Ich war wohl auch darunter. Trotzdem gab ich bei meiner Ankunft in Tokio schonungslose Interviews. Manche Athleten trugen selbstgefertigte »Anti-Brundage«-Plaketten.

Toni Sailer hat mir später einmal lakonisch gesagt: »Karl, mich wundert das nicht, dass du ausgeschlossen worden bist. Wir haben doch alle schon vorher gewusst, was kommen würde. Ist auch ganz klar. Wenn du wo anklopfst und an der Tür schon den Hausherrn beleidigst, dann lasst er dich nicht rein …«

Ich aber war zu dieser Zeit zuversichtlich, an den Winterspielen teilnehmen zu dürfen, trat aber auch für Olympische Winterspiele ein, bei denen Arme und Reiche, Profis und Amateure, Schwarze und Weiße starten dürften. Der greise IOC-Präsident, so meine Argumentation, hätte die Entwicklungen im Leistungssport einfach verschlafen!

Im Hintergrund wurde jedoch, bildlich gesprochen, an meinen Skiern gesägt. Da wurde alles zusammengetragen, was gegen meine Person ins Feld geführt werden konnte. Im Olympischen Dorf in Sapporo gab es Gerüchte, dass die vorgelegten »Beweise« nicht ausreichten. Schon etwas erleichtert machte ich mich an die Besichtigung und das Training auf der Abfahrtsstrecke des Mount Eniwa. Eine Strecke, die mit keiner anderen vergleichbar war. Es gab keine wirklichen Überwindungsstücke: Wer hier am besten Kurven fährt, würde gewinnen.

Aber mein Fall vor dem IOC schien sich zuzuspitzen. Von allen Seiten war zu hören, dass nur der »Fall Schranz« übrig geblieben wäre. Es wimmelte nur so von Konferenzen und angeblichen Absprachen. Der Präsident des französischen Skiverbandes erklärte am Rande der FIS-Konferenz, ganz auf der Seite von Karl Schranz zu stehen, und ließ von Henri Duvillard ausrichten: Gewänne Duvillard in Abwesenheit von Schranz die Goldmedaille, wäre sie für ihn wertlos.

War die Entscheidung da schon gegen mich gefallen? Wussten die alle schon mehr? Nichts Gutes hatte es wohl zu bedeuten, dass am Sonntag, den 30. Jänner, am Vortag der Bekanntgabe der endgültigen Entscheidung, über alle österreichischen Athleten und Funktionäre ein Redeverbot verhängt wurde. Und dieses wurde dann sogar noch verschärft, nachdem die Delegationsspitze mit ÖOK-Präsident Pruckner und ÖSV-Präsident Klee zur Sitzung des IOC-Exekutiv-Komitees im Park-Hotel von Sapporo vorgeladen war. Wenn ein Athlet nicht zugelassen werden sollte, dann mussten vor der endgültigen Entscheidung die Vertreter des nationalen Olympischen Komitees und des zuständigen nationalen Fachverbandes angehört werden.

Ich blieb trotzdem gelassen, ging am Abend allein spazieren und hoffte noch immer, meinen Traum vom olympischen Gold endlich verwirklichen zu können. Am nächsten Tag fuhr ich wieder auf den Mount Eniwa.

Nach dem ersten Trainingslauf, bei dem ich schnellster war, erfuhr ich von Journalisten meinen Ausschluss. Keiner der Offiziellen, die es schon viel früher erfahren hatten, fand es der Mühe wert, mich zu verständigen und mir Rückhalt zu geben. Nur der Kneissl Franz war herausgeeilt.

Es war alles so unwirklich!

Mit 28:14 Stimmen hatte mich die Vollversammlung des IOC ausgeschlossen. Oder wie es Brundage am Nachmittag bei einer Pressekonferenz »olympisch« formulierte, die Einladung an mich, an den Spielen teilzunehmen, zurückgezogen.

Der 84-jährige Millionär aus Chicago drohte sogar dem Österreichischen Olympischen Komitee, dessen Ehrenmitglied er seit einem Jahr war, mit Sanktionen, weil es meine Entsendung befürwortet hatte.

Das erfuhr ich aber alles erst später. Auch von dem Telegramm von Unterrichtsminister Fred Sinowatz, der den Vertretern des ÖOK dringendst empfahl, gegen den Willkürakt schärfstens zu protestieren. Sollte der Start von Karl Schranz nicht ermöglicht werden, hieß es in dem Telegramm, dann empfehle er, dass die alpinen Mannschaften Österreichs aus dem Bewerb gezogen würden.

Darüber wurde viel diskutiert. Auch über einen Boykott der Spiele durch die gesamte österreichische Olympia-Mannschaft. Die Funktionäre spielten dabei keine glückliche Rolle. Einmal so und einmal so. Am Dienstagabend zog ÖSV-Präsident Karl-Heinz Klee die Ski-Nationalmannschaft von den Spielen zurück. Ich konnte dem nichts abgewinnen. Schließlich wusste ich, welche Mühen und Entbehrungen jeder einzelne für einen Olympiastart auf sich genommen hatte. Und deshalb auch eine Erklärung von mir am nächsten Tag, in der ich unter anderem sagte:

»Der Österreichische Skiverband hat nunmehr den unabwendbaren Beschluss des IOC zur Kenntnis genommen. Wir haben durch die Worte unseres Präsidenten in aller Klarheit die Einstellung meines Verbandes gehört. Ich selbst bin heute früh von dem Entschluss, die gesamte Mannschaft, alpin und nordisch, von den olympischen Bewerben zurückzuziehen, in Kenntnis gesetzt worden. Damit hat der ÖSV alle gegen mich vorgebrachten Anschuldigungen und meinen Ausschluss von den Spielen als ungerechtfertigt zurückgewiesen.

Weil ich heute weiß und fühle, was es für jeden einzelnen Olympia-Teilnehmer bedeuten würde, nach dieser jahrelangen Vorbereitung an den Spielen nicht teilnehmen zu können, richte ich hier an die Verantwortlichen die Bitte, von diesem Beschluss Abstand zu nehmen. Ich als Einzelperson möchte nicht der Anlass sein, dass mein Land Österreich als Skiland von diesen Spielen ausgeschlossen bleibt. Im übrigen glaube ich, dass ein alpiner Bewerb ohne österreichische Teilnehmer den Spielen noch mehr nehmen würde. Ich halte mich weder für einen besseren, noch für einen schlechteren Amateur als die anderen. Wüsste Herr Brundage, was für mich der Kampfsport bedeutet und dass für mich mit diesem Beschluss eine Welt zusammengebrochen ist, dann hätte er mich seines Prestiges wegen nicht geopfert. Man darf nicht vergessen, dass viele junge Menschen zu Höchstleistungen befähigt sind und nicht deshalb von sportlichen Erfolgen ausgeschlossen werden dürfen, weil sie einer nicht so begüterten Klasse angehören. Deshalb meine Bitte an Sie, Herr Brundage, denken Sie auch olympisch für die Zeit, in der wir leben.

Sicher werden einige von Ihnen nunmehr von mir erwarten, dass ich meine einmal geäußerte Absicht, unbekannte Tatsachen des internationalen Renngeschehens offen zu legen, verwirklichen werde. Dies war ein voreiliger Gedanke von mir. Ich möchte nicht der Anlass sein, dass einem Sportkameraden Gleiches widerfährt. Dazu ist mir der Schmerz zu groß!«

Nach dieser Erklärung sagte ÖSV-Präsident Klee, der Skiverband werde meiner Bitte entsprechen. Alle blieben und ich verließ das Olympische Dorf und Sapporo.

Die Kollegen aus dem alpinen Rennzirkus schienen mir wie paralysiert. Es war, als konnte niemand verstehen, was sich da eigentlich abgespielt hat. Und zugleich schien jeder froh zu sein, dass er bei Olympia starten konnte. Aber zurück in Europa, habe ich dann nur Unterstützung von den Kollegen erfahren. Alle, egal aus welcher Ski-Nation, hielten die Sache für eine Riesenschweinerei.

Wenn ich mir heute diese meine Erklärung durchlese, dann bin ich noch immer froh darüber, in Sapporo nicht aus-, sondern eingepackt zu haben. Für Avery Brundage wäre es der perfekte Triumph gewesen, hätte ich geplaudert. Vielleicht wollte der IOC-Präsident mich tatsächlich zum Reden bringen. Seine Häscher saßen damals überall. Auch in unseren Reihen. Und sie haben ihm sicherlich von meiner Kitzbüheler Drohung, eine Bombe hochgehen zu lassen, berichtet. Genauso wie ihm das Photo vom Fußballspielen im »Aroma«-Dress zugespielt worden sein muss. Dies konnte nur mit Absicht geschehen sein.

Hätte ich also die »Bombe« gezündet, hätte ich über die Verhältnisse im alpinen Rennsport von damals ausgepackt, dann hätte ich ihm wohl die Munition geliefert, die er suchte. Dann hätte er sein »Lebenswerk« vollenden und die Olympischen Winterspiele abschaffen können. Ich wäre sein Handlanger und Kronzeuge für die unselige Tat geworden. Er, der sich damals als Nachlassverwalter des französischen Baron de Coubertin, des Begründers der modernen Olympischen Spiele gefühlt hat, hätte sein Steckenpferd ins Ziel geritten.

Wie hatte er doch bei der Eröffnung der 72. Session des IOC in Sapporo in Anwesenheit des japanischen Kronprinzen Akihito und Kronprinzessin Mitchiko gesagt: »Die Winterspiele verdienen es gar nicht mehr, überhaupt organisiert zu werden. Die ersten Winterspiele in Chamonix 1924 waren noch in familiärem und gemütlichem Rahmen gehalten. Die Winterspiele 1968 in Grenoble kosteten bereits 240 Millionen Dollar. Und das ist für zehn Tage Sport einfach zuviel. Sie sind nur noch Geschäft der Industrie und des Fremdenverkehrs, mit Sport haben sie nichts mehr zu tun. Einst haben sie einen großen Dienst geleistet, als sie körperliche Ertüchtigung und Erholung popularisierten. Es ist schwierig, sie als amateursportliches Ereignis weiterzuführen!«

Das erste Opfer damals wäre sicher der alpine Skilauf geworden. Dass es anders gekommen ist, dazu habe ich – und da will ich keine falsche Bescheidenheit an den Tag legen – durch meine Zurückhaltung nach dem Ausschluss beigetragen. Und ich habe damit auch die Entwicklung in die gegenteilige Richtung gelenkt. Rund 16 Jahre nach meinem bitteren Ausschluss von Sapporo erhielt ich in Wien anlässlich einer IOC-Tagung aus den Händen des spanischen IOC-Präsidenten Juan Antonio Samaranch meine Goldmedaille in Form der Teilnehmermedaille von 1972. Samaranch gab bei der Überreichung den seinerzeitigen Fehler zu und erklärte, ich sei dafür verantwortlich, dass heute in den meisten Sportarten bei den Olympischen Spielen die Besten am Start seien.

Das war mein »Olympiasieg«.

Mit 15. Februar 1972, also rund zwei Wochen nach meinem Ausschluss in Japan, beendete ich als 33-jähriger nach 17 Jahren im Rennsport meine Karriere. Den letzten Anstoß dazu gab der Internationale Skiverband, der wiederholt versprochen hatte, eigene Weltmeisterschaften zu veranstalten, sollte auch nur einer von ihnen von den Olympischen Spielen ausgeschlossen werden. Meinen Rücktritt vollzog ich mit einem Schreiben an den Präsidenten des Österreichischen Skiverbandes, Dr. Karl-Heinz Klee:

»Nach nahezu 20 Jahren als Rennläufer teile ich Ihnen heute meine Entscheidung mit, mich ab sofort vom aktiven Rennsport zurückzuziehen. Den Ausschlag dazu gab der Wortbruch der FIS, keine Weltmeisterschaft zu veranstalten. Das um mich entfachte Kesseltreiben ist zusätzlich zu den großen Belastungen des Kampfsportes nicht auch noch zu verkraften. Nach einer Saison voller Erfolge hätte ich mich ohne weiteres in der Lage gefühlt, weiterzumachen. Nicht aber unter diesen Umständen.

Zur Erklärung meiner Beweggründe darf ich noch auf einige Fakten hinweisen:

Schon die vorolympischen Rennen, von denen ich immerhin drei gewann, waren vom Nervenkrieg gegen mich gekennzeichnet. Meine angeblich bevorstehende Sperre war das Hauptthema auf allen Schauplätzen. Ich brauche Ihnen, sehr geehrter Herr Präsident, nicht besonders zu erklären, was es heißt, unter solchen Begleitumständen Rennen zu fahren. Nach meinem Sieg in Kitzbühel lautete die erste Nachricht im Ziel, Brundage werde mich in Sapporo nicht starten lassen ...

Ich ließ mich nicht unterkriegen und fuhr nach Sapporo. Ein Olympiasieg war mir ja bei allen meinen Rennen versagt geblieben. Squaw Valley, Innsbruck, Grenoble und nun Sapporo. Der Nervenkrieg setzte auch dort am ersten Tag ein, das Ende ist bekannt. Wir wollen uns hier eine nähere Erörterung der Opferung eines Einzelnen ersparen.

Ich rechnete dann mit der Erfüllung der noch vor den Winterspielen abgegebenen FIS-Zusage, getrennte Weltmeisterschaften durchzuführen, wenn eines ihrer Mitglieder von den Kämpfen ausgeschlossen werden würde. Dieses Versprechen wurde mehrmals wiederholt, nicht zuletzt auch mir gegenüber durch Präsident Hodler und dann wurde daraus nichts. Die Weltmeisterschaften, die für mich immerhin eine gewisse Wiedergutmachung für Sapporo geworden wären, finden nicht statt. Wegen ›unüberbrückbarer Terminschwierigkeiten‹, verursacht durch die internationalen Zollmeisterschaften. Ein FIS-Versprechen und Weltmeisterschaften gelten also weniger als Zoll-Meisterschaften. Dann soll man glauben, dass das alles noch mit Skisport zu tun hat.

Statt mit Weltmeisterschaften meldete sich die FIS freilich mit anderen Nachrichten, so zum Beispiel, dass ich eine Firma klagen solle, deren Namen man mir zwar nicht nannte, die aber mit einem Bild von mir Werbung betrieben hätte usw., usw.

Sehr geehrter Herr Präsident, ein derartiges Intrigenspiel, solcher Stress ist einem Kampfsportler nicht zuzumuten. Das kann auch dem Skisport an sich nicht förderlich sein. Es muss wieder Ruhe in diesem Sport einziehen und ein skandalfreies Klima geben. Ich höre also auf und fahre auch die heurigen Weltcuprennen nicht mehr mit.

Was meine Zukunft anlangt, so werde ich mir in Ruhe Gedanken darüber machen. Ins Profi-Lager, wie es auch schon wieder geheißen hat, übersiedle ich heuer nicht. Sollten, wie einige Zeitungen berichteten, mit mir Überlegungen hinsichtlich einer Funktion im Austria-Racing-Team angestellt werden, so bitte ich vorläufig davon abzusehen. Das soll nicht bedeuten, dass ich nicht gerne weiterhin dem österreichischen Skisport zur Verfügung stehen möchte. Nur brauche ich erst einigen Abstand von den Geschehnissen. Auch glaube ich, dass es nicht gut wäre, den Kameraden vorzustehen, mit denen ich eben noch in einem Team fuhr.

Sehr geehrter Herr Präsident, ich danke dem Österreichischen Skiverband für 17 Rennlaufjahre. Ich gebe zu, dass ich mir ein Leben ohne Rennsport noch gar nicht vorstellen kann, aber mein Entschluss ist reiflich überlegt. Ich möchte meine Laufbahn in Würde beenden und nicht als ein Freiwild der internationalen Sportpolitik.

Mit freundlichen Grüssen. Karl Schranz«.

Das also war's.

Ich hatte mir vorher nie Gedanken darüber gemacht, wie das Ende meiner Karriere eines Tages aussehen würde. So hatte ich es mir in keinem Fall vorgestellt.

9
»Ist der Ermordete nicht selbst schuld?«

Erinnerungen beim Zeitunglesen

Oft sagt man, unsere Zeit wäre schnelllebig, und in der Welt des Sports sei man besonders schnell vergessen. Wenn ich dann aber erlebe, wie ich auch 30 Jahre nach meiner letzten Abfahrt im Rennzirkus geschätzt und oft auch bewundert werde, dann freut mich das schon sehr. Und bis heute erlebe ich immer wieder Dinge, die alles andere als alltäglich sind.

Ein Beispiel: Da bringt mir eines Tages eine Frau in mittleren Jahren einen kleinen, schottisch-karierten Stoffkoffer in mein »Hotel Karl Schranz« in St. Anton am Arlberg. Der Koffer ist voll mit Din-A-4-Heften, wie sie üblicherweise von den Schulkindern benutzt werden. Die Umschläge sind taubenblau und stellenweise auch schon ein bisschen angegilbt. Und die Hefte – an die 40 – sind voll mit Zeitungsausschnitten quer durch meine sportliche Karriere. Nach Jahren sortiert, fein säuberlich eingeklebt und zum Teil auch noch mit Anmerkungen in Jungmädchenschrift versehen: »Mein Liebling Karli« steht da zum Beispiel. Oder: »Mein Karli Schranz«. Oder, bei einem Bild vom winterlichen St. Anton: »Meinem Karli seine Heimat«.

Dieser »Verehrerin«, Frau Margret Gruber, möchte ich an dieser Stelle herzlich danken. Sicher könnte ich auch ein Archiv beauftragen, all die Ausschnitte über mich zusammenzutragen und mir zur Verfügung zu stellen. Ich selbst war diesbezüglich nie sehr ordentlich. Was sich angesammelt hat, ist oft in Kartons aufgehoben, später wieder herausgekramt, aber nie sortiert worden – meine Passion war ja das Skilaufen, nicht das Sammeln von Berichten über mich. Aber jetzt habe ich plötzlich diesen Fundus, der wirklich mit Liebe zusammengestellt ist. Von einem Mädchen, das »seinen Karli« aus der Ferne so bewundert hat. Das hat schon was Rührendes.

Und es hat etwas durchaus Faszinierendes, einfach so hineingreifen zu können in die eigene Geschichte. Während dieses Buch entstand, waren die Erinnerungen an viele Begebenheiten, sportlich wie privat, wieder besonders lebendig. In dieser Zeit habe ich auch den Koffer wieder aus dem Regal geholt, alle Hefte auf den Tisch gepackt und darin geblättert. Willkürlich. Mal in einem Heft, auf dem 1967 draufstand, dann in einem von 1970, danach wieder 1967 und irgendwann, fast möchte ich meinen: zwangsläufig, in 1972. In diesen Heften – von 1972 gibt es gleich mehrere! – habe ich mich fest gelesen. Die Meldungen aus Sapporo, der Empfang in Wien … Aber auch was davor war und was danach kam. Durch die Vielfalt der Berichte ist alles wieder sehr nahe gerückt. Plötzlich sind mir Begebenheiten, die 30 Jahre zurückliegen, wieder ganz nah erschienen. Nicht wie gestern. Aber wie vorgestern.

»Zum viertenmal ist Österreichs Ski-Matador Karl Schranz, von vielen fälschlich schon abgeschrieben, bei den Olympischen Winterspielen dabei. Zum viertenmal nimmt der Erfolgreiche Anlauf, um endlich seiner Karriere die Krone aufzusetzen: einen Olympiasieg.« (HÖR ZU)

»Sapporo, hoch oben im Norden Japans, erscheint vom internationalen Sport noch unbeleckt. ›Wer ist Karl Schranz?‹ Fragende Gesichter, nicht verstehend, lachend, kichernd. Sie kennen ihn nicht, sie wissen nichts von diesem größten Rennläufer aller Zeiten …«

»Kitzbühel – Der großartige Sieg des 33jährigen Karl Schranz in der Kitzbüheler Kandahar-Abfahrt wurde überschattet von einem Gewaltstreich des greisen IOC-Präsidenten Avery Brundage. In Telegrammen, die er an den Präsidenten des französischen Skiverbandes und an das Österreichische Olympische Comité richtete, hat der Ski-Erzfeind Nr. 1 die Weltelite des Sports geächtet und damit die Bombe, von der seit Monaten gesprochen wird, zur Explosion gebracht: Die Olympischen Winterspiele in Sapporo sind geplatzt. Brundage erklärte alle Läufer, die in Kitzbühel mit Reklame-Startnummern gefahren sind – also auch Schranz – automatisch für gesperrt.«

Das nebenstehende Foto zeigt mich mit der Startnummer 9. Darüber das Logo des Mineralwasserherstellers »Evian«. Ich hatte innerhalb von zwei Tagen zwei große Abfahrtssiege hingelegt. Ich war in der Form meines Lebens, und ich düpierte die gesamte, jüngere Weltelite. Aber Brundage führte seinen persönlichen Feldzug gegen die Modernisierung und Professionalisierung des Sports, und er führte seinen privaten Krieg gegen mich. Der Name Karl Schranz muss ihm schon lange ein rotes Tuch gewesen sein.

In der österreichischen Zeitschrift »Profil« war wenige Wochen vor Sapporo zu lesen:

»Der Eisenbahnersohn aus St. Anton holte sich schon den Weltmeistertitel, als John F. Kennedy noch Präsident der Vereinigten Staaten war. Vor einem Jahr spöttelte der französische Rennläufer Patrick Russel: ›Der alte Mann hat doch keine Chance mehr.‹ Beim ersten Weltcup-Rennen dieses Winters in St. Moritz raste der Skiveteran mit einer Durchschnittsgeschwindigkeit von 94 km/h erneut der gesamten Ski-Elite davon. Jean-Claude Killy, dreifacher Olympiasieger und lange Zeit größter Konkurrent von Schranz, kommentierte: ›Dieser Sieg ist ein Stück Sportgeschichte.‹

Wie kein anderer hat es der Jaguarfahrer und Besitzer eines Hotels (Schätzwert 14 Millionen Schilling) aber auch verstanden, aus dem Skisport Kapital zu schlagen. Kneissl- und Schranz-Konkurrent Arnsteiner schätzt, dass Österreichs bestbezahlter Amateur mit seinem Sport jährlich 2,8 Millionen Schilling verdient, wovon er die Hälfte von der Skifirma Kneissl, den Rest zu gleichen Teilen von der Schweizer Schuhfabrik Henke und dem Bindungshersteller ›Tyrolia‹ bezieht.«

Die Debatte um den Amateurstatus, den es im Rennsport schon lange nicht mehr gab, spitzte sich in den Monaten vor Sapporo drastisch zu. Dass immer und immer wieder mein Name in diesem Zusammenhang genannt wurde, hat weniger mit einer Sonderrolle zu tun, als viel mehr mit einem meiner markantesten Wesenszüge: Ich kann nicht klein beigeben. Ich kann den Mund nicht halten, wenn ich eine Sache für unrichtig oder gar ungerecht erachte. Ich kann nicht diplomatisch sein. Ich hab immer als Sportler überzeugen wollen, nicht als Diskutierer. Und als Sportler, als mehrfacher Weltmeister und Weltcupsieger, stand ich halt auch immer vorne dran …

»Seine Chancen stehen gut. Vor der oft mehr als zehn Jahre jüngeren Konkurrenz braucht Schranz keine Furcht zu haben …«

All die Schlagzeilen auf angegilbtem Zeitungspapier. Bei vielen passt das Wort Schlagzeilen gleich in doppelter Hinsicht: Da trifft mich noch heute ein Schlag in die Magengegend, wenn ich das lese!

»Neuer Triumph für Schranz – Aber Brundage gnadenlos«

»Wir treten alle ab …«

»Skiverband beschließt die Heimreise aus Sapporo – Schranz bittet: Bleibt da!«

»Brundage ächtet die Ski-Asse – Schranz gesperrt – Sapporo geplatzt«

»So wurde Schranz der Ski-Mafia geopfert«

»87 000 im Spalier von Schwechat bis Wien«

Natürlich waren die Zeitungen voll von dem Empfang, der mir in Wien bereitet worden ist und der in seinen ganzen Ausmaßen fast schon beängstigend war. Es waren ja insgesamt Hunderttausende, die mir zugejubelt haben. Am Flughafen, auf dem Weg in die Stadt und dann am Ballhausplatz, der schwarz vor Menschen war. Ich stand da oben auf dem Balkon des Bundeskanzleramtes und war fassungslos. Was war da passiert, dass die unzähligen Leute alle wegen mir gekommen waren?

Der »Kurier« hat die Menschen auf der Straße befragt. »Warum kamen Sie nach Schwechat?«

»Ich möchte das Phänomen Schranz möglichst aus der Nähe sehen. Als anständiger Österreicher wollte ich es mir nicht nehmen lassen dabei zu sein«, sagte ein junger Chefkassier.

Eine Pensionistin hat gesagt: *»Schranz soll sehen, dass wir alle mehr zu ihm stehen als die Funktionäre ... Zum Empfang der restlichen Olympiamannschaft werde ich wahrscheinlich nicht nach Schwechat kommen.«*

»Mein Sohn und ich wollen Schranz unsere Sympathie zeigen«, antwortete eine Parfümeriebesitzerin, *»deshalb habe ich heute mein Geschäft geschlossen und bin nach Schwechat gefahren ...«*

Unter der Überschrift »Paranoid« finde ich den ehemaligen ORF-General Bacher zitiert:

»Herr Brundage gehört nicht mehr in den normalen Bereich der Vernunft, sondern in den der Psychiatrie und Parapsychologie. Das, was auf ihn zutrifft, nennt man querulative Paranoia.«

Und weiter:

»Ich hätte keine Fragen mehr an ihn, weil ja alle Fragen in den letzten Tagen schon gestellt und auch beantwortet worden sind. Das zeichnet ja gerade das Krankheitsbild der querulativen Paranoia aus: Dass der Patient Vernunftsargumenten nicht zugänglich ist ...«

Und Jean-Claude Killy, lange Zeit einer meiner stärksten sportlichen Widersacher, hat in einem amerikanischen Magazin gesagt:

»Es gibt im eigentlich Sinne keine Amateure mehr ... Schranz ist genau der gleiche Amateur wie alle anderen in Sapporo ...«

Pointiert und treffsicher die Notiz aus der »Süddeutschen Zeitung«:

»Die Disqualifikation des Skistars hat viel Ähnlichkeit mit einem Schlachtopfer, denn der Austria-Skikönig hält die Hand in der Skiindustrie genauso auf wie seine Rivalen. Ein dreifacher Weltmeister ist nun freilich werbewirksamer als ein Zweit- oder Drittplazierter.«

Und der »Münchner Merkur« hat geschrieben: *»In Österreich herrscht seit gestern Nationaltrauer. Aber ist der Ermordete nicht selbst schuld? Allein ein Rätsel, wieso Franz Kneissl, wohl der cleverste aller Skifabrikanten, seinen Superstar so völlig ohne Netz turnen ließ, bis zum bitteren Ende ...«*

Aber: Vorbei ist vorbei.

Was hilft es, heute noch »nachzutarocken«. Oder der verpassten letzten Chance auf Olympiagold nachzuweinen.

Ich blättere in den Heften der Margret Gruber, ich gehe zurück durch die Jahre, in denen sie Zeitungsausschnitte gesammelt hat. Aber die Texte interessieren mich immer weniger. Spannend sind die vielen Fotos. Spannend ist es, sich selbst noch einmal jung zu sehen, zur sportlich besten Zeit. »Action«-Fotos von den Rennen, mein strahlendes Gesicht nach einem Sieg, die hängenden Schultern nach einer Pleite. Spannend ist es, die Kollegen wiederzusehen in diesen Bildern, österreichische Team-Kollegen oder sportliche Konkurrenten aus aller Welt.

Es war schon eine wirklich großartige Zeit für mich.

Das hat mir auch Brundage nicht versalzen können ...

31 1972: Abfahrtssieger in Kitzbühel: Der 34-Jährige wird automatisch zum großen Favoriten für die Olympischen Spiele in Sapporo.

32 Franz Kneissl überbringt Schranz in Sapporo die Nachricht von seinem Ausschluss von den Olympischen Spielen.

33 Rückkehr aus Japan: Ankunft in Wien-Schwechat

34 Am Flughafen Schwechat wird Schranz von Minister Sinowatz empfangen.

35 Auf der Fahrt vom Flughafen in die Wiener Innenstadt

36/37 Unvorstellbare Szenen am Wiener Ballhausplatz. Karl Schranz steht am Balkon des Bundeskanzleramtes und wird von den Menschen frenetisch gefeiert.

38 Mit Minister Fred Sinowatz und Bundeskanzler Dr. Bruno Kreisky im Bundeskanzleramt

39 Die gleichen Bilder in Tirol: Großer Empfang am Innsbrucker Landhausplatz

Dem alpinen Rennsport habe ich vieles, ja, fast alles zu verdanken.

Er hat mich geprägt, und bestimmt habe auch ich ihn ein Stück weiter geprägt.

Es gab viele Siege und manche Niederlage für mich. Aber das Positive hat immer überwogen. So auch beim Blättern in diesen randvoll geklebten Schulheften – die Erinnerungen, die dabei wach werden, sind vor allem schön.

Dass mir 1972, dass mir die Sache in Sapporo auch heute, 30 Jahre danach, noch immer aufstößt – wen kann es verwundern?

Aber: Vorbei ist vorbei.

Das Leben ging weiter für mich.

Auch nach Sapporo.

Auch ohne den Rennsport. Nein, das stimmt jetzt nicht. Ich war kein Rennfahrer mehr – aber ohne Rennsport ging es natürlich trotzdem nicht ... Wie denn auch!

10
»Ich täte mir schwer, in eine Rolle zu schlüpfen«
Ein paar Erinnerungen an kurze Leinwandgastspiele

Nach dem Ende meiner sportlichen Karriere stand ich vor der Frage, wie es weitergehen sollte. Angebote gab es genügend, auch vom Film. Sollte ich Filmschauspieler werden?

Toni Sailer hat nach seiner fulminanten Rennsportkarriere eine zweite angegangen. Als sportlicher Held in zahlreichen Filmen gelang ihm von 1958 an auch das Kinopublikum zu begeistern. Bei mir liegt die Sache etwas anders. Zwar habe ich bei mehreren Produktionen mitgewirkt, und es hat mir immer Spaß gemacht. Aber Schauspieler werden? Damit habe ich nie geliebäugelt – und wahrscheinlich hätte ich das auch nicht wirklich gut gekonnt. Da ist mein Ehrgeiz einfach zu groß, als dass ich mich mit halben Sachen zufrieden geben würde. Nicht gut zu sein, das könnte ich mir nur schwer verzeihen. Bei den wenigen Produktionen, die mich als special guest führen, bin ich eher wenig in Erscheinung getreten. Erzählenswert erscheinen mir meine Ausflüge in die Welt des Films nichtsdestotrotz.

Bereits 1953 feierte ich mein »Filmdebüt«. Der dänische Werbefotograf Finn Antoft, der in St. Anton seine Wahlheimat gefunden hatte und der gleichsam nebenbei Filmdokumentationen im Gebirge drehte, realisierte die Skikomödie »Die Hexe vom Arlberg«. Die Handlung war einfach: Eine Hexe hat sich ins Skischulteam eingeschlichen, unterrichtet die Kinder im Schwingen, Wedeln, Bergab- und, man stelle sich das bildlich vor, Bergauffahren. Als die Dorfgendarmerie darauf aufmerksam wird, beginnt eine wilde Hexenjagd in der Arlbergregion: Stäubender Tiefschnee, Verfolgungsszenen im Slapstickstil, Wächtenbrüche, gewagte Sprünge aus der Gondelbahn und über tief verschneite Hüttendächer.

Antoft hat die handlungsarme, dennoch wirklich mitreißende Skikomödie ganz in der Tradition des Arnold Fanck umgesetzt. Fanck war es ja, der am Arlberg den Winter und den Skilauf für den Film entdeckt und mit seinem Film »Der weiße Rausch« einen Klassiker geschaffen hatte. Das halbe Dorf war für Antofts Film auf den Beinen und den Skiern – darunter der legendäre Hannes Schneider, der berühmte Rennläufer Rudi Matt und meine 14-jährige Wenigkeit.

Der Film jedoch konnte von Antoft nicht fertiggestellt werden. Im Archiv seiner Angehörigen fand sich eine Rohschnittkopie ohne Ton. Auf Betreiben des »Filmfests St. Anton«, das seit 1995 Besucher aus nah und fern begeistert, wurde diese Fassung bearbeitet, mit Musik und Kommentar versehen. 1999 erlebte »Die Hexe vom Arlberg« ihre Uraufführung: dreimal volles Haus im Vallugasaal; Hunderte von Besuchern, die in Erinnerungen schwelgten, Verwandte wieder erkannten und sich freuten an den nostalgischen Bildern vom Ort und der Skiregion.

Im Antoft'schen Familienarchiv fand sich auch die Rechnung, die ich nach erfolgten Dreharbeiten an Regisseur und Produzent Finn Antoft zu stellen hatte:

»I hereby confirm having received Austr. Shillings 1400.– (one thousand four hundred) plus 1 pair of new Kaestle laminated skis, complete, from ANTOFT FILMS, and that this covers full payment for my work for the months of February, March, April and May, 1953 in the film being made by Mr. Finn Antoft in St. Anton.«

Darunter, in Schulbubenschrift, meine Unterschrift: Karl Schranz.

Das war wohl das erste Geld, das ich mit dem Skilaufen verdient habe …

1958 drehte Regisseur Hans Grimm in Kitzbühel und am Arlberg den Film »Der schwarze Blitz«. Die Hauptrolle spielte Toni Sailer. Das Drehbuch war ihm auf den Leib geschrieben. Schließlich war es er, den die Medien gern als »den schwarzen Blitz von Kitz« bezeichnet haben. Auch dies eine Skikomödie, nur dass es hier um den Rennsport ging. Mit Maria Perschy, Waltraud Haas, Gustav Knuth, Dietmar Schönherr und vielen anderen, die an der Seite vom Sailer Toni agierten, gelang Grimm eine erfolgreiche Melange aus Action- und Heimatfilm. Und wieder war ich dabei, ungenannt und unerkannt: Ich agierte als Double von Dietmar Schönherr, der im Film Tonis schärfsten Widersacher zu spielen hatte.

Ich war zu dieser Zeit schon einer der populärsten Rennläufer der Welt. Dass ich bei diesem Film nirgends genannt wurde, nicht auf dem Plakat, nicht in der vierseitigen »Illustrierten Film-Bühne«, nicht im Vorspann und nicht im Abspann des Filmes, liegt einzig am überkommenen Amateurstatus, über den FIS, NOC und IOC mit Argusaugen wachten. Toni Sailer scherte sich wenig darum – er zog mit seinem Rücktritt aus dem aktiven Rennsport die Konsequenzen. Ich aber achtete darauf, musste darauf achten, dass mein Name als Sportler (noch) nicht in Misskredit geriet: Sailer hatte sportlich schon alles erreicht; für mich gab es noch viele Rennen, viele Ziele, noch viele Siege, die ich erringen wollte.

Über ein Jahrzehnt später war die Situation noch immer die gleiche: Als 1970 Michael Ritchies Film »Downhill Racer« (in Deutschland unter dem Titel »Schussfahrt« erschienen) in die Kinos kam, konnte niemand ahnen, dass ich auch hier mit von der Partie war. Der Film, basierend auf dem Drehbuch des amerikanischen Erzählers James Salter, lebte weniger von der Dramaturgie der Handlung als vielmehr von der Unmittelbarkeit des Rennsportgeschehens: In nie zuvor gesehener filmischer Intensität vermittelte »Downhill Racer« die mentale Anspannung der Rennläufer, die Dramatik, die Spannung und die Risiken des Abfahrtslaufes und auch den Rausch der Geschwindigkeit. Hauptdarsteller waren Robert Redford, Gene Hackman und Camilla Sparv. Dass ich den Redford-Konkurrenten Max Meier doubelte, erfuhr niemand – zwei Jahre vor den Olympischen Spielen in Sapporo –, da wäre Brundage aus den Wolken des olympischen Himmels gefallen.

Interessant erscheint mir, dass man beim Sehen dieses Filmes immer wieder den Eindruck bekommt, meine Biographie hätte da für manche Szene Pate gestanden. Wenn Redford seinen Vater in den Staaten besucht und der sich nicht gerade respektvoll über die Ski-Besessenheit äußert, er aber im Brustton der Überzeugung sagt: »Damit ist wirklich Geld zu verdienen. Jetzt vielleicht noch nicht. Aber mit einer Goldmedaille bei den Olympischen Spielen …«, dann könnte man glauben, hier spreche ich ganz persönlich. Oder wenn sich Redfords Teamkollegen beim Trainer Hackman darüber beschweren, dass er, Redford, ein Einzelgänger sei, gar nicht versuche, sich zu integrieren, und der Trainer lakonisch darauf antwortet: »Skirennen ist nun mal kein Mannschaftssport«, dann könnte man glauben, ich wäre bei dieser Dialogszene Autor und Regisseur als Berater zur Seite gestanden. Dem ist aber nicht so. Ich habe meinen Job gemacht – auf Ski. Und den Filmleuten hätte ich da nicht ins Handwerk gepfuscht.

Manchmal werde ich gefragt, warum der legendäre Toni Sailer von der Filmbranche begeistert aufgenommen und in Szene gesetzt worden ist, Karl Schranz aber, nicht minder legendär, nach seinem Karriere-Ende nicht als Kinoheld über Leinwände raste.

Es mag daran liegen, dass Toni und ich ganz unterschiedliche Entwicklungen genommen haben. Sailer galt als smart, charmant, charismatisch. Er hat es geschafft, den Verlauf seiner Karrieren selbst in den Händen zu behalten – als es zu Problemen wegen des Amateurstatus kam, trat er zurück und setzte auf anderer Ebene zu neuen Erfolgen an. Bei mir lag die Sache anders. Ich stand über längere Zeit meiner aktiven Laufbahn im Ruf, ein Unbequemer zu sein, einer, der sich mit den Funktionären anlegte, der immer den Mund aufmachte – wie schon als Bub zu Schulzeiten mit den Lehrern –, der durchaus uncharmant sein konnte, bärbeißig, der viele Gefechte schlug und bisweilen unnahbar erschien. Der Sprung von diesem Sportlertyp zum Leinwandlover – gut vorstellen kann man sich das nicht, oder? Und das ist ja eines der ungeschriebenen Gesetze im Filmbusiness: Liebe gehört zu jeder Story, mal mehr, mal weniger.

So war ich in Sachen Film und Fernsehen eigentlich nur als Akteur in Dokumentationen und Werbefilmen präsent. »The World of Karli« zum Beispiel. Da spielte ich keine Rolle, da war ich Karl Schranz. Und das mag ein weiterer Grund sein dafür, dass ich für den Film nie entdeckt werden konnte: Ich täte mir schwer, in eine Rolle zu schlüpfen. Ich täte mir schwer, wer anders zu sein. Ich war und bin immer nur ich selbst. Immer Karl Schranz.

11
»Karl, du bist deinen Weg gegangen ...«

Privates Glück. Beruflich: Wege und Umwege. Diplomatisch: Die WM für St. Anton

Der Ausschluss von Sapporo bedeutete für mich das Ende der Karriere. Gut, manch einer mag sagen, der Schranz war da auch schon 34 Jahre und hatte damit für den alpinen Spitzensport ein ziemlich hohes Alter erreicht. »Methusalem« wurde ich ja schon seit einigen Jahren genannt ... Trotzdem: Ich wäre sicher noch zwei, drei Jahre gefahren, immer vorausgesetzt, dass ich von schwerwiegenderen Verletzungen verschont geblieben wäre und mich fit gefühlt hätte. Meine Siege von Kitzbühel kurz vor den Olympischen Spielen hatten ja unterstrichen, dass ich noch lange nicht zum alten Eisen zählte, ganz im Gegenteil. Es machte mir richtig Freude, der jüngeren Rennläufergeneration immer wieder mal zu zeigen, wo und wie »der Bartl den Most holt«.

Aber mir war in den Tagen nach meiner Rückkehr nach St. Anton ziemlich rasch klar, dass nun ein Wendepunkt in meinem Leben erreicht war: Insbesondere die vielen Gespräche mit meiner Mutter führten zu dem einzig logischen Schluss: Schluss!

Schluss mit der Rennkarriere, Schluss mit dem Kampf um die Zehntel- und Hundertstelsekunden, Schluss mit den Siegen oder Niederlagen und den Schlagzeilen. Schluss aber auch damit, ein Spielball in den Fängen nationaler und internationaler Sportfunktionäre zu sein.

Der Traum vom olympischen Gold war endgültig ausgeträumt.

Die Erkenntnis, dass ich der letzten Chance beraubt worden war, saß allerdings wie ein trockener Haken in der Magengegend – der Vergleich mit dem Boxsport scheint mir gar nicht unangebracht. Eine Goldmedaille war immer mein größtes Ziel gewesen. Wie oft galt ich als einer der Top-Favoriten? 1960 in Squaw Valley. 1964 in Innsbruck. 1968 in Grenoble. Und auch 1972 in Sapporo. Vor Squaw Valley die Slalomstange im Unterleib, krank. Krank in Innsbruck, ausgetrickst in Grenoble, ausgeschaltet in Japan. Es war schmerzhaft, ohne diese für mich größte Auszeichnung im Sport, ohne die olympische Goldmedaille, die aktive Laufbahn zu beenden.

Freilich, für die meisten Sportler gilt auch heute noch: Dabei sein ist alles – gemäß dem Olympischen Eid. Die ganz besondere Atmosphäre zu erleben, anzutreten unter der ganz besonderen Spannung, die von den Olympischen Spielen ausgeht. Und viele Kollegen, gleich welcher Sportart sie nachgegangen sind, schwärmen heute von ihren Olympiateilnahmen, sind überglücklich, »dabei« gewesen zu sein. Und das, obwohl sie ohne Medaille heimgefahren sind. Aber es ist nun mal etwas ganz anderes, ob man als einer der vielen Teilnehmer anreist oder als einer der Favoriten, ob man sportlich verliert oder sportpolitisch ausgebootet wird.

Das Ende meiner Laufbahn war ein Brocken, der mir noch ziemlich lange im Hals gesteckt ist! Da blieb viel Wut, viel Schmerz, viel Trauer. So ein Karriereende wünscht man eigentlich niemandem – ausgeschlossen, also für nicht würdig befunden, an den Spielen teilzunehmen – wenn ich auch davon überzeugt bin, dass es einige gegeben hat, die mir das gewünscht haben. Und das nach 17 erfolgreichen Jahren, nach drei Weltmeistertiteln, zwei Gesamt-Weltcupsiegen, Trophäen, Pokalen, Auszeichnungen ohne Ende.

Und doch: Diese Art von Karriereende hatte auch etwas Gutes: Denn für den Sport, nicht nur für den Skisport, war mein Ausschluss von Sapporo mit dem damit verbundenen weltweiten Aufsehen ein Schritt nach vorn: Der Amateurstatus wurde Schritt für Schritt aus den Statuten eliminiert. Fortan sollten die wirklich besten Akteure an den Olympischen Spielen teilnehmen können. Und das, ohne lügen und heucheln zu müssen, was ihre Professionalität und ihre Verbindung zu Sponsoren angeht.

1972 begann die Zeit, da Sportler ihre Leistungen auch offiziell vermarkten konnten. Vor 1972 ging das offiziell nicht – da waren es die alten Funktionäre, die sich an den Spielen ganz schön bereicherten und zugleich den Amateurstatus bei den Sportlern anmahnten. Die »honorigen« Herren haben schon gewusst, warum sie die eigentlichen Stars des Sports immer klein, immer amateurhaft halten wollten – so blieb ihnen mehr vom Kuchen, den sie auch gefräßig unter sich verteilten …

Für mich persönlich war dieses Ende mit Paukenschlag einem langsamen Abgang sicher vorzuziehen. Aus und vorbei, obwohl ich noch einmal einen Höhepunkt meines Leistungsvermögens erreicht hatte. Kein allmähliches Zurückfallen in der Weltrangliste, kein langer Abgang mit Schmerzen, keine belächelten Comebacks. Einfach nur: Aus und vorbei. Und das mit dieser öffentlichen Resonanz.

Mein Empfang in Wien nach dem Ausschluss sorgte dafür, dass ich in Österreich für viele geradezu ein Volksheld geworden bin. Was da in einer typisch österreichischen Melange aus Politik und Medien auf die Beine gestellt worden ist, hat dem schmerzvollen Karriereende gleich auch einen Anschub in das »neue« Leben gegeben. Wer so empfangen wurde wie ich, von Hunderttausenden in Wien, dann in Innsbruck, wo die halbe Stadt auf den Beinen war, schließlich daheim in St. Anton, der kommt kaum dazu, in Depression zu verfallen. Es gab kein Loch, in das ich mich hätte verkriechen können oder wollen. Mein Name war in aller Munde, der »Fall Schranz« dominierte in aller Welt die Schlagzeilen, der Ausschluss stellte die sportlichen Ereignisse und Ergebnisse von Sapporo weit in den Schatten.

Plötzlich war ich vom Skistar zum Medienstar geworden. Ich kann heute nicht mehr sagen, wie viele Interviews für Zeitungen, Zeitschriften, Hörfunk und Fernsehen ich in den Wochen nach meiner Rückkehr aus Japan gegeben habe. Es waren unzählige. Als mehrfacher Weltmeister war ich ja einigen Rummel um meine Person schon gewohnt, aber das, was jetzt auf mich zukam, übertraf nun alles, was ich mir hätte vorstellen können.

Was wurde ich nicht alles gefragt!

Ob ich nicht nach Amerika gehen würde, weitermachen im Rennzirkus der Profis? Oder ob es nicht doch ein Zurück gäbe in die aktive Laufbahn, Weltcuppunkte sammeln? Oder ob ich mit den schlimmen Erfahrungen nun Sportfunktionär werden wollte, einer mit moderneren Ansichten und neuen Zielsetzungen?

Klar, in den ersten Wochen ließ ich mich nicht festlegen. Da hatte ich selbst ja noch keine Ahnung, wie alles weitergehen würde. Aber damals war schon eine innere Stimme da, die sagte: Schluss! Und da waren die Gespräche mit Mutter und mit den Geschwistern. »Karl, du bist deinen Weg gegangen. Du hast für dich und für Österreich so große Erfolge errungen. Du musst dir nichts mehr beweisen. Hör auf mit den Rennen.«

Jetzt setzte ich mich hin und schrieb den Brief an den Präsidenten des Österreichischen Skiverbandes, Karl-Heinz Klee (nachzulesen im Kapitel »Mein Entschluss ist reiflich überlegt ...«) – meine endgültige Rücktrittserklärung vom aktiven Rennsport.

Dieser Brief fiel auch aus dem Grund doppelt schwer, weil ich in dieser Saison noch den Abfahrts-Weltcup hätte gewinnen können. Ich lag ja in Führung. Aber wieder an den Start zu gehen hätte bedeutet, die Situation, so wie sie war, zu akzeptieren. Und es hätte bedeutet, dass ich das »Urteil« von Sapporo annehme. Und dass ich mich füge, ob Versprechungen nun gehalten wurden oder nicht. Der Brief an den Präsidenten war die einzig richtige Konsequenz, der Schlussstrich.

Vorbei war die Angelegenheit für mich dennoch nicht. Es gab in den folgenden Monaten vieles, was gründlich zu bedenken war: Sollte ich juristisch vorgehen gegen die olympische Ungerechtigkeit? Dieser Gedanke trieb mich lange um. Es gab Leute, die rieten mir zu, und es gab Leute, die rieten mir ab. Im Grunde stand ich mit der Entscheidung allein. Was mich schließlich dazu bewog, auf die Gerichte zu verzichten, war der Umstand, dass es mir nicht um finanziellen Schadensersatz, sondern »nur« um Rehabilitation ging. Ich wollte nicht klagen und gegebenenfalls eine Entschädigung erhalten. Ich wollte, dass vom IOC die Entscheidung von Sapporo als Ungerechtigkeit gegenüber meiner Person dargestellt und korrigiert würde. Juristisch schien das eine nicht ohne das andere möglich. In den Ruf zu kommen, aus der prekären Situation nun wirtschaftlichen Gewinn schlagen zu wollen – das wollte ich auf keinen Fall.

Ich zog mich zurück. Und umso größer der zeitliche Abstand zu den Ereignissen wurde, desto weniger wollte ich mich in dieser Sache engagieren. Wer würde in zwei Jahrzehnten noch von einem Avery Brundage reden? Wenn, dann nur in Zusammenhang mit Karl Schranz. Und ich hatte mit meinen Leistungen dafür gesorgt, dass ich zu einem Stück Sportgeschichte geworden war. Brundage und Konsorten waren es doch eigentlich nicht wert, dass ich mich weiter mit ihnen befasste.

Die andere Entscheidung, die zu treffen war, galt meinem beruflichen Weiterkommen, hier insbesondere den Angeboten aus Amerika: Teilnahme an gut dotierten Profirennen. Eine Serie von Rennen gegen meinen alten Widersacher Jean-Claude Killy – 150 000 Dollar hätte ich dafür bekommen sollen. Dazu noch diverse Werbeverträge – ein überaus lukratives Geschäft. Aber weder der sportliche noch der finanzielle Aspekt konnten mich wirklich reizen. Ich spürte, dass ich es jetzt auch satt hatte, aus dem Koffer zu leben, von Rennen zu Rennen zu reisen. Wie hatte meine Mutter gesagt: »Karl, du bist deinen Weg gegangen …«

Mehr und mehr hatte ich das Gefühl, dass es an der Zeit war, »sesshaft« zu werden. Daheim – in St. Anton.

Aus der »Pension Karl Schranz« sollte ein Hotel werden. Der Medienrummel um meine Person hatte ganz nebenbei auch den positiven Werbeeffekt erbracht: Immer mehr Gäste wollten bei uns absteigen. »Pension Karl Schranz«, später »Hotel Karl Schranz« – das klang doch gut. Allerdings hatte ich mir nicht vorstellen können, dass ich nun nur noch den Hotelier spielen würde. Nicht wenige von den Gästen haben ja geglaubt, dass ich sozusagen im Preis inbegriffen wäre – dass ich mit ihnen tagsüber Ski laufe und abends mit ihnen beim Wein zusammensitze. So hätte das nie funktioniert. Everybody's darling – auch so eine Rolle, die für mich nie gepasst hat. Ich war gewohnt, viel auf Achse zu sein, und aufgeben wollte und musste ich das zum Glück nie. Sesshaft sein und trotzdem auch hin und immer wieder unterwegs, das war so meine Vorstellung.

Das ganze Jahr 1972 über wurde ich ohnehin »herumgereicht«. Kein Landeshauptmann, der mich nicht eingeladen hätte, kein sportliches und kaum ein gesellschaftliches Ereignis, bei dem ich nicht Ehrengast gewesen wäre.

Zugegeben, es war schon ein blödes Gefühl, erstmals seit dem Ausschluss bei einem Skirennen nur als Zuschauer dabei zu sein. Irgendwie kam ich mir da ganz fehl am Platz vor. Ich hätte fahren können, fahren müssen, sagte mir mein Gefühl. Und jetzt stand ich da im Zielraum und schaute nur zu – und alle, die da ins Ziel kamen, hatte ich vor ein paar Wochen noch geschlagen ...

Aber als ich als Gast zum Lauberhornrennen kam, hat es am zweiten Trainingstag geschneit, das Licht war diffus, die Verhältnisse waren einfach katastrophal – da war ich dann schon recht froh, dass ich nicht mehr ran musste ...

Erhalten blieb ich dem Sport, dem Skisport im Besonderen, ja sowieso. Für die »Kronenzeitung« wurde ich als Kommentator tätig – regelmäßig erschienen meine Glossen, zu denen ich freilich meist nur die Stichworte und Grundideen liefern musste. Michael Kuhn, Karl Pointner, Heinz Prüller, die mich schon während meiner aktiven Zeit journalistisch begleitet hatten, gaben mit ihrer geschliffenen Schreibe meinen Gedanken die optimale Form.

Dann kam von Bundeskanzler Kreisky der persönliche Antrag, mich als Staatssekretär für den Sport zu engagieren – gleichsam an den »Schalthebeln der Macht«! Verlockend war das schon. Das sind so Stellen, wo man wirklich was bewegen kann. Aber ich als Politiker? Nein, diese endlosen langen Debatten und Diskussionsrunden waren für mich nichts. Ich wollte immer meinen Kopf durchsetzen, und Diplomatie, die hier gefragt war, wäre meine Sache nicht gewesen.

Um nicht missverstanden zu werden: Ich habe mich über dieses Angebot riesig gefreut, und ich war – wie ich glaube zu Recht – sehr stolz darauf. Aber ich habe eben gefühlt, dass ich auf diesem Posten nicht der richtige Mann wäre. Ihn anzunehmen nur, um den diversen Sportfunktionären eine vor den Latz zu knallen, das wäre kein überzeugendes Argument gewesen ...

Es dauerte dann auch so gar nicht mehr lange, bis mich eine konkrete Aufgabe ganz in Anspruch nahm: Die Skischule Arlberg, 1920 von Hannes Schneider gegründet, brauchte einen neuen Leiter. Das war 1975, drei Jahre nach Sapporo. Da hatte ich es langsam schon leid, als Ko-Kommentator von Rennen zu Rennen zu bummeln oder als Promi von Empfang zu Empfang.

Das Angebot sah ich als Herausforderung für mich. Von den Skilehrern einstimmig gewählt, übernahm ich die Leitung der Skischule Arlberg – und ich führte sie dann 12 Jahre lang!

Die neue Betätigung kam mir aus noch einem anderen Grund sehr gelegen: 1975 verstarb meine Mutter. Ihr Tod war der vielleicht schmerzhafteste Einschnitt in meinem Leben. Sie, in allen Fragen meine wichtigste Ansprechpartnerin und Beraterin, war plötzlich nicht mehr. Eine neue große Aufgabe konnte mir vielleicht helfen, mit der Trauer und dem Schmerz besser fertig zu werden. Die Skischule Arlberg bot dafür die beste Gelegenheit.

Natürlich sah ich mich aufgrund meiner Rennsportlaufbahn, aufgrund meiner vielen wichtigen Verbindungen und aufgrund der Akzeptanz, die mir zunächst entgegengebracht wurde, voll zu dieser Aufgabe befähigt. Dass es dann alles andere als ein Honiglecken geworden ist, lag gewiss zum einen Teil auch an mir ...

Als »Einzelkämpfer«, der ich im Sport sicher gewesen bin, stand ich plötzlich an der Spitze eines großen Teams. Täglich hatten mehr als 200 Skilehrer und Skilehrerinnen – in Spitzenzeiten sogar bis zu 300! – rund 1800 Schüler und Gäste zu betreuen. Die Leitung der Skischule bedeutete also großen logistischen und verwaltungstechnischen Aufwand – zum Glück hatte ich im Sekretariat immer gute Mitarbeiterinnen, die den Laden perfekt organisierten.

Allein aber war ich mit meinem Führungsstil. Ich war Perfektionist, einer, der sich selbst immer alles abverlangte und der es nicht haben konnte, wenn andere das bei sich nicht genauso taten. Ich führte ein strenges Regiment. Heute wäre das so nicht mehr möglich, davon bin ich überzeugt. In allen Unternehmen hat sich der Führungsstil in den letzten 20 Jahren deutlich verändert. Man setzt heute verstärkt auf Teamgeist, Mitarbeitermotivation, Freisetzung von Führungseigenschaften.

Aber es war eine andere Zeit, wenn diese auch noch gar nicht so lange zurück liegt. Es war die Zeit, als jeder Skilehrer geglaubt hat, er sei der Größte. Weil da einer mit einem Bankdirektor gefahren ist oder mit einem Fürsten, hat er gleich gemeint, er sei was Besonderes. Da habe ich die Herrschaften aber ziemlich schnell wieder auf den Boden geholt.

Mir war immer klar, dass wir als Skischule Arlberg ein Dienstleistungsunternehmen sind. Verpflichtet dem Wohle jedes einzelnen Gastes – »der Kunde ist König« –, verpflichtet zugleich dem Ansehen unseres bekannten Ortes St. Anton. Was ich nicht brauchen konnte, waren

Möchtegernstars auf Skiern, Halbgötter im Schnee, Casanovas der Skihütten oder Hippies am Arlberg. Die Skilehrer hatten die Haare kurz zu tragen, auf eine gepflegte Erscheinung habe ich großen Wert gelegt. Und auf ein paar unabdingbare Umgangsformen. Wer sich nicht daran gehalten hat, ist rausgeflogen. Punktum.

Erst neulich, als ich mal wieder mit dem »Mooserwirt« Eugen Scalet zusammengesessen bin, haben wir uns lachend an eine solche Begebenheit erinnert. Auch der Eugen war damals als Skilehrer tätig, und er war ein Hallodri wie er im Buch steht. Unterwegs mit einer Anfängergruppe, war er den Hang schon runtergefahren, hatte sich auf die Skistöcke gelehnt, den Skianzug halb aufgemacht, sich eine Zigarette angezündet und ließ nun so seine Gruppe Bogen um Bogen nachkommen. Eine wahre Karikatur von einem Skilehrer! Bevor seine Schüler bei ihm ankamen, war ich schon da. »Das war's«, habe ich gesagt. »Lass' Dich auszahlen und verschwind'!«

»Du hast natürlich Recht gehabt«, sagt heute der Eugen Scalet, weil er jetzt aus eigener Erfahrung weiß, dass ein Betrieb nicht zu führen ist, wenn Disziplinlosigkeit sich breit macht.

Aber so einsichtig war und ist beileibe nicht jeder. Ich habe mir damals im Ort viele Gegner, ja Feinde gemacht. Mehrmals wurde an meinem Hotel die Fassade mit Schmähschriften beschmiert. »Suggi, du bist das größte Schwein von St. Anton«, stand da dann eines morgens – geschrieben mit Altöl! »Suggi« war kein Spitzname von mir, sondern ist der alte überlieferte

Hausname. Ich wusste genau, wer die Leute waren, aber das ist jetzt Schnee von gestern, da will ich gar nicht mehr daran denken oder davon reden. Dass seither aber ein eigenes Verhältnis bestand und besteht zwischen den St. Antonern und mir, das liegt auf der Hand.

1987 wurde mir die Leitung der Skischule entzogen.

Vorausgegangen war ein ungeheures Kesseltreiben. Die Skilehrer hatten immer stärker opponiert – hinter meinem Rücken. Sie haben sich zusammengetan, haben Unterschriften gegen mich gesammelt, haben alle Kräfte mobilisiert, die sie gegen mich ins Feld führen konnten. Beim damaligen Bürgermeister Sprenger, beim einflussreichen Adi Werner und beim heutigen Bürgermeister Rudi Tschol haben sie auch hinreichend Unterstützung erfahren …

Ich frage mich bis heute, warum das so gekommen ist. Ich bin mir keiner Schuld bewusst. Gut, ich war autoritär, ich habe Disziplin gefordert, ich habe mir von niemandem auf der Nase herumtanzen lassen. Ich vermute, dass ich einigen einfach zu stark war und dass ich in deren Augen den Laden zu korrekt geführt habe …

Die Hausbeschmierereien sind mir damals als infamer Höhepunkt erschienen – ich habe wirklich genug gehabt. Und wenn man mir nicht das Amt entzogen hätte, dann hätte ich es sowieso niedergelegt.

Aber es kam eigentlich alles noch viel schlimmer. Wenn mich wer angreift, dann freut mich das nicht, aber ich kann damit umgehen, ich kann mich schon wehren. Aber es gab einige im Ort, die sich an mich nicht herangetraut hätten, die ihre Bosheiten anderweitig ausgelebt haben. Unsere Hotelgäste sind in der Skischule verunglimpft worden: »Was, beim Schranz wohnt's Ihr? Da sollten mir ja gar net Ski fahren mit Euch!« So etwas muss man sich mal vorstellen!

Aber das Infamste und Schmutzigste war, dass meine Kinder mit hineingezogen worden sind. Im Dorf sind sie angesprochen und belästigt worden: »Jetz hat's euern Vater endlich dawischt, was?!« Die sind weinend heimgekommen, die haben schwer unter dieser Geschichte zu leiden gehabt.

In St. Anton – das Sankt klingt in diesem Zusammenhang wie der blanke Hohn – war es damals kaum mehr auszuhalten. Einige hätten es gern gesehen, wenn wir fortgegangen wären. Man hat mir sogar schon Angebote für das Hotel gemacht ... Aber die haben alle nicht mit der Härte von meiner Frau und mir gerechnet! Fortzugehen, das wäre nie in Frage gekommen. Ich stamme von hier. Ich bin hier aufgewachsen, groß geworden. Groß geworden im doppelten Sinn des Wortes. Es war, ist und bleibt meine Heimat – daran konnte auch die Borniert- und Bosheit einiger St. Antoner nichts ändern.

Gott sei Dank bin ich geblieben, oder? In St. Anton würde die Bahn immer noch durch die Ortsmitte rumpeln. Weil, wie es Adi Werner gesagt hat: »Ohne Schranz keine WM, ohne WM keine Bahnverlegung.« Und ohne das, sage ich, wäre der renommierte Ort irgendwann zweitklassig geworden!

Das Kapitel Skischule gehörte der Vergangenheit an. Viele Jahre später, als man 1998 meinen Sechziger feierte und als man mir die Ehrebürgerschaft verlieh (2001 wegen meiner Verdienste um die Ski-WM), da habe ich und haben mit mir viele in ganz Österreich ein Wort des Bedauerns von offizieller St. Antoner Seite erwartet. Aber für die ungerechte Behandlung von damals gab es nicht einmal die Andeutung einer Entschuldigung ...

Nach dem Ende meiner »Skischul-Laufbahn« kümmerte ich mich verstärkt um unser Hotel und war ansonsten erst einmal »Privatier«. Und wenn ich Privatier sage, fällt mir auf, dass ich da beim Erzählen noch einiges nachzuholen habe. Denn mittlerweile hatte sich in meinem Privatleben ja allerlei getan. Gott sei Dank: viel, viel Erfreuliches ...

Am 3. Oktober 1981 hatte ich geheiratet. Reichlich spät für einen, der eigentlich ein Familienmensch ist, dem die Familie immer als heilig gegolten hat. Aber, wie gesagt, in der Rennläuferzeit hatte ich aus bestimmten Gründen feste Beziehungen gemieden – mit einer Ausnahme: Die Liaison Ende der Sechzigerjahre mit der Sängerin und Schauspielerin Dagmar Koller, der späteren Gemahlin des Wiener Bürgermeisters Helmut Zilk.

Weniger medienträchtig, dafür aber umso nachhaltiger war die Beziehung zu meiner späteren Frau Evelyn Keglevich.

1970 sind wir uns erstmals begegnet. Aber erst acht Jahre später hat es »gefunkt«. Im Dezember 1978 hatte mich Bundeskanzler Bruno Kreisky in seine Loge in der Wiener Staatsoper eingeladen. Ich mag Oper sehr gerne, am liebsten die komische Oper. Mozart zum Beispiel, auch die Italiener wie Verdi, Puccini und Rossini. Die Wagner-Opern sind mir zu lang – immer wieder schöne Passagen, aber auch enorme Längen dazwischen. An diesem Abend wurde Bizets »Carmen« aufgeführt. Großartig! Anschließend ging ich mit Kreisky und seiner Gemahlin zu einem späten Diner, danach noch mit einem Freund in die Eden-Bar. Und dort traf ich wieder diese Evelyn, der ich Jahre zuvor schon einmal begegnet war. Sie hatte ihre Schwester Karin dabei – und ohne die wären meine Annäherungsversuche wahrscheinlich kläglich gescheitert (und mein Leben wäre anders verlaufen!).

Evelyn gab sich sehr reserviert. Sie hielt mich wohl für einen typischen Partylöwen, für einen, der aufgrund seiner Popularität immer alles kriegen konnte, was er wollte. Aber dieses Bild passte nicht wirklich zu mir.

Als ich sie um ihre Telefonnummer bat, um gelegentlich etwas »auszumachen«, lehnte sie ab. Aber Karin steckte mir die Telefonnummer heimlich zu.

Und so nahm das Schicksal seinen Lauf. Ich rief Evelyn an, wir trafen uns wieder – und ich konnte ihr Vorurteil zurechtrücken.

Evelyn stammte aus Graz, sie war Pharmareferentin und sie war die Frau, mit der ich mir ein gemeinsames Leben vorstellen konnte. Ich habe mich nicht getäuscht – und ich habe es nie bereut!

Kreisky, »Carmen« und Karin sind mir zum guten Schicksal geworden.

»Als ich Dich geheiratet habe«, sagte Evelyn neulich zu mir, »habe ich mich auf St. Anton riesig gefreut. Skifahren, die Berge, die Natur. Aber so viel Natur kann ja kein Mensch aushalten«.

Evelyn führt seit 1981 mit großem organisatorischen und kaufmännischen Geschick unser »Hotel Karl Schranz«. Außerhalb der Saison pendeln wir, so es die Schulzeiten der Kinder zulassen, zwischen St. Anton und Wien. Ihr und mir tut es gut, immer wieder für eine Zeit herauszukommen aus dem Dorf, wo jeder jeden kennt, und einzutauchen in die Großstadt.

Drei Töchter sind aus unserer Ehe hervor gegangen: 1981 kam Anna zur Welt, vier Jahre später Christiane, schließlich 1989 Katharina. Weil ich die Familie so spät gegründet habe, bin ich für sie natürlich ein verdammt alter Vater. Eigentlich besteht da fast ein Verhältnis wie zwischen Großvater und Enkelin. Was die Madeln sich denken, wie sie sich ihr Leben gestalten wollen, all das ist für mich oft nicht nachvollziehbar. Da ist irgendwie eine Generation übersprungen. Und was weder die FIS-Funktionäre geschafft haben noch Horden wild gewordener Skilehrer – Anna, Christiane und Katharina schaffen das geradezu spielend: Sie tanzen mir auf der Nase herum.

Ein kleiner Dialog zwischen Katharina, der Jüngsten, und mir als beredtes Beispiel. Dazu muss man wissen: Das Hotel liegt im Oberdorf, eine ziemlich steile Straße führt hinunter ins Ortszentrum. Man kommt mit dem Radel flott hinunter, rauf aber ist es viel mühsamer.

»Du, Papa, ich fahr ins Dorf.«

»Mit was fahrst denn?«

»Mit'm Radl«.

»Das geht doch nicht, das ist doch kaputt.«

»Das geht schon.«

»Nein, das geht nicht, das hat gar keinen Sattel!«

»Das macht nichts, das geht auch ohne Sattel.«

»Du bleibst da! Mit dem kaputten Radl fahrst du nicht!«

»Wenn ich im Dorf fertig bin, ruf ich dich an«.

»Du brauchst gar nicht anzurufen. Du fahrst nicht runter!«

»Gell, Papa, du holst mich dann mit'm Auto.«

»Das kannst vergessen!«

»Ich ruf dich dann an …«

»Brauchst nicht anrufen. Hab keine Zeit.«

»Pfüat di, Papa«.

Und dann war sie draußen und eine Stunde später hat mein Handy geklingelt – und ich bin mit dem Auto runter ins Dorf und hab die Kathi samt ihrem sattellosen Radel wieder hoch geholt.

Jaja, die Madeln wissen von klein auf, wie sie den Vater um den Finger wickeln …

Aber das muss ich schon sagen: Zeit haben wir uns für die Kinder, für unser Miteinander von jeher viel genommen. Sie sind nie nur so nebenher aufgewachsen, das wäre für Evelyn und mich auch nie in Frage gekommen.

Ich war und ich bin ein Familienmensch. Meine Familie gab und gibt mir immer Halt und Sicherheit. Und ich weiß: Familie ist das Schönste – wenn auch manchmal das Schwierigste von allem …

Es braucht ja niemand zu glauben, dass es leicht wäre, mit dem Karl Schranz auszukommen, wenn irgend etwas nicht so läuft, wie er sich das vorstellt! Wie in jeder anderen Familie auch, ist es ja oftmals gar nicht so leicht, das Familiäre und das Berufliche unter einen Hut zu bringen. Das Haus ist voller Gäste, und wir müssen sehr darauf achten, dass uns so etwas wie eine Privatsphäre gewahrt bleibt. Aber das ist uns bislang immer gelungen, und das macht unser Familienleben so maßgeblich aus.

Unter den vielen Gästen – im Winter naturgemäß noch mehr als im Sommer – sind immer auch illustre Freunde. Im Foyer unseres Hotels hängen unzählige Fotos von Größen aus Politik, Sport, Kultur und Wirtschaft, die ich alle kennen gelernt habe und von denen nicht wenige auch mit mir Ski gefahren sind: Der ehemalige US-Präsident Gerald Ford, Franz Beckenbauer, Deutschlands Alt-Bundeskanzler Helmut Kohl, Startenor Peter Hoffmann – um nur einige zu nennen. Und der russische Staatspräsident Wladimir Putin, mit dem mich, so darf ich wohl sagen, ein ausgesprochen freundschaftliches Verhältnis verbindet.

Begonnen hat das während der Ski-Weltmeisterschaften in St. Anton. Ich durfte ihn beim Skilaufen begleiten. Während einer Seilbahnfahrt zeigte ich ihm, der ja perfekt deutsch spricht, verschiedene Abfahrten, und fragte ihn: »Herr Präsident, wo wollen Sie fahren?«

Daraufhin hat Putin gesagt: »Sag bitte Wladimir zu mir«.

»Aber ich kann doch nicht zum Präsidenten von Russland einfach Wladimir sagen …«

»Wenn du zu mir nicht Wladimir sagen kannst«, erwiderte Putin darauf, »kann ich zu dir nicht Karl sagen«.

Damit war das geklärt, und ich spreche den russischen Präsidenten privat beim Vornamen an.

Was das Skilaufen angeht: Beibringen habe ich dem Wladimir da überhaupt nichts müssen. Der Präsident fährt ausgezeichnet Ski, und es war immer ein Vergnügen, mit ihm unterwegs zu sein.

Inzwischen habe ich Wladimir auf seine Einladung hin auch in Moskau besucht. Der Aufenthalt im Kreml, am Roten Platz – das war schon einer der ganz großen Momente in meinem Leben. Dafür bin ich ihm sehr dankbar. Und ich hoffe, dass es noch oft Gelegenheiten gibt, gemeinsam was zu unternehmen – in Moskau oder in St. Anton …

Wie ich's mit der Politik halte? Ich interessiere mich sehr für Politik – auch für Geschichte –, Parteipolitik lag mir aber immer fern. Wenn der Mensch in Ordnung ist, dann ist es mir egal, welcher Farbe er sich zugehörig fühlt. Auf dem Gebiet der Politik habe ich mit dieser Einstellung immer nur gute Erfahrungen gemacht. Stets fand ich offene Türen und, was noch wichtiger ist, ein offenes Ohr …

Diese offenen Türen waren es dann auch, die mich darin bestärkt haben, mich in Sachen Ski-Weltmeisterschaften in St. Anton zu engagieren. Ich verfügte über die besten Kontakte. Man brauchte die nur zu nutzen. Oh nein, nicht für eigene Vorteile! Vielmehr zum Wohle der Gemeinde und damit zum Wohle Tirols und zum Wohle Österreichs.

St. Anton am Arlberg gilt ja als einer der berühmtesten Wintersportorte der Welt. 1901 wurde hier der erste

Skiclub der Alpen gegründet. Es stand also in absehbarer Zeit ein 100-jähriges Jubiläum bevor. Wenn man es schaffen könnte … alpine Ski-Weltmeisterschaften … St. Anton am Arlberg weltweit im Blickpunkt … aber ob die Verantwortlichen in der Gemeine überhaupt kapieren? … der Ort bräuchte einen neuen Aufschwung … dass Bund und Land einsteigen würden, da bin ich mir sicher … Weltmeisterschaften in St. Anton …

Diese und ähnliche Gedanken trieben mich über viele Monate gehörig um. Egal, was ich auch tat: Diese Weltmeisterschaften gingen mir nicht mehr aus dem Sinn, wurden zur fixen Idee.

So kam die Bewerbung für die FIS Alpine Ski-Weltmeisterschaften St. Anton am Arlberg ins Rollen.

Freilich, der Weg dorthin war noch weit. Aber jetzt war ich wieder auf dem Weg, auf meinem Weg.

»Karl, du musst jetzt endlich diplomatischer werden«, hatte mir der Kneissl Franz nach meinem Ausschluss 1972 immer wieder ans Herz gelegt, der Mann, dem ich in meiner sportlichen Entwicklung und darüber hinaus viel zu verdanken habe. (Die Tatsache, dass ich seit 1980 nur noch auf Fischer schwöre, hängt damit zusammen, dass ich mit dem Pepi Fischer gut befreundet bin – und er seit langem einfach die besseren Skier macht!)

Der Franz hat freilich leicht Reden gehabt – da war und ist kein Kippschalter in mir, kein Knopf, den man nur zu drücken braucht. Aber immerhin: Seine »Ermahnung« war seitdem in mir hängen geblieben – und vielleicht hat sie dazu verholfen, eine eigene Form der Diplomatie zu finden …

Die nächsten Monate mussten beweisen, ob es gelingen würde, mit meiner Mischung aus 90 Prozent Sturschädel und höchstens 10 Prozent Diplomatie Mehrheiten für mein neues großes Ziel, für meinen Wunschtraum zu schaffen.

40 Mit IOC-Präsident Juan Antonio Samaranch

41 »Bruderschaft« mit Alberto Tomba

42 Boxenstopp mit Niki Lauda

43 Ski-Prominenz:
Schranz, Ernst Hinterseer, Anderl Molterer und Hansi Hinterseer (v.l.n.r.)

44 »… mit allen guten Wünschen« von Helmut Kohl

45 Mit Bischof Krenn

46 Mit dem Ex-Präsidenten der Vereinigten Staaten, Gerald Ford

47 Wie es sich gehört: Diener vor Queen Elisabeth II.

48 Auf der Piste mit Russlands Staatspräsident Wladimir Putin (Mitte)

49 Mit Gina Lollobrigida und ORF-Generalintendant Gerd Bacher

50 Mit Perry Como und Senta Berger

51 Mit Karim Khan

52 »Weltmeistertreffen« bei der Ski-WM 1978 in Garmisch-Partenkirchen: Bogner, Killy, Schranz, Sailer, Zwilling, Leitner

53 Mit »Herminator« Hermann Maier

54 Mit König Juan Carlos von Spanien, Evelyn und Tschechiens Premierminister Václav Klaus

55 Mit Wolfgang Schüssel bei der Brettljause im »Hotel Schranz«

56 Mit Michael Kuhn von der »Kronenzeitung«, Niederösterreichs Landeshauptmann Erwin Pröll mit Gemahlin und Evelyn (v.l.)

12
»Du, Herr Bundeskanzler, macht's Ihr mit?«

Wie die Weltmeisterschaft
nach St. Anton kam

ALPINE
SKI WM 2001
St. Anton am Arlberg

Die Idee, alpine Ski-Weltmeisterschaften auf den Arlberg zu holen, war nicht neu, als ich sie im Dezember 1994 noch einmal »erfand«.

Schon Ende 1989 hatte der Skiclub Arlberg vor, sich für das Jubiläums-Jahr 2001 um die WM zu bewerben und fand zunächst Zustimmung in Lech und St. Anton. 1991 wollte man erste maßgebliche Schritte einleiten. Aber Lech votierte 1992 in einem Bürgerentscheid gegen das Projekt und St. Anton traute sich zunächst einmal nicht zu, es allein anzugehen.

In mir arbeitete die Idee weiter. Bei einem Weltcupslalom in Lech im Dezember 1993 war ich von der grandiosen Stimmung so begeistert, dass ich beschloss, einen neuen Anlauf zu nehmen. Ich sprach noch während der Veranstaltung mit ÖSV-Präsident Peter Schröcksnadel und ÖSV-Pressechef Jo Schmid – und ich fand erste begeisterte Zustimmung. Und das brachte mich richtig in Fahrt.

Noch vor dem Ende des Rennens verließ ich Lech und fuhr nach St. Anton, zum Bürgermeister Herbert Sprenger, der damals auch Präsident des Skiclubs Arlberg war. Ihn konfrontierte ich mit meiner fixen Idee. Einerseits gefiel sie ihm schon, andererseits sprachen einstimmige Gemeinde- und Tourismusverbands-Beschlüsse dagegen.

»Solange Du nicht definitiv nein sagst, versuchen wir's!«, blieb ich kämpferisch. Sprenger nickte. Ich bat ihn um Vertraulichkeit, um nicht die Gegner auf den Plan zu rufen. Meine Gegner, die Gegner einer solchen Großveranstaltung und die, die sowieso und immer gegen alles sind.

Und dann machte ich mich auf den Weg und sammelte Befürworter-Stimmen. Von Landeshauptmann Wendelin Weingartner, der begeistert seine Unterstützung zusagte, von seinem Stellvertreter Eberle und von Sport-Landesrat Astl. Von Mario Stedile und Schmid-Chiari, den Eigentümern der Arlberger Bergbahnen, und auch von Eberhard Falkner, einem Ausschussmitglied des Tourismusverbandes. Adi Werner, einflussreicher Besitzer des »Arlberghospiz« am Arlbergpass und designierter Tourismusverbandsobmann, kämpfte mit mir nach Jahren der »Funkstille« wieder Seite an Seite (wir waren uns seit der St. Antoner Skischul-Geschichte nicht mehr »grün« gewesen).

In Wien gewann ich die Unterstützung von Bundeskanzler Vranitzky. Er hatte mir vor längerer Zeit schon das »Du« angeboten – aber ein gewisser Respekt dem Bundeskanzler gegenüber muss schon sein. Als ich ihn traf, sprach ich ihn an: »Du, Herr Bundeskanzler, St. Anton möchte die Skiweltmeisterschaft ausrichten. Macht's Ihr mit?« Vranitzky war begeistert und sagte sofort umfassende Kooperationen zu.

Damit war der Meinungsumschwung in St. Anton in Gang gesetzt. Nur im Tourismusverband war der damalige Obmann Rudi Tschol noch dagegen, nicht wissend, was eine WM in der heutigen Zeit zu bringen vermag: Infrastruktur, Bahnverlegung, WM-Halle, Skistadion, Beleuchtungsanlage für Nachtpiste und internationale Werbung. Ihm, dem heutigen Bürgermeister von St. Anton, möchte ich aber zugute halten, dass er sich später als Direktor für Infrastruktur und als Koordinator zwischen Gemeinde und Organisationskomitee Verdienste erworben und wesentlich zum Erfolg der WM beigetragen hat. Schließlich war auch der Tourismusverband einstimmig für die Durchführung der Ski-WM 2001 in St. Anton, und der Gemeinderat war, mit nur zwei Enthaltungen der Grünen, dafür.

Jetzt galt es, uns innerhalb Österreichs gegen den Mitbewerber »Region Amadé« aus Salzburg durchzusetzen. Die diplomatische Vorarbeit bei den Landesverbandspräsidenten lief an und führte nicht zuletzt dank der Verbindungen des Tiroler Ski-Präsidenten Ernst Scartezzini zum zunächst nicht erwarteten Erfolg bei der Präsidentenkonferenz im Sommer 1994, wobei wohl unser internationaler Bekanntheitsgrad, die Erfahrung als Weltcuport und das 100-jährige Jubiläum des Skiclub-Arlberg den Ausschlag gaben. Außerdem: Bisher hatte noch nie eine WM in Tirol stattgefunden.

St. Anton als Österreich-Sieger – da holte ich mir noch am gleichen Abend das Versprechen von Fernsehsport-Chef Elmar Oberhauser, St. Anton zu unterstützen, was er auch mehr als einhielt. Schwerer war es dann auf dem internationalen Parkett, auf dem wir, Jo Schmid und ich, als Generalsekretäre der WM-Bewerbung die Freunde des Österreichischen Skiverbandes aufzusuchen hatten.

Schmid flog zunächst nach China und Australien, ich nach Südamerika. Mit vagen Versprechungen und ohne konkrete Zusagen, St. Anton beim FIS-Kongress die Stimme zu geben, kehrten wir ziemlich enttäuscht zurück.

Der Durchbruch sollte uns erst mit geänderter Taktik gelingen: Systematisch versuchten wir Freunde zu gewinnen und von St. Anton zu überzeugen, gleichsam mit österreichischem »Schmäh« oder, feiner ausgedrückt, mit der Staatsvertrags-Taktik frei nach dem Motto: »Geben und nehmen«. Anlässlich des 90-jährigen Bestehens des Österreichischen Skiverbandes luden wir Gott und die Welt zum Wiener Nobelheurigen Zeiler in Neustift ein. Dort entstand eine Pro-Stimmung, die wir dann an Ort und Stelle in Christchurch mit einer großen Delegation, angeführt von Präsident Peter Schröcksnadel, den Generalsekretären Schmid und mir, Klaus Leistner, Bürgermeister Herbert Sprenger und Adi Werner noch gehörig auffrischten.

Meine Rede hielt ich am 11. Mai 1996 dann vor den internationalen Delegierten bewusst in Deutsch. Die Rede schien ihre Wirkung nicht zu verfehlen: »Es wäre für mich die Erfüllung eines Lebenstraumes, könnte ich mithelfen, die WM in meinen Heimatort zu bringen!« Und so geschah es.

St. Anton war in allen Abstimmungen vorne. Im ersten Wahldurchgang mit 35 von 116 vor St. Moritz 31, Bormio 28 und Lillehammer 22. Beim zweiten mit 43 vor St. Moritz 38 und Bormio 35. Und dann in der Stichwahl mit 64 gegen 52 von St. Moritz!

Noch vor dem Augenblick der offiziellen Verkündung las ich unseren Erfolg aus den Mienen des Schweizer FIS-Präsidenten Marc Hodler und des St. Moritzer FIS-Generalsekretärs Gian-Franco Kasper ab. Der Jubelschrei der Antoner Delegation über den Sieg wird mir immer im Ohr bleiben. Wir waren nicht mehr Herren unserer Gefühle. Meine Freudentränen waren kaum abgewischt, als ich der FIS gestand: »Es ist schwerer, eine WM zu bekommen, als eine WM zu gewinnen!«

Und trotz aller Emotionen hatte ich schon im Augenblick des Zuspruchs Visionen. Die Bahn musste weg aus dem Ort, alle Rennen mussten erstmals in einem Zielstadion enden, eine WM-Halle musste her.

Das hatte es in der Geschichte der alpinen Ski-Weltmeisterschaft noch nie gegeben und das wird es, wenn überhaupt, auch sobald nicht mehr geben: Alle zwölf Rennen sollten in einem Ziel enden. Vom Kapall und Gampen Rennstrecken hinunter in ein gemeinsames Skistadion. Noch nie konnte das Publikum vom Ziel aus soviel von einer Weltmeisterschaft live sehen wie in St. Anton. Slalom und Riesentorlauf sollten komplett zu verfolgen sein, Super-G und Abfahrt zu gut einem Drittel vor den Augen der Zuschauer. Und so kam es dann auch.

Die neue Herrenabfahrt vom Kapall, auf deren Trasse auch der Super-G ausgetragen wurde, dachte ich mir selbst aus. Es handelte sich um keine künstlich angelegte Strecke, sondern um eine von der Natur vorgegebene Linie. Bis zum Gampen folgte sie der alten Kandahar-

Abfahrt. Nach Gampenschuss und Gampeneck begann dann der neue Teil mit dem Labyrinth und der Waldschneise, dem schwierigsten Abschnitt. Es folgte der Eisfall mit 67 (!) Prozent Gefälle. Spektakulär auch der vom Ziel einsehbare Teil mit einem Sprung beim Wasserschloss, dem Einkehrschwung bei der Rodel-Hütte und dem WM-Sprung. Sie war mit keiner der zahllosen Abfahrten, die ich in meiner zwanzigjährigen Karriere gemeistert habe, zu vergleichen. Nie werde ich das Gefühl vergessen, das mich bei meiner ersten Probefahrt befallen hat. Mein Herz ist aufgegangen, ich glaubte zu schweben. Dass auf dieser Strecke schließlich mit Hannes Trinkl einer der profiliertesten und routiniertesten Abfahrtsrennläufer Weltmeister wurde, erfüllt mich mit Freude und mit Stolz.

Fasziniert war ich auch von der Weltmeisterschaft der kurzen Wege. Auch das wird wohl nicht wiederholbar sein: Zielstadion, Presse- und Fernsehzentrum gleich nebeneinander. Und alles praktisch mitten im Ort, der durch die Weltmeisterschaft näher an seine einmaligen Pisten heranrückte. Auch der Ortsteil Nasserein wurde durch eine neue Einseilumlaufbahn mehr ins Zentrum gerückt und dehnte das Skileben von St. Anton ostwärts aus. Nicht ganz nach meinen Vorstellungen geriet das Zielhaus. Ich hätte es mir tirolerischer vorgestellt. Der Aufbruch in ein neues Jahrtausend musste sich eben auch im Baustil manifestieren. Ebenso wie in der Namensgebung für die neue Halle, die bei der Weltmeisterschaft als Presse-, Radio- und Fernsehzentrum diente und jetzt Veranstaltungs- und Wellnesszentrum ist.

»ARLBERG-well.com – Center für Wellness und Kommunikation« heißt sie seit Ende der WM. Für mich – und wahrscheinlich viele Antoner, bleibt sie die »WM-Halle«, eine ewige Erinnerung an die WM 2001.

Das Projekt der Bahnverlegung war ebenso wenig neu wie es das Projekt der Ski-Weltmeisterschaft gewesen ist. Aber Mario Stedile von den Arlberger Bergbahnen war der erste, der es noch in Christchurch wieder anging: »Probieren wir es noch einmal!«, forderte er mitten im Siegestaumel.

Und wir taten es. Unter Aufbietung aller Tiroler Hartnäckigkeit und Schlauheit. Als Bundeskanzler Franz Vranitzky Ende des Jahres nach St. Anton kam, wurde er mit allen Tiroler Ehren vor dem Gemeindeamt in St. Anton empfangen. Schützen marschierten auf, alle Verbände und Vereine, die auf die Beine zu bringen waren, standen mit Abordnungen parat, die St. Antoner Musikkapelle spielte auf. Ich bat den Bundeskanzler, mit dem ich schon Vorgespräche geführt hatte, zum Oberdorfer Bahnübergang. »Tak-Tak-Tak ...« ging es ununterbrochen und die Züge verkehrten wie auf Bestellung fast im Drei-Minutentakt. Man muss wissen, dass diese Bahnschranken pro Tag insgesamt 12 Stunden geschlossen waren. »Untragbar und zu gefährlich«, stellte auch der Bundeskanzler fest.

Viel Unterstützung fanden wir damals auch bei Verkehrsminister Caspar Einem und Karl Schlögel, der als Staatssekretär für Tourismus und Sport den Besuch Vranitzkys eingefädelt hatte. Die Südvariante war vorerst dem Finanzminister und späteren Vranitzky-Nachfolger als Bundeskanzler, Viktor Klima, noch zu teuer. Doch Vranitzky stellte bestimmend fest: »Noch bin ich Bundeskanzler!« Für 2,1 Milliarden Schilling wurde das Projekt, das schon der frühere Verkehrsminister Rudi Streicher in der Schublade gehabt hatte, im Juli 1998 in Angriff genommen. Und am 11. September 2000 hielt der erste Zug im neuen Bahnhof.

Ursprünglich sollte ich als Generalsekretär im Organisationskomitee arbeiten. Die ursprünglichen Pläne veränderten sich dann zu einer etwas anderen Organisationsleitung: ÖSV-Präsident Peter Schröcksnadel an der Spitze, Klaus Leistner als Generalsekretär und ich als Direktor Öffentlichkeitsarbeit und persönlicher Stellvertreter des Präsidenten. Daneben gab es Direktoren für die Teilbereiche Organisation (Jo Schmid), Sport (Werner Margreiter) und Infrastruktur (Rudi Tschol) sowie einen Medienchef (Gerhard Zimmer). Schon wurden Stimmen in der Presse laut, die in diesem Organisationsschema eine Entmachtung von Karl Schranz erblickten. Die ÖSVler sagten mir: »Wer die Haftung übernimmt, der soll auch ganz oben stehen.« Dem guten Verhältnis zu Peter Schröcksnadel tat das keinen Abbruch, auch wenn ich nicht mit allen seinen Entscheidungen einverstanden war. Aber er hörte – hin und wieder jedenfalls – auf mich, und zog mich auch oft zu Rate. Mein Aufgabengebiet verlagerte sich immer mehr auf die Öffentlichkeitsarbeit und auf die Repräsentanz für die Weltmeisterschaft.

Die Ski-Weltmeisterschaft sprach mit einer Zunge – und das war die meine. Ich war in der Zeit der Vorbereitung der Sprecher des Organisationskomitees. Ich gab unzählige Zeitungs-, Radio- und Fernsehinterviews in österreichischen und ausländischen Medien – insgesamt werden es an die 300 gewesen sein. Dazu kamen noch Auftritte in verschiedenen Shows wie im »Musikantenstadl« von Karl Moik oder in »Mei liabste Weis« von Franz Posch oder als »Lebenskünstler« bei Helmut Zilk, ehemals Oberbürgermeister von Wien.

Die Zusammenarbeit mit Medienchef Gerhard Zimmer, der als Zeitungs- und Fernsehjournalist den Großteil meiner Karriere begleitet hatte, klappte dabei so hervorragend, dass Gerhard, wenn es sein musste, schriftliche Interview-Anfragen quasi aus dem Ärmel schüttelnd beantworten konnte – er hat manchmal sogar noch bessere Antworten auf die Fragen gehabt als ich …

Auf höchster Ebene bereitete ich Termine für das Organisationskomitee vor oder erwirkte Kostenreduktionen oder andere Entgegenkommen in Ministerien oder bei großen Firmen. Ich wurde nach Wien geschickt, oder vorgeschickt, wenn mit dem Verteidigungsminister Herbert Scheibner etwas Heikles auszuhandeln war oder mit dem Innenminister Karl Schlögel, mit dem neuen Bundeskanzler Wolfgang Schüssel oder der Vizekanzlerin Riess-Passer oder mit ÖBB-Generaldirektor Helmut Draxler sowie Frau Dr. Viktoria Kickinger, Kommunikationschefin der ÖBB. Immer fand ich offene Türen. Immer war mir dabei meine Popularität von großem Vorteil.

Und dann war es soweit. Nach Jahren der Vorbereitungsarbeiten, der Baumaßnahmen vor Ort, nach erfolgter Bahnverlegung und Errichtung von Zielhaus und WM-Halle, begann am 28. Jänner 2001 die »FIS Alpine Ski WM 2001«.

Und mit dem sportlichen Verlauf der Weltmeisterschaft war ich von Anfang an sehr zufrieden. Die französische Seriensiegerin Regine Cavagnoud gewann den Damen-Super-G vor der Italienerin Isolde Kostner und der Deutschen Hilde Gerg. Auch wenn die Österreicherinnen Renate Götschl, Alexandra Meissnitzer, Michaela Dorfmeister, Brigitte Obermoser und Tanja Schneider leer ausgingen – für das internationale Echo der Weltmeisterschaft und für St. Anton ein überaus gelungener Auftakt.

Der Amerikaner Daron Rahlves verstärkte im Super-G der Herren diese Wirkung. Ein wenig trauerte ich mit Stefan Eberharter. Einmal schlug er Hermann Maier um 15 Hundertstel und stand zehn Jahre nach Saalbach vor der Wiederholung seines Weltmeistertitels. Und dann kam dieser »Ami« …

Für Tirol gab es die erste Medaille durch die erst 17-jährige Christine Sponring aus Weer bei Innsbruck. Gold ging an Deutschland durch Martina Ertl, die einen Monat nach ihrem am Semmering erlittenen Innenbandriss im rechten Knie die Kombination gewann! Dritte wurde Karen Putzer aus Südtirol. Alle profitierten von den Ausfällen von Janica Kostelić, die nach zehn Slalom-Toren wegrutschte, und Renate Götschl, die zehn Tore vor der Goldmedaille ausschied …

Dass es Absagen und Verschiebungen geben würde, überraschte mich nicht im Schneeloch St. Anton. Dass aber trotz Absage der Herren-Abfahrt um 6.30 Uhr morgens am 3. Februar 20 000 Skifans in den tief verschneiten WM-Ort kamen, faszinierte mich. Diese Weltmeisterschaft in St. Anton machte die Menschen neugierig. Jetzt musste nur noch die erste Goldene für Österreich her. Und sie kam gar in Begleitung. Michaela Dorfmeister gewann die um zwei Tage verschobene Damenabfahrt vor zwei weiteren Österreicherinnen, Renate Götschl und Selina Heregger. Die Flachländerin Dorfmeister küsste den Boden des Arlbergs und ich freute mich mit dem niederösterreichischen Landeshauptmann Erwin Pröll.

Aber ich dachte an diesem Tag auch an Gertrud Gabl, nach der die Abfahrtspiste benannt war. 1969 waren wir in St. Anton gemeinsam als Weltcupsieger gefeiert worden. Am 18. Jänner 1976 hatte ich mit dem Fernglas von meinem Haus aus beobachten müssen, wie drei Skiläufer auf einem Hang des Rendl-Gebietes ums Überleben kämpften. Eine entrann der Lawine nicht: die 28-jährige Gertrud Gabl.

Am gleichen Tag schrieb der Norweger Kjetil-Andre Aamodt Skigeschichte. Sein Gold in der Kombination brachte ihm seine insgesamt 14. Medaille und die Führung in der ewigen Bestenliste vor Marc Girardelli und Lasse Kjus (je 13). Als ein Rennfahrer, der 17 Jahre ganz vorne fuhr, habe ich besondere Sympathien für die Sportler, die ihr Leistungsvermögen über lange Zeit auf höchstem Niveau halten können.

Dass der Arlberg nicht zu kurz kam, dafür sorgte Mario Matt aus meiner Nachbar-Gemeinde Flirsch vor dem Schweizer Routinier Paul Accola. Durch den heftigen Schneefall der vorangegangen Tage hatte die Kombination umgedreht werden müssen – zuerst Slalom und dann Abfahrt.

Mit dem 33-jährigen Abfahrtssieger Hannes Trinkl aus Oberösterreich gewann der älteste Teilnehmer die Königsdisziplin und wehrte den Angriff der Jugend ab. Auch das ein Fall für mich – ich konnte mich ganz besonders mit dem Sieger freuen. Der Deutsche Flori Eckert wurde an seinem 22. Geburtstag Zweiter vor dem Topfavoriten der Weltmeisterschaft Hermann Maier. Trinkls Erfolg tröstete mich darüber hinweg, dass auf der von mir erfundenen Abfahrtsstrecke nicht ganz von oben gestartet wurde.

Nach Silber (Super-G) und Bronze (Abfahrt) blieb für den »Herminator« gar nur die »blecherne Medaille«, der undankbare 4. Platz im Riesenslalom. Michael von Grünigen triumphierte in der Höhle des Löwen vor Kjetil-Andre Aamodt und einem, der noch nie auf dem Podest gestanden war, dem Franzosen Frederik Covili.

Den einzigen »Skandal« bei der Weltmeisterschaft hätten wir uns ersparen können. Wir ließen uns von einigen Herren einschüchtern und präparierten den schwierigen Slalomhang der Damen zu wenig hart. Prompt sorgte Warmwettereinbruch für eine Ausfallquote von einem Drittel des 89 Läuferinnen umfassenden Feldes, und es hagelte Schuldzuweisungen nach einem verrückten Rennen. Die Seriensiegerin Janica Kostelić wurde nur Fünfte. Die Schwedin Anja Paerson holte Gold vor der Französin Christel Saioni und der norwegischen Außenseiterin Hedda Bernsten, die sogar Bestzeit im zweiten Durchgang markierte.

Von allen haushohen Favoriten dieser 36. Weltmeisterschaft wurde nur eine ihrer Rolle gerecht: Die 28-jährige Schweizerin Sonja Nef. Nach fünf Saisonsiegen im Weltcup war sie auch bei der WM im entscheidenden Augenblick da und gewann den Riesenslalom mit 1,10 Sekunden Vorsprung vor Karen Putzer und Slalom-Weltmeisterin Anja Paerson aus Schweden. Es war ihre erste Goldmedaille im siebenten Anlauf. Wenige wohl konnten ihre grenzenlose Freude darüber so gut verstehen wie ich.

Und ich fühlte auch mit Anita Wachter, die, knapp vor ihrem 34. Geburtstag, im ersten Durchgang bis zur zweiten Zwischenzeit von allen Österreicherinnen am besten am Weg war, ehe sie wegrutschte und ihre Chancen vertan waren. Unter Tränen und vor 270 Gästen, darunter auch Boris Becker, verkündete sie am Abend auf der Hospiz-Alm ihren Rücktritt.

Das Finale der Weltmeisterschaften wurde zu einem wahrscheinlich unwiederholbaren Skifest. Über 60 000 Zuschauer verwandelten das Skistadion von St. Anton in eine brodelnde Arena. So hatte ich mir das bestenfalls im Traum vorgestellt. Auf der Ehrentribüne ein noch nie da gewesenes Gedränge mit drei Staatspräsidenten, zwei Regierungschefs und jedweder sonstiger Polit- und Sportprominenz. Der russische Staatspräsident Wladimir Putin repräsentierte auf der Tribüne eine Weltmacht, während auf dem Slalomhang Österreich seine Vormachtstellung im alpinen Rennsport unterstrich.

Zwei Tiroler lieferten einander in ihrer engeren Heimat ein faszinierendes Duell. Am Ende hatte der Lokalmatador die Nase vorne: Mario Matt von meinem jubilierenden Skiclub Arlberg fing den leicht favorisierten Pitztaler Benni Raich noch ab. Heinz Schilchegger wurde hinter dem Slowenen Mitja Kunc Vierter. Mario Matt, der beim Zuschlag der WM 1996 von einer Teilnahme geträumt hatte, verließ die Weltmeisterschaft nach einem Händedruck von Wladimir Putin als Goldmedaillengewinner, und er war gemeinsam mit Aamodt der erfolgreichste Athlet.

Die WM endete wie ein Märchen. Für mich ist sie ohnehin eines geblieben.

Zwei Ehrungen wurden mir während der Weltmeisterschaft zuteil. Zusammen mit den Skilegenden Trude Jochum-Beiser, Olympiasiegerin in der Abfahrt 1952 in Oslo, und Egon Zimmermann, Olympiasieger in der Abfahrt 1964 in Innsbruck, wurde ich Ehrenmitglied des Skiclubs Arlberg, der sein 100-jähriges Jubiläum mit der Ausrichtung der Weltmeisterschaft feierte. Ein bewegendes Gefühl inmitten der sportlichen Größen, die dieser wohl berühmteste Skiclub der Welt hervorgebracht hat. Er hat entscheidend zur Entwicklung des Rennsports beigetragen – mit Ideen und unzähligen Weltmeistern und Olympiasiegern.

Egon Zimmermann erzählte mir bei dieser Gelegenheit die Geschichte, wie er IOC-Präsident Avery Brundage 1964 in Innsbruck ausgetrickst hatte: Nach seinem Abfahrts-Olympiasieg bot ihm eine Kosmetikfirma 5000 Schilling, um ihn als Werbeträger zu gewinnen.

Zimmermann verlangte 6000. Avery Brundage erfuhr von dem Deal und ließ Zimmermann schwören, für die Bereitstellung seines Bildes kein Geld erhalten zu haben. Egon schwor mit zusätzlich empor gestrecktem kleinen Finger und machte damit den Schwur ungültig. Zu spät erfuhr ich diese Story – sonst wäre ich heute vielleicht auch Olympiasieger …

Die zweite Ehrung während der WM berührte mich noch mehr, obwohl ich noch am Tag der Überreichung der Ehrenbürgerschaft von St. Anton am Arlberg nicht viel davon wissen wollte. Auf dem Weg von der Senn-Hütte zu meinem Hotel musste mich Gerhard Zimmer von dem Entschluss, die Ehrung stillschweigend und ohne persönliche Teilnahme über mich ergehen zu lassen, abbringen.

»Das kannst du nicht machen!«, sagte Gerhard zu mir, »du haust dir alles wieder zusammen«. Und ich ließ mich überzeugen.

Auf der Stiege vor dem Hotel »Neue Post«, dort, wo die Ehrung stattfand, erfasste mich ein besonderes Glücksgefühl. Hier war ich gestanden und hatte nach einem Schülerrennen meinen ersten Preis, Kuchen und Tee bekommen. Und jetzt stand ich da mit meiner Familie als Ehrenbürger von St. Anton – der Eisenbahnersohn als Ehrenbürger – ein zweites Märchen neben der Ski-Weltmeisterschaft. Und endlich war ich auch einmal richtig beraten …

»St. Anton stellte einen Meilenstein in der Geschichte der Ski-Weltmeisterschaft dar!«, sagte FIS-Präsident Gian-Franco Kasper bei der Schlussfeier. Die 36. Alpine

Ski-Weltmeisterschaft setzte Maßstäbe, die mir als Rennläufer noch utopisch erschienen wären. Es war die WM der vielen Rekorde:

- Noch nie nahmen so viele Länder (59) und so viele Athleten (300) an einer WM teil.
- Noch nie berichteten so viele TV-Anstalten (46) von einer alpinen Ski-Weltmeisterschaft, noch nie so viele Radio-Stationen (35, davon 20 private und 15 der EBU angehörende), noch nie so viele Printjournalisten (713), noch nie so viele Photographen (281), noch nie so viele Mitarbeiter elektronischer Medien (1696, davon allein 846 vom Hostbroadcaster ORF).
- Noch nie wurden täglich 2500 VIPs in einem so großen Zelt (4000 qm) verpflegt, noch nie insgesamt 8000 Personen pro Tag.
- Noch nie wurden zehn Goldmedaillen auf so viele Nationen (7) aufgeteilt wie in St. Anton.
- Noch nie waren so viele Zuschauer vor Ort (350 000).
- Noch nie gab es anlässlich einer Ski-Weltmeisterschaft ein so großes Infrastruktur-Projekt wie die Bahnverlegung in St. Anton mit einem Kostenaufwand von 160 Millionen Euro.
- Noch nie mündeten alle Rennen in ein und dasselbe Zielstadion.
- Noch nie lagen Wettkampfstätten, Zielstadion und Medienzentrum so nahe beieinander.
- Noch nie fiel eine Ski-WM mit dem 100-jährigen Jubiläum des örtlichen Skiclubs zusammen.
- Noch nie war die Vermarktung (IMG) so strikt ge-

trennt von der Organisation (ÖSV-Veranstaltungsgesellschaft).
- Noch nie gab es so viele Sponsoren (7) und Partner (30).

Das alles sind Superlative, auf die ich stolz sein kann. Und ich habe meinen Beitrag dazu geleistet.

Nach Beendigung meiner aktiven Rennsport-Karriere habe ich noch einmal Zeichen setzen können. Zugegeben: Ich habe den »Halb-Ruhestand« nach der extremen Zeit auch sehr genossen. Jetzt auch Zeit zu haben für mich selbst, das war schon etwas. Zugleich bin ich keiner, der sich in der Stub'n ins Eckerl setzt und Däumchen drehen könnte. Ich habe mir immer Betätigungen gesucht und neue Aufgaben gestellt.

Die größte Aufgabe war zweifellos die Bewerbung und die Durchführung der WM in St. Anton am Arlberg. Ich bin überzeugt, dass ich meinem Heimatort und den folgenden Generationen mit meinem Engagement habe helfen können. Das war mein Anliegen.

Und natürlich hat es mir oft auch viel Spaß gemacht, bei den Vorbereitungen an den richtigen »Schnürln« zu ziehen, die besten Kontakte nutzen zu können.

Meine nächsten Jahre werden nicht ruhig, aber ruhiger sein.

Da ist die Familie mit den flügge werdenden Töchtern, da ist das Hotel, und da ist schon wieder eine neue Aufgabe: Seit 2002 bin ich Präsident des Skiclubs Arlberg.

Und da ist meine Freude am Leben: Laufen, Jagen,

Fußballspielen, Golfen. In Innsbruck ins Stadion gehen, in Wien zum Heurigen. Oft zu den Skirennen und zu den Tennismatches, so oft es geht auch in die Oper.

Viel unterwegs und immer wieder gerne daheim.

Daheim, wo alles angefangen hat. In St. Anton am Arlberg.

Und mehr gibt es jetzt für mich auch nicht zu sagen. Jetzt dürfen noch einige andere zu Wort kommen – und dabei das Bild, das ich von mir selbst gemacht habe, gegebenenfalls auch gehörig gerade rücken.

Nur immer zu: Der Schranz Karl ist auch hart im Nehmen!

In diesem Sinn: Servus beinand und auf bald im Weltmeisterschaftsort St. Anton am Arlberg!

13
»Als Lohengrin bist du noch schneller!«

Keine Scheu vor »großen Tieren«

So wie mit dem Skilauf, so bin ich in St. Anton am Arlberg auch von frühester Kindheit und Jugend mit Prominenz in Kontakt gekommen. Mit Mitgliedern von Königshäusern, mit Adeligen und Wirtschaftpotentaten, mit Schauspielern und Regisseuren, mit Vertretern des öffentlichen Lebens und Mitgliedern der so genannten Gesellschaft und selbstverständlich mit vielen Sportgrößen. Vielleicht ist das der Grund, weshalb ich nie eine Scheu vor »großen Tieren« entwickelte. Ich erkannte sehr schnell, dass es sich bei ihnen auch nur um Menschen wie dich und mich handelt.

Die berühmte Schauspielerin und Filmemacherin Leni Riefenstahl, die mit Hannes Schneider und Luis Trenker mehrere Filme auf dem Arlberg gedreht hat, taucht in meiner Erinnerung als erster großer Star auf. Sie hat mich freundlich angelächelt und mein skiläuferisches Talent bewundert. Angehimmelt habe ich die hübschen Damen der österreichischen Ski-Nationalmannschaft wie Dagmar Rom oder Regine Schöpf. Königin Juliana war mit ihren Töchtern Beatrix, Irene und Margriet in St. Anton. Ich bin mit den Prinzessinnen Ski gefahren und sie kamen zu Kaffee und Kuchen in mein Elternhaus, um meine ersten Pokale zu bewundern. Als ich in Sapporo ausgeschlossen wurde, schickten sie mir ein Telegramm: »In alter Sport- und Arlberg-

Verbundenheit versichern wir Sie unserer herzlichen Verbundenheit! – Beatrix, Irene und Margriet der Niederlande!«

Meine ersten Gönner waren die deutschen Stahlindustriellen Robert und Ernst Bierlein, die immer in St. Anton auf Urlaub waren. Als sie erfuhren, dass ich mir, obwohl schon Kandaharsieger, die Liftkarten selbst bezahlen musste, ordneten sie Jahreskarten auf ihre Kosten an und luden mich auch zum Abendessen ein.

Mit steigenden Erfolgen war ich plötzlich mitten drinnen in der High Society und fand nichts außergewöhnliches daran. Ob in Gesellschaft von König Baudouin von Belgien, von Kaiserin Soraya oder der Schauspielerin Kim Novak. Bei meinen Aufenthalten in den USA traf ich Showstars wie Sammy Davis jun., Trini Lopez oder Dean Martin. Trini Lopez – »I want to be in America ...« – holte mich sogar einmal in San Francisco im Off-Broadway auf die Showbühne. Immer wieder wurde auch ich animiert, mich als Sänger oder Schauspieler zu betätigen. Sehr stolz war ich auf eine Mitwirkung bei Perry Comos Weihnachtsshow 1977 »Christmas in Austria« mit Senta Berger und den Wiener Sängerknaben. Die Show wurde in Amerika von 150 Millionen Menschen gesehen.

Bei einem Rennen 1968 in Megeve besuchte mich Audrey Hepburn zusammen mit der Frau von Yul Brynner am Start des Abfahrtslaufes, um mir alles Gute zu wünschen. Bei den Olympischen Spielen in Grenoble sahen wir uns wieder. Bevor sie nach Paris abreiste, vertraute sie mir an, dass sie am Arlberg Ski fahren lernen möchte. Ob ich glaubte, dass sie jetzt in der Hochsaison noch ein Zimmer bekommen würde. »Gnädige Frau, wohnen Sie halt bei mir. Ich glaube, in meiner Pension werden sich alle freuen, wenn Sie kommen!«, antwortete ich. Zu gerne wäre ich nachgekommen. Aber Olympia hielt mich zurück.

Bei einem Galaabend während der Ski-Weltmeisterschaft 1962 in Chamonix besprühte ich Mylene Demongeot, damals ein Sexsymbol in Frankreich wie Brigitte Bardot, mit etwas Champagner, worauf sie mir ein Glas Champagner ins Gesicht schüttete und die Champagnertropfen sehr zum Gaudium der ganzen Gesellschaft und auch zu meiner Freude einzeln abküsste. Damals war das nur einer Zeitung eine kleine Notiz wert, heute würde daraus eine Coverstory. Mit einer anderen berühmten Schauspielerin, mit Nancy Kwan, übernahm ich die Patenschaft für zwei Jungbären im Innsbrucker Alpenzoo. Das sind eben die Verpflichtungen, wenn man zu den großen Tieren gehört ...

Bei meinen immer zahlreicher werdenden Wien-Besuchen ging es stets gemütlich zu. Ob bei den Spitzbuben in Nussdorf oder im Simpel bei Farkas, Böhm und Waldbrunn. Farkas setzte mir einen Lohengrin-Helm auf, weil er glaubte, dass ich damit noch schneller fahren könnte.

Ich lernte Curd Jürgens und Maximilian Schell kennen. Curd Jürgens flog meinetwegen später sogar nach Sapporo, um beim Internationalen Olympischen Komitee gegen meinen Ausschluss zu demonstrieren. Die Kessler-Zwillinge trug ich beim Olympiaball 1976 in

Innsbruck auf Händen und brachte so ihre schönen Beine noch besser zur Geltung. Ich spielte beim FC Antel mit Schauspielern und Kickern Fussball und erschloss mir auch dadurch einen großen Bekanntenkreis. So wurde ich immer wieder zu den Partys des Filmregisseurs Franz Antel in seine Döblinger Villa eingeladen, wo sich die Stars und Adabeis tummelten. Ich durfte bei allen großen Fußballklubs mittrainieren, ob bei Austria, Sportklub, Rapid oder Wacker Innsbruck.

Natürlich waren nach dem Training – oder auch ohne Training – Heurigenbesuche angesagt. Meine Popularität zu der Zeit in Wien war grenzenlos. Einmal waren wir beim Heurigen Mayer am Pfarrplatz und wollten noch in ein Tanzlokal in der inneren Stadt. Die Sportklub-Spieler Erich Hof, Adi Knoll und Erwin Rafreider dirigierten meinen Porsche Richtung Stadt. Immer der Straßenbahn nach. Plötzlich befanden wir uns im so genannten Jonas Reindl, einer Fußgeher- und Straßenbahn-Unterführung beim Schottentor, und zwar vor einer erstaunten Straßenbahn. Schon war auch die Polizei da. Als sie mich erkannten, lotsten sie uns mit Blaulicht zum In-Lokal. Ähnliches passierte mir, als ich mit Ernst Waldbrunn aus dem alten Fernsehstudio in der Singrienergasse in Meidling in die Eden Bar wollte. Beim Technischen Museum gerieten wir in eine Straßenbahn-Falle. Wieder Polizei. Wieder Verständnis, diesmal aber auf andere Art: »Ein Tiroler und ein b'soffener Weaner – was soll da schon anderes herauskommen!«

Die Polizei – mein Freund und Lotse. Ich konnte mir einiges richten. Auch als Grundwehrdiener 1960. Was dem Österreichischen Skiverband nicht gelang, gelang mir auf Grund meiner Verbindungen und Verdienste. Ich brauchte im Winter Freistellungen, um in den FIS-Rangliste keine Punkte zu verlieren. Ich erwirkte sie beim damaligen Veteidigungsminister Ferdinand Graf. Als auch mein Kollege Martin Burger sie benötigte, scheiterte der ÖSV wieder. Und mir gelang sie über einen Ministerialrat im Unterrichtsministerium.

Ich fand ein offenes Ohr bei Ministern, Bundeskanzlern und Bundespräsidenten. In der Hofburg beispielsweise baute ich eine persönliche Gesprächsbasis zu allen österreichischen Staatsoberhäuptern von Adolf Schärf über Franz Jonas, Rudolf Kirchschläger, Kurt Waldheim bis zu Thomas Klestil auf. Mit Bundeskanzler Bruno Kreisky verband mich ein fast freundschaftliches Verhältnis, von gegenseitigem Respekt getragen. Einmal lud ich Kreisky zum Skifahren nach St. Anton ein und konnte es dann kaum glauben, dass er dieser Einladung auch tatsächlich Folge leistete. Er schlug in meinem Wohnzimmer in meinem Hotel sein Büro auf und leitete von hier die Regierungsgeschäfte. Ich durfte bei Gesprächen mit Olof Palme oder Willy Brandt mithören, und Kreisky erzählte und erklärte mir stundenlang Zusammenhänge in der großen Politik. »Aber alles nur unter vier Augen!«, fügte er immer wieder hinzu.

Obwohl ich Karl heiße, wurde ich zu einem »Franzen-Treffen« nach Kufstein eingeladen und lernte dort den bayerischen Ministerpräsidenten Franz Josef Strauß kennen. Er war ein Freund des Hendl-Jahn, Friedrich Jahn. Und so bekam ich unter anderem wieder eine Einladung zum Wiener Opernball. An meinen ersten Opernball werde ich mich ewig erinnern. Die Einladung kam vom Adabei des »Express«, Roman Schließer. Der Frack stammte vom berühmten Wiener Herrenausstatter Silbernagel. Die Eröffnung erlebte ich in der Loge von Prof. Rudolf Gamsjäger, dem Generalsekretär der Gesellschaft der Musikfreunde und seiner Gattin, Kammersängerin Wilma Lipp. Am meisten erheiterte mich dabei ein Damenschuh. Er kam einer Debütantin abhanden. Und man sollte nicht glauben, welch ein Problem entsteht, wenn ein Damenschuh zwischen den Beinen Walzer drehender Paare sein Eigenleben führt.

Mein »Einfluss« in Wien war so groß, dass sogar meine Tiroler Landeshauptleute Wallnöfer und Weingartner sich meiner Vermittlung bei Beschaffung schneller Termine in Ministerien und im Kanzleramt bedienten. Im Zusammenhang mit der Ausrichtung der Ski-Weltmeisterschaft in meinem Heimatort St. Anton erklärten beispielsweise Bundeskanzler Wolfgang Schüssel und Vizekanzlerin Susanne Riess-Passer unisono: »Karl, wenn du irgendetwas brauchst, sind wir jederzeit für dich da!«

Auch zu ganz Großen der Weltpolitik fand ich persönlichen Kontakt. Etwa über meinen früheren Rennläuferkollegen Pepi Gramshammer zum ehemaligen US-Präsidenten Gerald Ford. Er lud mich ein, bei einer Wohltätigkeitsveranstaltung in Vail zugunsten einer Klinik für an Multipler Sklerose Erkrankte in seinem Team zu fahren und bedankte sich bei mir mit den Worten:

»Karl, ich bin stolz, dass du für mich nach Amerika gekommen bist.«

In meinem Hotel in St. Anton sind Prominente aus allen Bereichen stets meine Gäste. Unter vielen anderen auch das kürzlich verstorbene deutsche Fußball-Idol Fritz Walter, der mich bewunderte, weil ich mit 30 Jahren noch so erfolgreich war. Er war schließlich mit 34 Jahren in Bern Fußball-Weltmeister geworden und hatte mit 38 bei der WM in Schweden noch gespielt. Immer wieder versorgte er mich mit guten Tipps und Ratschlägen. In einer Kolumne im »Kicker« schrieb er ein Loblied auf mich und wunderte sich über meine Flugangst: »So etwas ist kaum zu fassen. Da rauscht der Schranz mit 120 Stundenkilometer die Abfahrtspisten hinunter, an Felsbrocken und dicken Bäumen vorbei. Und dann diese Furcht!«

In meinen Telegramm-Ordnern finden sich Absender aus Kultur, Politik, Wirtschaft und Sport von ganzen Epochen. Glückwünsche und Sympathie-Kundgebungen. Sie würden selbst ein ganzes Buch füllen. Eines sei hier herausgegriffen, weil es mir heute noch den kalten Schauer über den Rücken laufen lässt, wenn ich es lese. Nach meiner Disqualifikation in Sapporo durch den amerikanischen IOC-Präsidenten Avery Brundage schreibt der Staatssekretär im Außenministerium, Karl Lausegger: »Habe bei Bundeskanzler Kreisky interveniert und den Abbruch der diplomatischen Beziehungen zu den USA vorgeschlagen. Kreisky zeigt sich desinteressiert!«

14
»Grüß Schranz und auf Wieder-schranzen«

Notizen von Journalisten
und Wegbegleitern

Harry Valerien
Josef Metzger
Leo Wallner
Michael Kuhn
Franz Beckenbauer
Heimo Kofler
Erwin Pröll
Wolfgang Winheim
Karl Pointner
Fritz Neumann
August Kuhn
Robert Schwan
Herbert Jung
Fred Steinacher
Elmar Oberhauser

Harry Valerien, Fernsehkommentator

Dem Leben Neues abgewinnen

Pensionär zu sein und gleichzeitig Hotelier, Zeitungskolumnist und Kommerzialrat, Vater von drei hübschen Töchtern und seit 21 Jahren noch mit der gleichen Frau verheiratet zu sein – da kann eigentlich nur Karl Schranz dahinter stecken. Wenn man ihn ohne Voranmeldung erreichen will, gibt es in der Regel zwei Varianten: Entweder er ist bei seiner Familie in St. Anton und bei seinen Gästen, oder man erwischt ihn in Wien. Und hier a) beim Bundeskanzler, b) bei einem seiner Minister oder c) auf dem Golfplatz.

Sein Leben, mit jetzt bald 64 Jahren, strebt veränderten Zielen zu. Die großen Gipfel liegen hinter ihm. In der Eingangshalle seines Hotels prunkt eine riesige Vitrine mit Pokalen, Medaillen, Plaketten und Urkunden, wie ich sie sonst nirgendwo gesehen habe. Nur das olympische Gold fehlt. Dafür ist der Arlberger auf andere Art unsterblich geworden. Disqualifikation nach dem historischen Nebelslalom 1968 in Chamrousse und vier Jahre später durch den Ausschluss von Olympia wegen Verstoßes gegen den Amateur-Paragraphen. Aus all dem ist ein Märtyrer seines Landes geworden. Und was

Schranz im Nachhinein auf Denkmal-Höhe hievt: Er wurde zum Vorkämpfer für die Athleten, die mit ihrem Sport längst Geld verdienen und dennoch an Olympischen Spielen teilnehmen dürfen. »Ich war halt '72 das Opferlamm.«

Andere Stärken des jung gebliebenen Pensionärs? Nicht bei jedem Wind, der ihm ins Gesicht geblasen ist, umgefallen, nie abhängig von der Mannschaft und fast immer gnadenlos hart gegen sich selbst gewesen zu sein.

Schwächen? Diplomatie war nie seine Sache, weder als Rennläufer, noch als Skischulleiter in zwölf Jahren. »Aber ich weiß nicht«, sagt Schranz heute, »ob ich dann den Willen zum Durchbeißen besessen hätte.«

Und die Zukunft? Schranz meint: Ich lebe in der Gegenwart, bin stets auf Achse, mit oder ohne meine Frau, arbeite noch mit der FIS zusammen und will das auch künftig tun«.

Vor Jahren hat Schranz Seneca verschlungen; er könnte ihn jetzt eintauschen gegen Kierkegaard oder gegen Hermann Hesses Buch »Mit der Reife wird man jünger«. Orientierung für einen weiteren Aufstieg kann auch ihm nicht schaden.

Josef Metzger, »Die Presse«

Hut ab vor Schranz

Karl Schranz, der Weltmeister, das Ski-Idol, der olympische Märtyrer, der von Hunderttausenden bei der Rückkehr aus Sapporo empfangen wurde, war ein ganz anderer Mensch als jener, der später als Kolumnist den Weltcup begleitete, als Galionsfigur bei der Ski-WM 2001 eine wichtige Rolle spielte, und ältere wie jüngere Wegbegleiter in sein Hotel in St. Anton zu »Brettljausen« bittet. Die Erklärung ist simpel, ist aber ein wesentlicher Faktor des gewandelten Persönlichkeitsbildes. Als Skistar war Karl der Große der einsame Wolf vom Arlberg, der in erster Linie achtete, dass ihm keiner in die Karten blickt, da schottete er sich ab, selbst anno 1974 noch, als meine Wenigkeit mit Dieter Seefranz, Gott hab ihn selig, einen Schranz-TV-Skikurs drehte. Es war die Zeit, da Schranz am eigenen Leib erlebte, wie ein Volksheld im eigenen Ort zum Buhmann wird.

Aber einschneidender als »Schmier-Aktionen«, die ihn besudelten, für den Menschen Schranz war die Hochzeit mit Evelyn Keglevich, die aus einem Solo für Karl in wenigen Jahren einen dreifachen Familienvater machte. Das private Glück trug viel dazu bei, dass Karl schneller und besser die sportliche Vergangenheit bewältigte, um jener Kumpel zu werden, der er als auf sich und Siege fixierte Person gar nicht sein hatte können. Für seine Begriffe schlüpfte Schranz aus seiner Haut, um sich als echter Tiroler oder Wahlwiener so umgänglich, gesellig und großzügig zu geben, wie man nie gedacht hätte. Im Skisport wurde er zum Star, im Leben danach zum Menschen, der sich Respekt verdient. Hut ab vor Schranz.

57 Von jeher ein Familienmensch: Ein inniges und liebevolles Verhältnis verband ihn mit seiner Mutter.

58 Familiengründung mit Hilfe seiner späteren Schwägerin: Evelyn und Karl Schranz, rechts Evelyns Schwester Karin 1981

Dem Sport gehört die Leidenschaft:
59 Tennis – natürlich mit Fischer-Racket

61 Beim Golf – Handicap 14!

1998: 60. Geburtstag in St. Anton:
60 Tirols Landeshauptmann Wendelin Weingartner freut sich mit dem Jubilar über die gelungene Bronzebüste.

62 ORF-Sportchef Elmar Oberhauser überreicht den Film »Nie irgendwer – immer Karl Schranz«.

63 ÖOK-Chef Leo Wallner zeichnet Schranz mit dem IOC-Ethik-Preis aus.

64 Jo Schmid, ÖSV-Präsident Peter Schröcksnadel und Karl Schranz nach der Vergabe der Ski-WM an St. Anton am Arlberg

65 »Kandidat« durchgestrichen – es ist geschafft! Gemeinsam freuen sich Adi Werner (TVB-Obmann von St. Anton), Toni Sailer, St. Antons Bürgermeister Herbert Sprenger, Karl Schranz, Reinhard Hauser und Jo Schmid.

66 Bundeskanzler Franz Vranitzky gratuliert zur St. Antoner Ski-WM.

67 Bei der Ski-WM in St. Anton 2001: Österreichs Bundeskanzler Schüssel, begleitet von Schranz-Tochter Christiane

68 Der Familienmensch: Karl Schranz mit Ehefrau Evelyn und den drei Töchtern (von links) Christiane, Katharina und Anna

Dr. Leo Wallner, Präsident des Österreichischen Olympischen Komitees

Der Einzelkämpfer als Opfer und Retter

Karl Schranz – sein Name steht für einen großen Sportler, einen aufrechten Tiroler und Österreicher und einen erfolgreichen Wirtschaftsmann, die alle Vorbildwirkung besitzen. Der Name Karl Schranz steht aber auch für einen historischen Irrtum der olympischen Bewegung. Im sportgeschichtlichen Rückblick nimmt er eine Vorreiter- oder besser gesagt Vorkämpferrolle ein. Man hat ihn 1972 durch den Ausschluss von den Olympischen Winterspielen in Sapporo in eine Märtyrer-Rolle gedrängt, die ihm, so glaube ich aus eigenem Erleben und guter Bekanntschaft, ja Freundschaft zu Karl beurteilen zu können, gar nicht liegt und in der er sich selbst auch nicht gefällt. Da trifft die Bezeichnung Revolutionär schon besser zu. Er hat, so meine ich, ganz bewusst und mit Unterstützung seines damaligen Umfeldes auf einen Umsturz hingearbeitet. Dass dieser Umsturz, diese Revolution, nicht ohne Opfer – eben der letzten Möglichkeit in seiner Karriere doch noch zu einer olympischen Goldmedaille zu gelangen – abging, das haben historische Bemühungen um Veränderungen nun einmal so an sich.

Sein Ausschluss durch den Präsidenten des Internationalen Olympischen Komitees, Avery Brundage, war schon deshalb eine Ungerechtigkeit, weil Karl Schranz nicht der einzige seiner Zeit war, der in bewusstem Gegensatz zu den damals, wenn auch schon überholten

Regeln der olympischen Bewegung stand. Aber es hat ihn 1972 nicht zufällig getroffen. Schließlich war er der bekannteste, erfolgreichste und mit Abstand am längsten aktive alpine Skirennläufer. Und von ihm und über ihn war am meisten bekannt. Eben auch das lächerliche Detail, in einem Juxmatch ein Fußballleiberl mit der Aufschrift einer Kaffeemarke getragen zu haben. Dass diese »Werbung« völlig falsch interpretiert worden ist, mag einerseits darin begründet gewesen sein, dass die Sportfunktionäre und im besonderen die Hüter der olympischen Prinzipien in einer Zeit des Aufkommens von Sponsoring und beträchtlicher Fernsehgelder überempfindlich reagierten, andererseits darin, dass Karl seinen Kampf gegen veraltete Regeln mit der gleichen Beharrlichkeit, dem gleichen Einsatz und Kampfgeist führte, wie er seinen Sport ausübte. Der Einzelkämpfer wurde so das einzige Opfer. Doch er wurde Retter zugleich. Ich weiß aus vielen Gesprächen im Internationalen Olympischen Komitee: Das Opfer Schranz hat die Olympischen Winterspiele, die Avery Brundage abschaffen wollte, am Leben erhalten. Auch darin liegt eine historische Bedeutung von Karl Schranz.

Karl Schranz hat der Erhaltung der Olympischen Winterspiele und der Entwicklung des olympischen Hochleistungssports gedient. Er wurde zum Wegbereiter Olympischer Spiele mit den tatsächlich Besten der Welt in allen Disziplinen und hat vorangetrieben, was unaufhaltsam war – nämlich die Vermarktung von Sport und Sportlern und in besonderem Ausmaß auch der Olympischen Spiele.

Michael Kuhn

Wie Karl Schranz dann doch Journalist wurde

Lake Placid 1980, ein saukalter Winter, lange Unterhosen waren gefragt. Olympische Winterspiele im Staat New York, dort, wo der elegante Karl Schäfer 48 Jahre zuvor die Goldmedaille im Eiskunstlaufen geholt hatte.

Noch vor der Abreise aus Wien hatten wir von der »Kronenzeitung« gegen den »Kurier« das Rennen um Karl Schranz als Ski-Kolumnisten gemacht. Ausschlaggebend war gewesen, dass der »Kurier«-Geschäftsführer Schranz vorschlug, die Kommentare aus Österreich vom Bildschirm weg zu verfassen. Wir jedenfalls waren stolz auf unseren neuen Mitarbeiter. Endlich wieder einer, der nicht nur was verstand, sondern sich auch was zu sagen traut. So einen hatten wir gebraucht.

Der Kolumnisten-Vertrag mit Karl Schranz war, daran erinnerte sich kaum wer, eine späte Revanche für das Olympiajahr 1972.

Schranz war, daran erinnerte sich jeder, über die scharfe Klinge des starrsinnigen alten Mannes Avery Brundage gesprungen. Unehrenhaft aus dem olympischen Dorf geschmissen, wie einer, der silbernes Besteck gestohlen hat. Ein Opfer, stellvertretend für den verhassten alpinen Skirennsport, den der IOC-Präsident als Wurzel des Übels betrachtete. Sportler, die als Lohn für ihr Lebensrisiko unter der Hand den einen oder anderen Scheck kassierten, die hielt er für Totengräber der hehren olympischen Idee.

Die wichtigsten österreichischen Zeitungen kämpften noch in Sapporo um einen Exklusivvertrag mit dem zu diesem Zeitpunkt populärsten Österreicher. Die Verleger zu Hause machten Extrabudgets frei, um Schranz zu ködern. Ein Kopf-an-Kopf-Rennen zwischen »Kurier« und »Kronenzeitung« bahnte sich an. Skifabrikant Franz Kneissl, Mentor, Ziehvater, Arbeitgeber, Berater und Freund des Arlbergers, empfing in seiner Suite des »Imperial«-Hotels mal den Kollegen Martin Maier, mal mich. Man belauerte einander. Schließlich entschied sich der in jeder Beziehung mächtige Kufsteiner für die »Krone«. Handschlag – und als ich gerade, glücklich über diesen Erfolg, das Hotelzimmer verlassen wollte, hielt mich Kneissl zurück. »Und das eine«, sagte er freundlich lächelnd und doch eiskalt, »das eine versteht sich wohl von selbst. Die ›Krone‹ wird die Rolle übernehmen, die früher der ›Express‹ gespielt hat. Sie wird für mich und meine Firma schreiben.«

Die Nähe des 1972 schon eingestellten Boulevard-Blatts »Express« war branchenbekannt gewesen.

Schrecksekunde. Doch auf Schranz verzichten? Dann nahm ich meinen Mut zusammen und sagte: Nein, das wird nicht gehen.

So war das Rennen für den »Kurier« gelaufen. Aber letztlich profitierte unsere Konkurrenz doch nicht von diesem vermeintlichen Prestigeerfolg. Der Weltverband FIS, der für Schranz quasi als Wiedergutmachung einen eigenen WM-Abfahrtslauf organisieren wollte, verbot ihm, in einer Zeitung zu schreiben.

Aber acht Jahre später fanden wir, wie eingangs erwähnt, doch zusammen. Wir hatten in Lake Placid mit den Kollegen vom »Kurier« und der »Presse« ein Holzhaus gemietet. Enge Räume, kleine Badezimmer, wenig Komfort, einer klebte auf dem anderen. Karl fühlte sich vom ersten Tag an nicht wohl. Empfand die Unterkunft als Zumutung. Er wäre lieber in einem guten Hotel abgestiegen.

Und dann kam dieser Tag, an dem wir in unserem Haus die Möbel umstellten, um alles wohnlicher zu machen. Ein Bett musste runter vom ersten Stock. Mit dem Betteinsatz blieben wir in der engen, winkeligen Treppe stecken. Ratlosigkeit machte sich breit. Was tun? Moment, sagte Karl, der sich zuvor nicht eingemischt hatte. Packte an und half uns aus dem Dilemma.

In diesem Moment war eine Männerfreundschaft geschlossen. Wir kamen uns vor wie in einem Vier-Sterne-Hotel. Eine neue Beziehung war geboren, die bis heute hält. Schranz war plötzlich einer von uns. Sorgte von nun an für seine neuen Kollegen, die keine Skirennläufer waren.

Wie bei der Weltmeisterschaft 1989 in Vail, als wir uns schon eine bessere Herberge leisteten. Die »Vail Lodge« nahe der WM-Pisten, geführt von dem Österreicher Turnovszky. Komfortabel, aber sündteuer. Zusatzpreis für das Frühstück: 20 Dollar pro Mann und Tag. Aber Schranz fing den Generalmanager im Dining Room ab und belehrte ihn trocken: »Bei uns in Europa ist es üblich, dass das Frühstück in den Zimmerpreis inkludiert ist …«

Turnovszky, nur wohlhabende, großzügige Gäste aus der amerikanischen Society gewöhnt, die nie um den Preis feilschten, resignierte. Wir frühstückten künftig gratis. Und Schranz lernte auch, journalistisch zu denken und zu handeln. Das war nicht selbstverständlich für einen Ex-Sportler, der ja selbst immer der Kritisierte gewesen war.

In der südspanischen WM-Station 1996, in der Sierra Nevada, war Karl Schranz Zeuge des fürchterlichen Unfalls der russischen Rennläuferin Tatjana Lebedewa gewesen, die im Training mit dem deutsch-amerikanischen Skifunktionär Harald Schönhaar zusammenprallte. Karl half als Erster der schwer Verletzten. Alle Fernsehsender rissen sich um den kompetenten Augenzeugen. Auch der ORF natürlich. Und Schranz bestand darauf, im Fernseh-Insert als »Krone«-Kolumnist ausgewiesen zu werden. Warum auch immer, Moderator Erich Weis sträubte sich. Schranz war stinksauer. Es dauerte Tage, bis Sportchef Elmar Oberhauser den Konflikt bereinigen konnte.

Franz Beckenbauer

1972 und 2001

Dass Karl Schranz bei den Olympischen Spielen 1972 in Japan disqualifiziert worden ist, war sicher für ihn wie für alle skibegeisterten Menschen ein großer Schock und eine unfassbare Ungerechtigkeit.

Im Nachhinein aber muss man sagen, dass dieser traurige Umstand dem Sport, nicht nur dem Skisport, enorm weitergeholfen hat.

Durch diese Disqualifikation wurde endlich der nur zum Schein aufrechterhaltene Amateur-Status in der Öffentlichkeit thematisiert.

Und bald wusste jeder: Hier ist an dem Ausnahmesportler Karl Schranz, der ja alles andere als bequem war, ein Exempel statuiert worden. Dass außergewöhnliche Leistungen nicht auf amateurhafter Vorbereitung basieren können, wurde ebenfalls offensichtlich.

Letztlich verdankt der Skisport dem Karl den Schritt in die erforderliche Professionalität.

Und irgendwie scheint es logisch, dass er mit seinen Ecken und Kanten die neue Zeit heraufbeschworen hat.

Eine andere Leistung des Karl Schranz – die Alpinen Ski-Weltmeisterschaften 2001 nach St. Anton zu holen – ist gar nicht hoch genug zu bewerten. In meiner Funktion als Fußball-WM-Botschafter konnte ich mir über Monate ein gutes Bild von den Schwierigkeiten und Anforderungen machen, die solch eine Aufgabe mit sich bringt. Auch wenn St. Anton einer der bedeutendsten Wintersportorte überhaupt ist – ohne Karl Schranz hätte dieses Ereignis garantiert woanders stattgefunden.

Mir ist schon klar, dass er mit seinem Engagement auch gegen hinreichend Widerstände vor Ort hat ankämpfen müssen. Aber ich bin mir auch sicher, dass mittlerweile ziemlich jeder sein Anliegen zu schätzen weiß. Was der Karl nämlich wollte, ist, St. Anton an die nächsten Generationen als vorbildlichen und weltweit hoch angesehenen Ort weiterzugeben. Und dafür verdient er höchsten Respekt.

Heimo Kofler, »Vorarlberger Nachrichten«

Keiner von der bequemen Sorte

Karl Schranz und das Skifahren. Ein abendfüllendes Thema. Und doch ist eigentlich so gut wie alles erzählt. Weltcupsieger, Weltmeister, Olympische Spiele in Sapporo …

Gut, dass der Karl auch in anderen Sportarten seinen Meister stellt. Im Fußball zum Beispiel.

Das Spiel mit dem Leder hatte für den jungen Skirennläufer schicksalhafte Bedeutung.

Ein Fußballtrikot mit Kaffeereklame war ihm bei den Winterspielen 1972 zum Verhängnis geworden. Das Foto des kickenden Schranz mit einem Werbelogo auf der Brust gab dem damaligen IOC-Präsidenten Avery Brundage Anlass für das Exempel von Sapporo.

Später ging fast keine Partie des FC Tirol ohne den »Löwen vom Arlberg« über die Bühne. Dabei hielt er mit seinen Kommentaren kaum hinter dem Berg.

Sowohl als Gegen- als auch als Mitspieler war Schranz keiner von der bequemen Sorte. Beim Juxkick mit einer Journalistenrunde am Rande eines Weltcuprennens machte er – ob einer Entscheidung erbost – dem Treiben im Schnee ein jähes Ende. Er entzog dem Dutzend verblüffter Mitspieler zur Strafe deren runden Mittelpunkt und marschierte nach Hause.

In seiner Konsequenz schaffte es Schranz, eine perfekte Ski-Weltmeisterschaft durchzuführen.

Der Sport in seiner heutigen Form braucht ehrliche Meinungen von ehrlichen Persönlichkeiten.

Karl Schranz hat sich mit exponierten Standpunkten große Wertschätzung geschaffen.

Weit über den Sport hinaus.

Erwin Pröll, Landeshauptmann von Niederösterreich

Historisch – auch für Niederösterreich

Den einsamen Wolf vom Arlberg nannten die Medien Karl Schranz gerne während seiner Aktivzeit im Skizirkus. Vielleicht war gerade sein Eigensinn, sein starker Charakter, der sich nicht gerne ein- und unterordnete, die Voraussetzung dafür, zum Siegertyp zu werden, zu einem, der immer zu den ganz Großen des alpinen Skisports zählen wird. Und kaum ein anderer Rennläufer hat wie Karl Schranz die Menschen so emotionalisiert, sie bei seinen vielen Siegen in Euphorie versetzt oder bei bitteren Niederlagen Enttäuschung und Schmerz mitempfinden lassen. So wurde der Weltklasse-Skifahrer zu einem nationalen Idol. Und wie sehr er es war, erlebten wir, als er vom IOC-Präsidenten Brundage wegen angeblicher Verletzung der Amateurbestimmungen von den Olympischen Spielen in Japan ausgeschlossen wurde. Das war wohl der schwärzeste Tag im Leben meines Freundes Karl. Als der ausgesperrte und schwer gedemütigte Sportler in Wien eintraf, umjubelten ihn Zehntausende Menschen wie einen Helden. Eine so gewaltige Sympathiekundgebung hat kein zweiter österreichischer Sportler je erlebt. Der damalige Empfang bei Bundeskanzler Kreisky wurde zum historischen Ereignis. Heute, Jahrzehnte später, lassen sich die tragischen Ereignisse von damals auch anders interpretieren. Mit Karl Schranz begann ein neuer anderer Geist auch in die Welt des alpinen Skilaufs einzuziehen, der Professionalismus. Was Schranz unter Skirennlauf verstand, was er sich an Selbstdisziplin, beinhartem Training und einem auf die sportlichen Ziele ausgerichteten Lebenswandel selbst aufbürdete, das alles bot das Bild des ersten echten Profis. Und ohne diese Haltung sind heute Erfolge im Skisport, bei dem es neben Mensch und Material auch um viel Geld geht, nicht mehr möglich. Karl Schranz hat mit seinem unbeugsamen Ehrgeiz dem modernen Skizirkus eine Bresche geschlagen und seiner Heimat und sich selbst erst im Vorjahr einen großen, ja einen Lebenstraum erfüllt: Die Alpine Ski-WM 2001 in St. Anton. Ein wahrlich historisches Ereignis für die Geburtsstätte des österreichischen Skilaufs, aber auch für Niederösterreich: Gold für Michi Dorfmeister in der Damenabfahrt!

Wolfgang Winheim, »Kurier Wien«

Gewinner ist immer der Schranz

1962, als ich vor einem Schwarz-Weiß-Fernseher miterleben durfte, wie Karl Schranz bei der WM in Chamonix zwei Goldene einfuhr, waren wir Großstadtkinder vom Arlberger Naturburschen schon fasziniert. Vier Jahrzehnte später bewundere ich ihn noch immer. Weil Karl der personifizierte Beweis dafür ist, dass Hochleistungssport doch gesund sein muss. Bis heute keine Knieoperation, bis heute kein Gramm Fett, bis heute keine Brille. Zumindest sah ich ihn nie damit. Er hat auch ohne den Durchblick.

Ein paar Tricks habe ich mir vom schlauen Herrn Karl abgeschaut. Wie er etwa zur fortgeschrittenen Stund' den Fidelen mimt, andere trinken lässt und dann klammheimlich seine Obstler-Stamperln in Blumenvasen kippt. Nur deshalb kann ich glauben, dass an alten Schranz-G'schichten doch was dran ist; dass der Karl beispielweise beim Training die Jungen bluffte; dass er beim Nebel den Passiven vortäuschte, um dann, wenn es ihm alle nachmachten und in der Hütte blieben, durch's Hintertürl zu schlüpfen und als unbemerkter Solist einen Slalom nach dem anderen zu fahren.

Ich selbst durfte als Jung-Journalist nie über ein Schranz-Rennen berichten. Für Sapporo hatte ich mich noch nicht qualifiziert. Erst 1972, als Schranz nach dem Olympia-Ausschluss die Rennskier ins Eck stellte, bekam ich meinen ersten Marschbefehl in den Skiwinter. Und das war, wie boshafte Journalistenkollegen mutmaßen, vielleicht gut so. Denn damit sei mir ein Zwist mit Karl dem Großen stets erspart geblieben.

Gegenüber Kritikern muss Schranz während seiner langen aktiven Laufbahn sehr kritisch eingestellt gewesen sein. Ich hingegen hab Karl nie als unbequemen Kerl, sondern immerhin nur als wunderbaren Reporter-Konkurrenten erlebt. Als einen Kameraden, der – die »Krone«-Chefs mögen verzeihen – auch dem »Kurier« so manche gute Story verriet. Nie hat er mir gegenüber den Weltmeister hervorgekehrt. Bloß wenn wir im Tiefschnee Fußball spielten, konnte ich erahnen, wie schlimm es gewesen sein muss, mit ihm dem Verlierer-Team anzugehören. Mich holte er glücklicherweise immer nur zu den Siegern. Und als ein Juxkickerl einmal in Val d'Isere dennoch zu kippen drohte, da schnappte Herr Karl den Ball und erklärte die Partie aus irgendeinem Vorwand für beendet. Gewinner war und ist somit immer der Schranz. Private Heimspiele ausgenommen. Dem Charme seiner außergewöhnlich hübschen, schlagfertigen Töchter ist er – ohne es zu merken – hoffnungslos unterlegen. Gleiches trifft auf seine Gattin Evelyn zu. Karl Schranz ist nicht der Herr in seinem Antoner Viermäderlhaus. Aber er ist ein wunderbar fürsorglicher Familienpapa. Und der Vater des St. Antoner WM-Erfolges war er sowieso.

Karl Pointner, »Kronenzeitung«

Der Weltmeister und sein Ghostwriter

Karl Schranz – Begegnung mit einem schwierigen Star. Kaum war ich, der Reporter-Lehrling, in den Skizirkus eingestiegen – schon war der Schranz mit mir bös. Wie ich später mitgekriegt habe, kein Einzelfall. Der »schwierige« Karl war halt so. Ein erfolgreicher Einzelkämpfer, der nur sich selbst hat gelten lassen. Und schon gar keine Kritik an ihm. Aber, wie meist im Leben, versöhnt man sich halt auch immer wieder.

Auch wir haben uns wieder versöhnt. Sind danach so was wie Freunde geworden. Denn der Karl, der Weltmeister und Weltcupsieger, der neben sich keinen duldete, der Trainer gemacht und andere abgeschossen hat, ist mit der Anzahl seiner Lebensjahre »menschlicher« geworden. Seine Frau Evelyn, seine drei Mädchen, jetzt auch schon im reifen Teenager-Alter, haben den Karl gezähmt. Und heute ist er ein »klasse Kerl«.

Mehr als zwanzig Jahre lang hat er auch für die »Kronenzeitung« berichtet. Und wer den Karl Schranz von früher gekannt hat, konnte sich nicht vorstellen, dass er sich 1980 in Lake Placid in unserem restlos überfüllten und vom Zigarrenrauch verqualmten »Knusperhäuschen« doch wohl gefühlt, mit uns in Sarajevo eine »Gemeindewohnung« in einem der grauslichen Wohnsilos geteilt, in Morioka nicht über sein winzig-kleines Hotel-Kämmerchen gemurrt hat. Wie gesagt – er ist ein anderer geworden.

Viel haben wir von Karl Schranz profitiert – Fahrgenehmigungen, Parkgenehmigungen, zusätzliche Presseausweise. Er kannte alle, alle kannten ihn. Dank ihm war vieles ein bissl einfacher und leichter.

Und die rund zwanzig Jahre bei der »Krone« – von Olympia '80 bis zu seiner Heim-WM 2001 in St. Anton – war zumeist ich sein Ghostwriter. Viele, viele Schranz-Kolumnen haben wir zusammen in den Pressezentren dieser Ski-Welt »komponiert«. Er war Profi, immer rechtzeitig da, hat sich seine Kolumnen auch pedantisch durchgelesen, und korrigieren lassen. Der Karl hatte oft eigenwillige Ideen. Aber hatte Ideen. Meistens.

Ein Satz, irgendwann und irgendwo quer durch den Pressesaal geschrien, ist legendär geworden: »Na, Herr Weltmeister – was ist dir denn heute wieder nicht eingefallen?« Weltcup-Vater Serge Lang hat damals geschrieben, so was lässt sich der Karl Schranz nur vom Charly Pointner bieten.

Karl, darauf bin ich heute noch stolz!

Fritz Neumann, »Der Standard«

Schranziges aus St. Schranz am Schranzberg

Am Schranzberg in St. Schranz am Schranzberg ist er allgegenschranzig.

Er war der Erfinder der Schranz-Meisterschaft, und sie war sein Schranz-Werk. Deswegen haben sie ihm die Schranz-Bürgerschaft verschranzt, er hat eine

Schranzbürger-Urkunde bekommen. Vom Eisenbahner-Schranz zum Schranz-Bürger, so wurde die Schranz-Story betitelt. Und eine Schranz-Statue haben sie ihm hingeschranzt. Er hat sich mit ihr fotograschranzen lassen, das Foto kam in die Schranz-Zeitung, in der auch Schranz-Kolumnen abgeschranzt werden.

Er hat immer die Menschen polarischranzt. 1968 wurde er wohl zu Unschranz im olympischen Slalom disqualifischranzt, vier Jahre später haben sie ihn nicht einmal teilschranzen lassen, weil er sich über die Olympia-Gesetze hinweggeschranzt hatte. Der Schranz-Funk organischranzte einen Schranz-Empfang am Schranz-Platz in der Schranz-Hauptstadt, Zigtausende kamen und schranzten ihm zu. Das ist schon eine verschranzte Gemeinschaft gewesen.

In St. Schranz ist er nicht immer unumschranzt gewesen, einmal haben sie sogar das Schranz-Hotel mit Farbe verunschranzt. Vor wenigen Jahren erst hat der Ort seinen Frieden geschranzt mit ihm. Zu seinem 60-er hatte er viele liebe Gäste eingeschranzt, es gab einen eigenen Schranz-Drink, der Jubilar wurde mit Wein aufgeschranzt. Er bekam eine Schranz-Büste und das Goldene Schranz-Zeichen für Verdienste um die Republik verschranzt. Der Schranz-Präsident hat auch zu Beginn der Schranz-Meisterschaft die Schranz-Verdienste gewürschranzt, der Geschranzte hatte feuchte Augen.

In St. Schranz haben sie der Schranz-Meisterschaft wegen die Bahn verschranzt, für ihn war allein das ein Jahrhundert-Erschranznis. Dass die Schranz-Meisterschaften nicht jedes Mal in St. Schranz am Schranzberg stattschranzen können, ist beinahe schon ein Schranzileg. Dennoch – grüß Schranz und auf Wiederschranzen.

August Kuhn, »Kleine Zeitung«, Graz

Ein Mann, ein Ball, Herr Karl

Karl Schranz habe ich immer schon gekannt. Wie ein Fan sein Idol eben kennt. Als er bei den Olympischen Spielen in Sapporo von einem greisen Amerikaner namens Avery Brundage ausgeschlossen wurde, spürte ich so etwas wie riesigen Groll auf all diese Alten, die sich als Weise fühlen und vorgeben, was man tun darf und was nicht.

Das habe ich überwunden, wie viele andere pubertäre Dinge auch. Die Verehrung für Schranz ist geblieben. Ein kleiner Dämpfer war das persönliche Kennenlernen. Als blutjunger Journalist sollte ich ein Interview des damals erst unmittelbar davor vom aktiven Sport zurückgetretenen Skistar bringen. Artig habe ich mich vorgestellt, was auf den großen Schranz nur wenig Eindruck machte (wenn ich mich recht erinnere, ist es nie erschienen).

So etwas steckt man weg oder ist für den Beruf Journalist ungeeignet. Außerdem wurde der »Herr Karl«, wie ihn ältere Kollegen gerne nannten (was ich später auch wagte), so etwas wie ein Kollege, nachdem er für Fachkommentare herangezogen wurde. Als Skijournalist, als der ich mich fühle, habe ich die Entstehung so mancher

Schranz-Kolumne hautnah miterlebt. Auch das konnte zum Erlebnis werden.

Die schönsten Stunden mit dem »Herrn Karl« aber waren jene auf den flachen Plätzen, die es rund um ein Hotel in einem Skiort gibt. Das war dann der Fußballplatz. In Val d'Isere genauso wie in Saalbach oder in Gröden oder in Vail. Schranz war dann alles in ciner Person: Fußballer sowieso, dann hat er die Mannschaften eingeteilt, die Tormänner bestimmt usw. Vor allem aber: Schranz war der Mann mit dem Ball. Ohne ihn lief nichts, weil nichts laufen konnte ohne Ball. Das wusste Herr Karl auch an diesem frühen Dezemberabend in Val d'Isere anno dazumal. Ein gewisser Harti Weirather, noch extrem flott auf den Beinen, war Gegenspieler von Schranz. Zweimal kam es zum »Schnitt«, dann reichte es Schranz: Er zog den Ball ein, marschierte Richtung Eingang des Hotels »Grand Paradies«. Das war's an diesem Abend. Ohne Ball kein Kick.

Ohne Schranz keine WM in St. Anton. Auch das kann man sagen. Es war eine große, eine unvergessliche WM. Ich bin ziemlich stolz, den Herrn Karl zu kennen. Nicht wie ein Fan. Ich hoffe wie ein Freund.

Robert Schwan, Sportmanager

Riesenschweinerei

Als einer, der sein Leben lang Sportler beraten und betreut hat, habe ich schon den Eindruck, dass der Karl

1972 taktische Fehler gemacht hat. Wäre ich ihm zur Seite gestanden, hätte ich gesagt: «Mach ruhig deine Kaffeewerbung, kassier' das Geld, aber häng's nicht an die große Glocke.« Die Zeit war ja sowieso reif für das Ende des Pseudo-Amateur-Status. Insofern war die Disqualifikation vom Karl eine Riesenschweinerei und ich bedauere das natürlich, dass dieser Jahrhundert-Skifahrer einem Klüngel im Olympischen Komitee zum Opfer gefallen ist. Aber: Geschadet hat's ihm letztlich nicht. Ein Star war er ja schon immer, aber durch die Disqualifikation ist er zumindest in seinem Heimatland Österreich ein richtiger Volksheld geworden.

Herbert Jung, »Bildzeitung«

Später noch genug Zeit für die Frauen

Ich brauche vor dem Hahnenkamm-Rennen noch ein Interview. »Gut, komm morgen um acht Uhr.« So spät? »Nein, in der früh um acht.«

Das war im Januar 1972. Gerade mal 24 Stunden vor der ersten Kitz-Abfahrt des Olympiawinters.

Als ich am nächsten Morgen im Hotel Jägerwirt auftauchte, hatte Karl Schranz seine erste Trainingseinheit bereits hinter sich und war frisch geduscht. »Wenn die Konkurrenten aufstehen, bin ich schon wieder müde«, erklärte mir der Löwe vom Arlberg.

Karl Schranz – einer der außergewöhnlichsten Sportler, mit denen ich in meiner langen Tätigkeit als Journalist zusammengearbeitet habe. Und gut auch noch. Der Einzelgänger hat nie etwas dem Zufall überlassen. Im Training und im Rennen gab es nur einen, der Entscheidungen traf: Schranz selbst.

Bis zum Schluss seiner Karriere richtete er oft bis spät in die Nacht seine Ski selbst her. Und je älter er wurde, desto mehr steigerte Karl sein Training. »Die jungen Burschen kannst du nur schlagen, wenn du mehr tust als sie«, begründete er seine gnadenlose Jagd nach Erfolgen.

Freuden des Lebens – für den Perfektionisten aus St. Anton tabu. In 15 Jahren Leistungssport wurde Karl Schranz auf keiner Party gesehen und schon gar nicht mit einer festen Freundin. »Nach dem Ende meiner Laufbahn habe ich noch genug Zeit, mich um Frauen zu kümmern«, hat er immer wieder neugierige Frager abgefertigt. Wohl wahr: Heute ist er glücklich mit Frau Evelyn und den Kindern.

Übrigens: Das Interview relativ kurz vor dem Rennen hat Karl Schranz nicht geschadet – er gewann die Doppel-Abfahrt!

Fred Steinacher, »Tiroler Tageszeitung«

Ein Buch mit Verspätung

Über Karl Schranz wird ein Buch geschrieben. Endlich. Dafür einen Beitrag liefern zu dürfen, ist eine Ehre, vor allem weil sich im Zusammenhang mit dem Herrn Karl eine nicht unbedeutende Frage stellt: »Ist er nun ein Tiroler Original oder eine Sportlegende? Oder beides?« Ansichtssache.

Auf alle Fälle aber steht der Name des Mannes vom Arlberg als Synonym für sportlichen Ehrgeiz und Fleiß, für Erfolg, Überzeugungskraft und Zielstrebigkeit. In Summe ergibt das jene Persönlichkeit, als die wir den Karl Ende der Sechzigerjahre kennen und schätzen gelernt haben. Nicht zuletzt auch, weil er konsequent seinen Weg verfolgte; unerschrocken, vielleicht oft zu stur, vertrat er seine Meinung, stieß dabei nicht selten auf Widerspruch. Doch am Ende des Weges stand der Erfolg, und den hatte der Eisenbahnerbua schon als Knirps im Visier.

»Was willst denn du«, so 1969 in Kitzbühel seine ersten Worte in Richtung Autor, die ewig in Erinnerung bleiben. Journalisten, Anfänger noch dazu, hatten damals kein leichtes Leben mit dem Superstar. Doch im Lauf der Jahrzehnte hat sich der Karl geändert, ist umgänglich geworden, hilfsbereit. Die Vergangenheit lebt höchstens in Erzählungen, lustigen Anekdoten von damals, Motto: »Weißt du noch?« Und wenn wir – oft gemeinsam – sein Leben und seine Karriere Revue passieren lassen, dann fallen uns die Meilensteine des Skisports ein, die der Karl gesetzt hat, darunter die WM-Titel, die Weltcupgesamtsiege und – Olympia.

Vier Mal hatte er Anlauf genommen, um die begehrteste aller Medaillen zu gewinnen, vier Mal kassierte er – im Zeichen der fünf Ringe – kräftige »Watsch'n«. Andere wären verzweifelt, Karl wurde stärker; und gilt nicht zu Unrecht heute als Wegbereiter dafür, daß der olympischen Heuchelei ein Ende bereitet wurde. Ergo sieht sich der leidenschaftliche Tiroler auch nicht als Opfer eines Avery Brundage. Der Blick zurück hat nichts mehr mit Zorn zu tun, sondern ist vollgestopft mit schönen Erinnerungen an eine beispiellose Zeit.

In der Begegnung mit dem Karl gab und gibt es keine halbherzigen Sachen, da zählte immer nur hopp oder dropp. Vor allem aber das Wort. Und das zeichnet den Mann, der ganz bestimmt nie »pflegeleicht« war, nach wie vor besonders aus.

Sein Engagement z. B. bedeutete die Basis für den letztlich erfolgreichen Kampf um die Skiweltmeisterschaft 2001 in St. Anton. Die ersten Titelkämpfe vor seiner Haustür werten viele als – späte – Reverenz der Skiszene an einen Mann, der 15 Jahre die Geschichte dieses Sportes mitgeschrieben und entscheidend geprägt hat.

»Wenn ich 60 bin«, hat der Karl einmal gesagt, »schreibe ich meine Geschichte auf«; die Story vom kleinen »Biabli« aus St. Anton bis zum Weltcupsieger und Weltmeister.

Die erste Verspätung verzeihen wir dem Mittsechziger gerne. Schön, dass es das Buch endlich gibt.

Elmar Oberhauser, Sportchef ORF

Mit Sturheit seiner Zeit voraus

Als großer Sportfan, der ich schon lange vor meiner Zeit als Journalist war, habe ich Karl Schranz als einen der ganz Großen des Österreichischen Skisports verehrt. Ich habe die meisten seiner Erfolge als Fernseh-Zuschauer miterlebt und seine »Behandlung« bei den Olympischen Spielen in Sapporo als grobe Ungerechtigkeit nicht nur ihm, sondern ganz Österreich gegenüber empfunden.

Eines meiner ersten Zusammentreffen mit Karl, in meiner Funktion als Sportchef des Österreichischen Fernsehens, werte ich heute fast als symptomatisch für unser Verhältnis. Kurz nach meinem Eintreffen bei den Ski-Weltmeisterschaften in der Sierra Nevada, im Jahre 1996, wurde ich mit einem Problem konfrontiert, das mir damals als »lächerlich« erschien. Karl Schranz war Augenzeuge eines schweren Ski-Unfalles, bei dem eine russische Läuferin während des Trainings auf der gesperrten Piste mit einem FIS-Funktionär zusammengestoßen und schwer verletzt worden war. Meine Kollegen, die schon länger in der Sierra Nevada waren, hatten einen Bericht über diesen Unfall gestaltet und natürlich Karl Schanz dazu interviewt. Dann wurde die Sache schwierig. Karl Schranz bestand nämlich darauf, dass dieses Interview nur dann gesendet werden dürfe, wenn er im Namens-Insert nicht als ehemaliger Skirennläufer, sondern als Kolumnist der »Neuen Kronenzeitung« betitelt werde. Ich lehnte dies ebenso ab, wie schon vor mir der Gestalter des Beitrages. Was für mich völlig unerwartet zu einer derart heftigen Auseinandersetzung zwischen Karl Schranz und mir führte, dass wir uns zunächst beschimpften und dann tagelang nicht anschauten.

Erst ein Abendessen, zu dem uns beide der ebenfalls in der Sierra Nevada anwesende Sportchef der »Neuen Kronenzeitung«, Michael Kuhn, eingeladen hatte und den Karl Schranz immer wieder als seinen »Chef« während der Zeit der Weltmeisterschaften bezeichnete, beendete diesen »Krieg«.

Viel später wurde mir erst klar, dass es nicht bloße Sturheit war, die Karl Schranz zu dieser Haltung bewogen hatte: Das »Elefantenhirn« Schranz hatte, wie er mir später dann gestand, mit dem ORF eine alte Rechnung offen, weil er sich bei einem ähnlichen Interview einige Jahre vorher durch meinen Vorgänger unkorrekt behandelt fühlte. Dieses Interview sei nicht gesendet worden, weil Karl Schranz darauf bestanden hatte, während der Aufnahme sein Paar Ski in den Händen zu halten. Dies war damals in Wien als unerlaubte Werbung gewertet und auf die Ausstrahlung des Interviews verzichtet worden.

Was ein Außenstehender als Sturheit werten mag, war eine Haltung, die den Charakter des ehemaligen Weltklasse-Sportlers offen legt. In beiden Fällen war es ihm darum gegangen, deutlich zu machen, in wessen Diensten er stand. Eine Haltung, die mir heute Achtung abringt.

Eine Haltung, die ihm selber aber oft Probleme machte und die zu der vielfach kolportierten Meinung führte, Karl Schranz stehe sich immer wieder selber im Wege.

Was Karl Schranz außerhalb seiner großartigen Karriere als Skirennläufer zu leisten im Stande ist, ist bei den Alpinen Ski-Weltmeisterschaften im vergangenen Jahr in St. Anton deutlich geworden.

Denn eines steht für mich außer Frage: Ohne die Visionen, ohne die guten Beziehungen, ohne die Hartnäckigkeit und ohne den Fleiß, aber auch ohne die Sturheit von Karl Schranz, wären diese Ski-Weltmeisterschaften nicht an St. Anton vergeben worden.

Während der Ski-Weltmeisterschaften zeigte er besondere Größe.

Er stand »ohne Wenn und Aber« zur Sache und schluckte seine Enttäuschung hinunter, obwohl er sich – wie Insider wissen – innerhalb des Organisations-Komitees nicht seinen Vorleistungen und seiner Position entsprechend eingesetzt fühlte. Für mich steht jedenfalls außer Frage, dass Karl Schranz ganz wesentlichen Anteil daran hatte, dass diese Ski-Weltmeisterschaften zu einem großen Sportfest im besten Sinne und zu einer einmaligen Image-Werbung für seinen Heimatort St. Anton wurden.

Und ohne die Ski-Weltmeisterschaften würde St. Anton wohl noch jahrzehntelang ein von der Bahnlinie in zwei Hälften geschnittener Ort sein. Dass er von seiner Heimatgemeinde zum Ehrenbürger ernannt wurde, ist ein hochverdientes Zeichen dafür, dass der auch bei seinen engeren Landsleuten nicht immer geliebte, unbequeme Karl Schranz entsprechende Anerkennung gefunden hat.

Diese Charaktermerkmale waren wohl auch ausschlaggebend dafür, dass Karl Schranz auf eine großartige, sportliche Karriere zurückblicken darf. Auch wenn er sich durch viele Umstände und Hintergründe, die ich persönlich nicht bewerten kann, auch hier einmal mehr selber den Weg verbaut haben mag und den Olympiasieg, der ihm leistungsmäßig zweifellos gebührt hätte, nicht geschafft hat.

Ich ertappe mich bei dem Gedanken, dass es zu Karl Schranz passt, dass er als einer der ganz Großen des internationalen Skisports auf den Olympiasieg sogar »verzichten« kann.

Aus vielen Gesprächen mit seinen damaligen Kollegen, wie Toni Sailer und Egon Zimmermann, auf Seite der Sportler, aber auch mit Journalisten, die schon damals im Beruf standen, wie Michael Kuhn, Gerhard Zimmer und Lucky Schmidtleitner, weiß ich, dass seine Erfolge nicht dem Zufall zuzuschreiben sind. Karl Schranz war seiner Zeit voraus, befasste sich in Sachen Training und Materialkunde mit Methoden, die heute als selbstverständlich gelten, die damals aber absolutes Neuland waren. Dass er vieles davon im Geheimen tat, sich von niemand in die Karten blicken ließ, begründete eine weitere Facette seines Charakters. Die des Einzelgängers, der sich im entscheidenden Moment nur auf sich selber verlässt.

Seine Lebensgeschichte gibt ihm eindrucksvoll recht.

15
»So ist Amerika«

Nachsätze zu den Olympischen Spielen in Salt Lake City 2002

Die Angst vor Terror ist umgegangen nach den Anschlägen vom 11. September 2002, aber auch die Angst vor einer Absage der Olympischen Winterspiele 2002 von Salt Lake City geisterte um wie ein Schreckgespenst. Aber das Gegenteil traf ein. Natürlich war Sicherheit oberstes Gebot, bis zum Stacheldraht und zum Militär-Checkpoint beim Presse-Zentrum, aber schließlich waren doch alle da. Präsident George W. Bush hat selbst die Spiele im Mormonen-Staat eröffnet und – so ist halt Amerika! – sogar mit der Mutter einer amerikanischen Eiskunstläuferin telephoniert: Live im Fernsehen – vor Abermillionen, die zugeschaut haben auf der ganzen Welt. Darin sind sie Profis, die Amerikaner.

Profi, für mich immer ein Stichwort. Der Meinung, der ich schon immer war, hat sich ja schon seit Jahren, seit Altpräsident Samaranch, endlich auch das IOC angeschlossen: Bei Olympia müssen die Besten der Welt am Start sein! Inzwischen wurde alles auf den Kopf gestellt. Die Amateure sind nur noch Statisten oder belächelte Exoten. Gefragt sind die höchstbezahlten Profis, weil es um die Einschaltquoten im Fernsehen geht. Darum spielt ja auch das Basketball-Dream-Team. Darum waren und sind auch die NHL-Eishockey-Profis im Winter dabei, natürlich auch die Skistars. Gerade darum war's ein Jammer, dass der Hermann Maier nicht starten hat können wegen der Beinbrüche, die er sich ein paar Monate vorher bei seinem schweren Motorrad-Unfall zugezogen hat. Die Zeit war einfach zu kurz, dass er es geschafft hätte. Auch ein »Herminator«, ein Sportler ganz nach dem Geschmack der Amerikaner, ein Schwarzenegger auf Skiern, kann die Natur nicht bezwingen.

Wenn die Nummer 1 fehlt – und der Maier war über Jahre hinweg der Beste! –, dann hinterlässt das nicht nur eine Lücke, dann sagen die Leute im Nachhinein ja oft: Der andere hat ja nur gewonnen, weil der Hermann nicht gestartet ist.

Bei ihm war's zwar eine andere höhere Gewalt, aber irgendwie hat's mich an mein Schicksal von Sapporo erinnert. Ich habe mich auch nicht beim Skifahren verletzt, mich hat der Avery Brundage ausgeschlossen, weil ich schon damals alles das offen und ehrlich ausgesprochen und gefordert habe, was heutzutage selbstverständlich ist bei den Olympischen Spielen. Ich habe damals, wie man weiß, »draufgezahlt«. Ich war das Bauernopfer, das man gebracht hat. Heut gibt's für Goldene sogar offiziell hohe Prämien von den Olympischen Komitees …

Wie gesagt, der Hermann war nicht dabei. Aber wer weiß, ob er gegen den besten Eberharter, den es je gegeben hat, gewonnen hätte? Mich hat der Steff beeindruckt, vom ersten Tag der Ski-Bewerbe an – und ich war von Anfang an überzeugt, dass er am Ende noch eine Goldene gewinnt, obwohl er zunächst einmal geschlagen worden ist. Aber man muss ja nur schauen, gegen wen Eberharter verloren hat? Fritz Strobl, der in der Abfahrt triumphierte, war schon zweimal Hahnenkamm-Sieger, über Lasse Kjus, den Zweiten, brauchen wir nicht reden, einer der Besten, die es je gab, genau wie Kjetil-Andre Aamodt, der ihn im Super-G um einen Hauch abgefangen hat. Aber innerlich habe ich gespürt – im Riesenslalom, da packt's der Steff, der will's wissen, jetzt oder nie!

Und so ist er auch gefahren. Er hat in einem Lauf alle deklassiert, die anderen haben keine Chance gehabt. Ich weiß von mir, wie das ist, wenn man alles auf eine Karte setzt, alles in einen Lauf legt – wie bei meinem dritten WM-Titel 1970 in Gröden. Mich hat's wahnsinnig gefreut, dass der Eberharter so super drauf war nach allem, was er erlebt hat, die Jahre, die er verloren hat wegen Verletzungen und anderen Problemen. Aber er hat es gemeistert, schon vor Salt Lake City, das war nur die Krönung. Bronze, Silber, dann Gold – er war für mich der Mann der Spiele und der Stunde, auch wenn der Aamodt gleich zwei Goldmedaillen gewonnen hat.

Bei den Herren ist fast alles nach Plan gelaufen – anders als bei den Damen, wo wir uns viel mehr als zwei Götschl-Medaillen erwartet hätten – wer hätte auch nur einen Cent darauf gewettet, dass Janica Kostelić dort fast alles gewinnt? Drei Goldene (Slalom, Riesenslalom, Kombination) und Super-G-Silber. Wahnsinn, wenn man an unsere Ski-WM in St. Anton zurückdenkt, bei der sie als Favoritin aus allen Wolken gefallen ist. Dass sie als Olympiasiegerin plötzlich erklärte, die Weltmeisterschaft hätte sie nicht interessiert und darum auch nicht motiviert, finde ich mehr als arrogant. Warum ist sie dann in St. Anton überhaupt gefahren? Kein Wunder, dass Kostelić nicht beliebt ist im Weltcup – und sich viele fragen, warum sie derart vor Kraft strotzt ... Aber das ist ein anderes Kapitel.

Sie hat da und dort nur eine schlechte Nachrede. Andere aber hat es erwischt. Man hat es befürchtet, aber wer hätte wirklich gedacht, dass der Langlauf-Held von Salt Lake City des Dopings überführt wird? Johann Mühlegg, der spanische Deutsche oder deutsche Spanier, immer schon ein Einzelgänger und Spintisierer, wollte besonders schlau sein, nahm nicht das (Blutdoping-Mittel) EPO, sondern ein neues Präparat. Bei seinen beiden Siegen hat man es nicht gefunden, aber dann bei einer Trainingskontrolle vorm 50er-Marathon entdeckt. Er durfte noch laufen, hätte wieder gewonnen, wurde aber disqualifiziert und als Betrüger an den Pranger gestellt. Skandale, Ausschlüsse, das scheint zu den Spielen zu gehören. Wer sonst, wenn nicht ich, zweimal Opfer, in Grenoble und Sapporo, sollte das besser wissen. Es war ja nicht der einzige Wirbel von Salt Lake. Darauf komme ich noch zurück.

Aber Vergleiche kann man nicht ziehen. Ich habe die Wahrheit gesagt, der andere wurde als Sport-Betrüger erwischt.

Und auch für uns kam das Ende am Schluss, nein: erst, als alles schon aus war. So naiv muss man sein, dass man eine Injektionsnadel in einen Mistkübel wirft, sich eine Putzfrau damit sticht und aus Angst, sie könnte sich infiziert haben, eine Lawine ins Rollen bringt, die unsere

Langläufer im Nachhinein fast begraben hätte. Dabei sind sie ehrliche Sportler, fabelhafte Läufer, die mich nicht überrascht haben mit ihren zwei Medaillen – Silber (Hoffmann) und Bronze (Botwinow) – am ersten Tag. Meine große Tochter ist mit dem Kombinierer Christoph Bieler zusammen. Was die Sportler leisten, ist gewaltig. Die quälen sich, manchmal auch, wenn sie nicht ganz gesund sind. Aber nehmen dürfen sie nichts, weil ja alles auf der Verbotsliste steht. Da gibt es Doping-Gesetze, die sind nicht zeitgemäß. Ich hab es lachhaft gefunden, dass sie Alain Baxter wegen eines Nasensprays die erste schottische Bronzemedaille, die es je bei Alpinen gegeben hätte, weggenommen haben. Noch dazu, wenn das gleiche Mittel in Europa unbedenklich ist, nicht aber in Amerika, wo er es sich gekauft hat, ohne zu ahnen, was passiert. Schade drum, eine schottische Medaille hätte dem Skisport viel gebracht!

Dass man Siegern und Platzierten die Medaillen wegnimmt, das hat es ja schon immer gegeben. Aber Salt Lake City war die Premiere vorbehalten, dass man eine (Jury-)Entscheidung korrigiert, um eine zusätzliche Goldmedaille zu vergeben. Beispiellos! Für mich ein noch ärgeres Fehlurteil als die offensichtlich abgekartete Entscheidung im Paarlaufen. Unglaublich! Meiner Meinung nach hätte das IOC mit seinem neuen Chef Jacques Rogge nie und nimmer dem Druck der US-amerikanischen Medien nachgeben, das Resultat ändern und den Kanadiern Sale und Pelletier auch eine Goldene umhängen dürfen.

Wo gibt's denn so etwas im Sport? Viel hat nicht gefehlt und die Spiele von Salt Lake City hätten einen Eklat erlebt, wie es ihn noch nie gegeben hat. Leonid Tiagatschew, der russische Chef-Olympier, wollte schon abreisen mit der kompletten russischen Mannschaft, das war, wie er mir später erzählt hat, keine leere Drohung, sondern eigentlich schon abgesprochen. Aber dann hat Präsident Putin doch darauf verzichtet – im Interesse der Freundschaft zu Präsident Bush und zu den USA. Da sieht man erst, was Sportfunktionäre, die mit Blindheit geschlagen sind, alles anrichten können. Aber das ist ja für mich, ein gebranntes Kind der Winterspiele, nichts Neues. Dabei gibt es ja, außer vielleicht einer Fußball-Weltmeisterschaft, nichts Schöneres und Größeres als Olympische Spiele und Siege – auch wenn ich in Grenoble-Chamrousse nur kurz auf dem obersten Podest gestanden bin. Aber das ist jetzt wirklich eine zu alte Geschichte.

Daten meiner Karriere

Eine Chronik ins Auszügen

Saison	Wettbewerb	Disziplin	Platz
1952/53	Bezirksjugendmeisterschaften, Landeck-Imst	Abfahrt	1.
		Slalom	1.
		Kombination	1.
	Österr. Jugendmeisterschaften, Zell am See	Abfahrt	1.
		Kombination	2.
1953/54	Tiroler Alpine Jugendmeisterschaft, Hall	Abfahrt	1.
		Slalom	1.
		Kombination	1.
	Europäische Jugendmeisterschaft, Meribel	Slalom	1.
	Österr. Jugendmeisterschaften am Semmering	Riesenslalom	1.
		Slalom	1.
		Kombination	1.
1954/55	Europameisterschaft Junioren, Innsbruck-Igls	Riesenslalom	1.
	Österr. Jugendmeisterschaften, Lienz	Abfahrt	1.
		Slalom	1.
		Kombination	1.
1955/56	Österr. Jugendmeisterschaften, Schruns-Tschagguns	Abfahrt	1.
		Slalom	1.
		Kombination	1.

Saison	Wettbewerb	Disziplin	Platz
	Arlberg-Kandahar, Sestriere (1. Durchgang Bestzeit, 2. Durchgang gestürzt, von da an Mitglied der Nationalmannschaft)	Abfahrt Slalom	17.
	»Silberkrug«, Seefeld	Riesenslalom Slalom	4. 4.
1956/57	Österr. Jugendmeisterschaften, Mariazell	Riesenslalom Slalom Kombination	3. 1. 1.
	Arlberg-Kandahar, Chamonix	Abfahrt Kombination Slalom	1. 1. 2.
	Mont-Lachaux-Trophäe, Crans-Montana	Slalom	1.
	Internationale Skiwoche, Zakopane/Polen	Abfahrt Slalom Riesenslalom Kombination	1. 1. 2. 1.
	Grand Prix, Meribel	Riesenslalom	1.
	Internationale Skimeisterschaften, Bulgarien	Slalom Riesenslalom	1. 1.
	Internationaler Riesenslalom, Oberjoch/Allgäu	Riesenslalom	1.
	Wildspitzkreuz, Sölden 1. Riesenslalom	 Riesenslalom	 1.

Saison	Wettbewerb	Disziplin	Platz
	2. Riesenslalom	Riesenslalom	1.
		Kombination	1.
	Glocknerrennen	Riesenslalom	1.
1957/58	Arlberg-Kandahar, St. Anton	Abfahrt	1.
		Slalom	1.
		Kombination	1.
	Österr. Juniorenmeisterschaften, Bad Hofgastein	Abfahrt	1.
		Slalom	1.
		Riesenslalom	1.
		Kombination	1.
	Österr. Meisterschaften, Bad Hofgastein (als Junior auch bei den Herren teilgenommen)	Abfahrt	1.
		Slalom	1.
		Riesenslalom	1.
		Kombination	1.
	Internationaler Slalom, Garmisch-Partenkirchen	Slalom	1.
	Internationaler Slalom, Bad Wiessee	Slalom	2.
	Tiroler Meisterschaften	Kombination	1.
	Holmenkollen-Rennen, Norwegen	Abfahrt	1.
		Slalom	1.
		Kombination	1.
	Internationaler Grand Prix von Savoyen, Val d'Isère		
	1. Riesenslalom	Riesenslalom	1.

Saison	Wettbewerb	Disziplin	Platz
	2. Riesenslalom	Riesenslalom	1.
		Slalom	1.
		Kombination	1.
	Internationale Rennen, Cervinia/Italien	Abfahrt	1.
		Riesenslalom	3.
		Kombination	1.
	Internationale Ötztaler Frühjahrsrennen		
	Hochsölden	Riesenslalom	1.
	Obergurgl	Riesenslalom	6.
	Kombination aus beiden Riesenslaloms	Kombination	1.
	Kreuzer-Trophäe, Innsbruck	Riesenslalom	1.
1958/59	Lauberhorn, Wengen	Abfahrt	1.
	Arlberg-Kandahar, Garmisch-Partenkirchen	Abfahrt	1.
		Kombination	1.
	»Tre-Tre«, Madonna di Campiglio	Abfahrt	1.
		Riesenslalom	1.
		Kombination	1.
	Hahnenkamm, Kitzbühel	Abfahrt	3.
	Fairplay-Derby, Lenzerheide/Schweiz	Abfahrt	2.
		Slalom	1.
	Goldcup, Davos/Schweiz	Kombination	1.
	Kombination aus den beiden Schweizer Rennen		

Saison	Wettbewerb	Disziplin	Platz
	Österreichs Sportler des Jahres		
1959/60	Hahnenkamm, Kitzbühel	Riesenslalom	1.
		Abfahrt	5.
	Nach schwerer Verletzung		
	Olympische Spiele, Squaw Valley	Riesenslalom	7.
		Abfahrt	7.
1960/61	Lauberhorn, Wengen	Abfahrt	3.
	Österr. Meisterschaften, Lienz	Slalom	3.
		Abfahrt	2.
		Kombination	2.
	Tiroler Meisterschaften, Schwaz	Abfahrt	3.
		Slalom	2.
		Kombination	1.
	Internationale Skirennen St. Ulrich, Gröden	Kombination	1.
	Weltmeister-Zingerle-Gedächtnislauf, Axams	Riesenslalom	2.
		Slalom	1.
		Kombination	1.
	Internationale 3-Gipfel-Rennen, Arosa/Schweiz		
	1. Riesenslalom	Riesenslalom	1.
	2. Riesenslalom	Riesenslalom	1.
	3. Riesenslalom	Riesenslalom	1.
	Kombination aus den 3 Riesenslaloms	Kombination	1.

Saison	Wettbewerb	Disziplin	Platz
	Preis der Stadt Innsbruck	Riesenslalom	2.
	Kreuzer-Trophäe, Innsbruck	Riesenslalom	1.
	Internationaler Zürser Riesenslalom	Riesenslalom	3.
1961/62	Arlberg-Kandahar, Sestriere	Abfahrt	1.
		Kombination	1.
		Slalom	3.
	Grand Prix von Mégève	Slalom	6.
		Riesenslalom	1.
		Kombination	1.
	Coppa Ilio Colli, Cortina d'Ampezzo	Abfahrt	1.
		Slalom	3.
	»Goldener Pflug«, Lienz	Riesenslalom	1.
	Weltmeisterschaften, Chamonix	Slalom	4.
		Riesenslalom	2.
		Abfahrt	1.
		Kombination	1.
	Österr. Meisterschaften, Bad Ischl	Slalom	1.
		Riesenslalom	5.
		Kombination	1.
	Internationale 3-Gipfel-Rennen, Arosa/Schweiz		
	1. Riesenslalom	Riesenslalom	1.
	2. Riesenslalom	Riesenslalom	1.
	3. Riesenslalom	Riesenslalom	1.

Saison	Wettbewerb	Disziplin	Platz
	Kombination aus den 3 Riesenslaloms	Kombination	1.
	Preis der Stadt Innsbruck	Riesenslalom	1.
	Österreichs Sportler des Jahres		
1962/63	Lauberhorn, Wengen	Abfahrt	1.
		Kombination	2.
	Österr. Meisterschaften, Haus im Ennstal	Abfahrt	1.
		Slalom	1.
	Coupe Emile Allais, Mégève	Abfahrt	3.
		Slalom	5.
		Kombination	3.
	Vorolympische Wettkämpfe, Innsbruck	Abfahrt	3.
	Tiroler Meisterschaften, Zell am Ziller	Abfahrt	1.
		Slalom	2.
		Kombination	1.
	Grand Prix, Meribel	Riesenslalom	2.
		Kombination	2.
1963/64	Lauberhorn, Wengen	Slalom	3.
	Olympische Spiele, Innsbruck	Abfahrt	11.
		Riesenslalom	2.
	Weltmeisterschaften, Innsbruck	Kombination	6.

Saison	Wettbewerb	Disziplin	Platz
	»Tre-Tre«, Madonna di Campiglio	Kombination	1.
	1. Abfahrt	Abfahrt	3.
	2. Abfahrt	Abfahrt	2.
	Kombinationsabfahrt	Abfahrt	1.
	Österr. Meisterschaften, St. Johann im Pongau	Riesenslalom	2.
1964/65	Arlberg-Kandahar, St. Anton	Abfahrt	1.
	Lauberhorn, Wengen	Kombination	1.
		Abfahrt	3.
	Holmenkollen, Norwegen	Abfahrt	2.
		Slalom	1.
		Kombination	1.
	Harriman-Cup, Sun Valley	Abfahrt	1.
	Internat. Amerik. Meisterschaften, Crystal Mountain	Slalom	1.
		Riesenslalom	2.
	Österr. Meisterschaften, Axamer Lizum	Abfahrt	1.
		Riesenslalom	3.
1965/66	Hahnenkamm, Kitzbühel	Abfahrt	1.
		Kombination	1.
	Thredbo/Australien	Riesenslalom	1.
		Kombination	1.
	Perisher/Australien	Riesenslalom	1.
		Slalom	1.

Saison	Wettbewerb	Disziplin	Platz
	Lauberhorn, Wengen	Abfahrt	1.
		Kombination	1.
	Österr. Meisterschaften, Schwaz	Riesenslalom	1.
	Grand Prix, Mégève	Abfahrt	1.
		Slalom	1.
		Kombination	1.
	Sun Valley	Riesenslalom	1.
	Weltmeisterschaften, Portillo	Abfahrt	9.
		Riesenslalom	3.
	Gewinner der Saisonwertung des Europacups (= Vorläufer des Weltcups)		
	Gewinn des Goldenen Skiläufers		
1966/67	»Tre-Tre«, Madonna di Campiglio	Riesenslalom	2.
	Weltcup, Mégève	Slalom	3.
	Weltcup, Vail	Riesenslalom	4.
	Weltcup, Tahoe City	Riesenslalom	1.
		Slalom	1.
	Österr. Meisterschaften, Schruns	Abfahrt	2.
		Riesenslalom	2.
	Internationale FIS-Rennen,	Slalom	1.

Saison	Wettbewerb	Disziplin	Platz
	Ätna	Riesenslalom	1.
	Weltcup	Gesamtwertg.	7.
1967/68	»Kriterium des ersten Schnees«, Val d'Isère	Kombination	1.
		Slalom	1.
		Riesenslalom	3.
	Nachtslalom, Bad Wiessee	Slalom	2.
	Weltcup, Hindelang	Riesenslalom	5.
	Weltcup, Adelboden	Riesenslalom	5.
	Weltcup, Lauberhorn	Abfahrt	2.
	Weltcup, Kitzbühel	Abfahrt	4.
		Slalom	5.
		Kombination	2.
	Olympische Spiele, Grenoble	Abfahrt	5.
		Riesenslalom	6.
	(Disqualifikation nach Führung)	Slalom	
	Österr. Meisterschaften, Bad Kleinkirchheim	Abfahrt	1.
		Kombination	1.
		Riesenslalom	3.
		Slalom	5.
	Weltcup, Aspen	Abfahrt	5.
	Weltcup	Gesamtwertg.	8.
	Weltcup-Gesamtwertung	Abfahrt	3.

Saison	Wettbewerb	Disziplin	Platz
	Toyama/Japan	Riesenslalom	1.
		Slalom	1.
	Russische Meisterschaften, Kaukasus	Riesenslalom	1.
		Slalom	1.
1968/69	Weltcup, Val d'Isère	Riesenslalom	1.
	Coupe Henri Oreiller, Val d'Isère	Abfahrt	5.
		Kombination	1.
	Weltcup, Berchtesgaden	Slalom	2.
	Weltcup, Adelboden	Riesenslalom	3.
	Weltcup, Lauberhorn	Abfahrt	1.
	Weltcup, Kitzbühel	Abfahrt	1.
	Weltcup, St. Anton	Abfahrt	1.
	Arlberg-Kandahar, St. Anton	Abfahrt	1.
		Slalom	4.
		Kombination	1.
	Nachtslalom, Bad Wiessee	Slalom	2.
	Weltcup, Krajnska Gora	Riesenslalom	6.
		Slalom	4.
	Weltcup, Squaw Valley	Slalom	7.
		Riesenslalom	4.
	Weltcup, Mt. Saint Anne/Kanada	Riesenslalom	1.

Saison	Wettbewerb	Disziplin	Platz
	Weltcup, Waterville Valley	Riesenslalom	1.
		Slalom	1.
	Internationale FIS-Rennen, Ätna	Slalom	1.
		Riesenslalom	1.
	Weltcup	Gesamtwertg.	1.
	Weltcup-Gesamtwertung	Abfahrt	1.
	Weltcup-Gesamtwertung	Riesenslalom	1.
	Weltcup-Gesamtwertung	Slalom	9.
	Ehrung Goldener Skiläufer		
	Ehrung Panathlon-Trophäe Österreich		
1969/70	Weltcup, Val d'Isère	Abfahrt	3.
	Weltcup, Lienz	Riesenslalom	6.
	Weltcup, Adelboden	Riesenslalom	1.
	Weltcup, Lauberhorn	Abfahrt	5.
	Weltcup, Kitzbühel	Riesenslalom	3.
		Slalom	4.
		Kombination	4.
	Weltcup, Mégève	Abfahrt	1.
	Weltcup Arlberg-Kandahar, Garmisch-Partenkirchen	Abfahrt	1.

Saison	Wettbewerb	Disziplin	Platz
	Weltmeisterschaft, Gröden	Riesenslalom	1.
		Abfahrt	4.
	Ehrenzeichen des Landes Tirol (als Jüngster)		
	Weltcup, Jackson Hole	Abfahrt	6.
		Slalom	7.
	Weltcup, Grouse Montain/ Kanada	Riesenslalom	5.
	Weltcup, Heavenley Valley	Slalom	6.
		Riesenslalom	3.
	Weltcup, Voss/Norwegen	Riesenslalom	3.
	Weltcup	Gesamtwertg.	1.
	Weltcup-Gesamtwertung	Abfahrt	1.
	Weltcup-Gesamtwertung	Riesenslalom	4.
	Weltcup-Gesamtwertung	Slalom	14.
	Gewinn Goldener Skiläufer		
	Österreichs Sportler des Jahres		
1970/71	Weltcup, Sestriere	Abfahrt	3.
	Weltcup, Val d'Isère	Riesenslalom	5.
		Abfahrt	2.
	Weltcup, Madonna di Campiglio	Riesenslalom	4.

Saison	Wettbewerb	Disziplin	Platz
	Weltcup, Mégève	Abfahrt	5.
	Weltcup	Gesamtwertg.	11.
1971/72	Weltcup, St. Moritz	Abfahrt	5.
	»Kriterium des ersten Schnees«, Val d'Isère	Abfahrt Kombination	1. 1.
	Weltcup, Kitzbühel	Abfahrt	1.
	Weltcup, Kitzbühel Hahnenkamm (insgesamt der 12. Sieg in einer Weltcup-Abfahrt)	Abfahrt	1.
31.01.72	Ausschluss von den Olympischen Winterspielen Sapporo		
15.02.72	Rücktritt vom aktiven Sport		
1975	Goldenes Verdienstabzeichen der Republik Österreich		
1998	Großes Ehrenzeichen für Verdienste um die Republik Österreich		
1998	Ethik-Preis Sportiv des Internationalen Olympischen Komitees		

Literatur

Bei der Recherche für dieses Buch ist sehr stark auf Zeitungs- und Zeitschriftenberichte zurückgegriffen worden. Insbesondere seien »Kronenzeitung«, »Kurier«, »Tiroler Tageszeitung«, »Profil«, »Der Standard«, »Der Spiegel«, »Süddeutsche Zeitung«, »Münchner Merkur« erwähnt.

Besonderer Dank gebührt folgenden Sammlungen und Archiven:
Privatarchiv Karl Schranz
Archiv der Gemeinde St. Anton am Arlberg
Archiv des Fördervereins St. Christoph
Archiv der Universität Innsbruck
Sammlung Frau Margret Gruber
Bibliothek des Deutschen Alpenvereins

Karl Schranz, 2x Weltmeister, München 1963
Heinz Prüller, Weißer Lorbeer – Die Karl-Schranz-Story, Wien 1970
Volker Kluge, Olympische Winterspiele – Die Chronik, Berlin 1994
Heribert Meisel/Carl Grampp (Hrsg.), Olympia 1960, München 1960
Olympiawerk der Stiftung Deutsche Sporthilfe, Sapporo 72, München 1972
OK Intern. Lauberhornrennen, Die Lauberhorn-Saga, Wengen 1979
Christof Stiebler/Richard Kerler, Ski – Geschichte, Disziplinen, Rekorde, München 1968
Karl Graf, Tiroler Sportgeschichte, Innsbruck 1996
Hans Thöni, St. Anton am Arlberg, Innsbruck 1993

Christian Mähr, Skiclub Arlberg – Ein Jahrhundertbericht, St. Anton am Arlberg 2000
Stefan Guggenberger, Die Entwicklung des Skiclub Arlberg, Diplomarbeit, Innsbruck 1999
Hans Thöni, Hannes Schneider, St. Anton–Bludenz–Ludesch 1990
Werner Mück, Österreich: Das war unser Jahrhundert, Wien 1999
Fa. Kneissl, Kneissl – Eine österreichische Skilegende, Kufstein 1980

Personenregister

Bildnachweis:

Die Bilder in diesem Buch stammen zum größten Teil aus dem Privatarchiv Karl Schranz. Wo immer möglich, sind die Fotografen bzw. Rechteinhaber im Folgenden angegeben.

Bei einigen Bildern war es nicht möglich, die Bildrechteinhaber ausfindig zu machen. Berechtigte Forderungen sind bitte an den Verlag zu richten.

Archiv Karl Schranz: 1, 2, 3, 4, 5, 6, 8, 15, 20, 23, 24, 26, 31, 32, 36, 37, 38, 41, 43, 44, 46, 47, 48, 49, 50, 51, 53, 54, 55, 56, 60, 62, 63, 64, 65, 67, 82; Foto Rio, St. Anton: 9; Othmar Schneider, Lech am Arlberg: 7; Richard Frischauf, Innsbruck: 10; Hans Truöl, Sonthofen: 11, 12, 13, 14, 73, 76; Heinz Hosch/Bunte Illustrierte: 16, 17, 57; Foto Gastberger, St. Anton: 18; Herbert Sündhofer, Wien: 19, 30, 77; Oskar Anrather, Salzburg: 21; Friedrich Fischer, Graz: 22; Wiesinger, Express-Bild: 25, 74; Marcel Guerard: 27; Philippe le Tellier: 28; Franz Fink, Wien: 33, 34; Foto Schebelik, Wien: 35; Habermüller, Innsbruck: 39; Gerhard Gradwohl: 40; Jutta Fausel, Köngen: 42; Walter Murth, Langenlois: 45; Karg, Kufstein: 52; K. Reiberger, Wien: 58; Gert Eggenberger, Graz: 59; Reinhard Judt, Traiskirchen: 60; Peter Lehner, Wien: 66; Peter Torschi/Kronenzeitung, Wien: 68; Kronenzeitung, Wien: 69; René Durand/Das goldene Blatt: 80; Archiv Stefan König: 79

Bilderläuterungen:

Seite 9
Karl Schranz mit Österreichs Bundespräsident Thomas Klestil und dessen Gemahlin Margot

Seite 17
Spielkartenmotiv mit Karl Schranz und seinem Widersacher Avery Brundage

Seite 39
Bleistiftzeichnung von K. Strauß

Bitte beachten Sie auch
die folgenden Seiten